Financial Accounting : Fundamentals and Applications

財務会計論の 基礎 と 応用

菊谷正人・依田俊伸 ［著］
Kikuya Masato　*Yoda Toshinobu*

第2版

中央経済社

第2版に際して

　本書初版の原稿を脱稿した直後に，収益認識に関する新会計基準として企業会計基準第29号「収益認識に関する会計基準」（以下，「基準29号」と略す）および企業会計基準適用指針第30号「収益認識に関する会計基準の適用指針」が平成30年（2018年）3月30日に公表された。「基準29号」は，令和3年（2021年）4月1日以後に開始する連結会計年度および事業年度の期首から適用されることになっている。ただし，平成30年4月1日以後に開始する連結会計年度および事業年度の期首から適用することもできる。

　従来，収益認識に関する一般的な原則としては，「企業会計原則」における「実現主義の原則」が存在するだけであったが，「基準29号」は，下記取引等を除き，顧客との契約から生じる収益に関する会計処理・開示に適用される。

(1)　企業会計基準第10号「金融商品に関する会計基準」の範囲に含まれる金融商品に係る取引

(2)　企業会計基準第13号「リース取引に関する会計基準」の範囲に含まれるリース取引

(3)　保険法（平成20年法律第56号）における定義を満たす保険契約

(4)　顧客または潜在的な顧客への販売を容易にするために行われる同業他社との商品または製品の交換取引（たとえば，2つの企業の間で異なる場所における顧客からの需要を適時に満たすために商品または製品を交換する契約）

(5)　金融商品の組成または取得に際して受け取る手数料

(6)　日本公認会計士協会会計制度委員会報告第15号「特別目的会社を活用した不動産の流動化に係る譲渡人の会計処理に関する実務指針」の対象となる不動産（不動産信託受益権を含む）の譲渡

　「基準29号」によれば，契約で取り決めた財またはサービスを顧客に移転する約束を果たした時点で収益は認識されることになった。その結果，従来認められてきた会計処理が認められない場合（割賦基準，ポイント引当金等）もあり，取引価格の算定に変動対価（たとえば，返品，値引き，リベート等）を考慮する

必要があり，従来の売上高よりも減額・計上される場合もある。このように，「基準29号」は従来の会計処理とは異なる会計基準であり，とりわけ損益計算に大きな影響を与えることになった。「基準29号」の新規設定により，下記基準等は廃止されることになった。

(1)　企業会計基準第15号「工事契約に関する会計基準」

(2)　企業会計基準適用指針第18号「工事契約に関する会計基準の適用指針」

(3)　実務対応報告第17号「ソフトウェア取引の収益の会計処理に関する実務上の取扱い」

　第2版では，令和元年（2019年）7月4日に公表された企業会計基準第30号「時価の算定に関する会計基準」を含めて，「基準29号」の解説が追加されている。

　なお，今回の増補改訂に際しても，中央経済社の方々，とりわけ取締役専務の小坂井和重氏に多大な配慮・協力を賜った。ここに，改めて深甚なる謝意を表したい。

　令和元年大晦日

菊　谷　正　人
依　田　俊　伸

は し が き

　財務会計とは，企業の財政状態，経営成績，キャッシュ・フロー等の財務状況に関する財務諸表を作成し，当該財務諸表を外部利害関係者に報告する会計である。

　本書では，第1部「財務会計論の基礎」と第2部「財務会計論の応用」に分け，第1部では財務会計の基本事項，それを支える企業会計の基本原理（たとえば，会計公準論，会計主体論，損益計算原理等），第2部では財務会計における高度な理論・技術が解説される。

　つまり，第1部では，「企業会計原則」を中心とする損益計算重視の体系（収益費用アプローチ）により，財務会計の体系が説明される。損益計算書・貸借対照表の作成・報告原則を理解した上で，個別問題として流動資産会計，有形固定資産会計，無形固定資産会計，繰延資産会計，負債会計，純資産会計等における基本的な理論・技術を学ぶことになる。財務会計の学習においては，財務諸表の「作り方」とともに財務諸表の「読み方」を同時に学ぶことが効率的であるので，財務諸表分析も概観されている。

　第2部では，従来の帰納的アプローチから演繹的アプローチへ変化し，収益費用アプローチから資産負債アプローチに移行した会計基準設定方法に基づき設定されてきた「企業会計基準」を中心にして，現行の会計基準が網羅的に説明される。具体的には，⑴資産に関する個別会計基準として，金融資産・リース資産・資産減損に関する会計基準，賃貸等不動産の時価評価の開示，⑵負債に関する個別会計基準として，金融負債・資産除去債務・退職給付に関する会計基準，⑶純資産に関する個別会計基準として，自己株式および準備金の額の減少・ストックオプション等・純資産の部の表示に関する会計基準，⑷損益計算に関する個別会計基準として，研究開発費等・工事契約・役員賞与・包括利益の表示・法人税等に関する会計基準の難解な内容が，容易に理解できるように数値例・仕訳例・図表を用いて解説されている。さらに，財務会計の全般的な理解を深めるために，税効果に関する会計基準，外貨換算に関する会計基準，

企業結合に関する会計基準，連結財務諸表に関する会計基準も説明される。

　本書全体を通読・学習すれば，広範・多岐にわたる財務会計論の骨格を把握
でき，財務会計論の基礎と応用について必要最低限の重要事項を習得できるは
ずである。本書を踏み台にして，より高度な財務会計論を学習することにより
公認会計士・税理士等の国家試験に挑戦し，国家・社会に貢献できる会計専門
職（公認会計士，税理士，国税専門官，企業の経理担当取締役等）を目指していた
だければ，著者として幸甚の至りである。

　なお，本書上梓に際しては，中央経済社の方々，とりわけ取締役専務の小坂
井和重氏には編集・校正等で大変お世話になった。ここに，深い謝意を表した
い。

　平成30年3月

菊　谷　正　人
依　田　俊　伸

目　　次

第1部　財務会計論の基礎

第1章
企業会計の基本原理と企業会計制度 ——— 2

第2章
損益計算原理と損益計算書の構造 ——— 15

第3章
貸借対照表の本質・構造と貸借対照表原則 ——— 31

≪略語一覧≫

企原	企業会計原則
連続意見	企業会計原則と関係諸法令との調整に関する連続意見書
外貨基準	外貨建取引等会計処理基準
キャッシュ基準	連結キャッシュ・フロー計算書等の作成基準
研究費基準	研究開発費等に係る会計基準
税効果基準	税効果会計に係る会計基準
減損基準	固定資産の減損に係る会計基準
討議資料	討議資料「財務会計の概念フレームワーク」
基準1号	企業会計基準第1号「自己株式及び準備金の額の減少等に関する会計基準」
基準4号	企業会計基準第4号「役員賞与に関する会計基準」
基準5号	企業会計基準第5号「貸借対照表の純資産の部の表示に関する会計基準」
基準6号	企業会計基準第6号「株主資本等変動計算書に関する会計基準」
基準7号	企業会計基準第7号「事業分離等に関する会計基準」
基準8号	企業会計基準第8号「ストック・オプションに関する会計基準」
基準9号	企業会計基準第9号「棚卸資産の評価に関する会計基準」
基準10号	企業会計基準第10号「金融商品に関する会計基準」
基準13号	企業会計基準第13号「リース取引に関する会計基準」
基準16号	企業会計基準第16号「持分方に関する会計基準」
基準18号	企業会計基準第18号「資産除去債務に関する会計基準」
基準20号	企業会計基準第20号「賃貸等不動産の時価等の開示に関する会計基準」
基準21号	企業会計基準第21号「企業結合に関する会計基準」
基準22号	企業会計基準第22号「連結財務諸表に関する会計基準」
基準25号	企業会計基準第25号「包括利益の表示に関する会計基準」
基準26号	企業会計基準第26号「退職給付に関する会計基準」
基準27号	企業会計基準第27号「法人税，住民税及び事業税等に関する会計基準」
基準28号	企業会計基準第28号「『税効果会計に係る会社基準』の一部修正」
基準29号	企業会計基準第29号「収益認識に関する会計基準」
基準30号	企業会計基準第30号「時価の算定に関する会計基準」
適用指針6号	企業会計基準適用指針第6号「固定資産の減損に係る会計基準の適用指針」
適用指針10号	企業会計基準適用指針第10号「企業結合会計基準及び事業分離等会計基準に関する適用指針」
適用指針16号	企業会計基準適用指針第16号「リース取引に関する会計基準の適用指針」
適用指針30号	企業会計基準適用指針第30号「収益認識に関する会計基準の適用指針」

実務対応19号	実務対応報告第19号「繰延資産の会計処理に関する当面の取扱い」
金商法	金融商品取引法
財規	財務諸表等の用語，様式及び作成方法に関する規則（財務諸表等規則）
財規ガイド	財務諸表等規則ガイドライン
連規	連結財務諸表の用語，様式及び作成方法に関する規則（連結財務諸表規則）
連規ガイド	連結財務諸表規則ガイドライン
会法	会社法
会規	会社法施行規則
計規	会社計算規則
法法	法人税法

財務会計論の基礎

第1章

企業会計の基本原理と企業会計制度

Ⅰ　企業会計と財務会計

1　会計の意義

　会計（accounting）は，ある特定の経済主体の経済活動について，主として貨幣単位で測定・記録し，その結果を利害関係者に報告するという一連の手続である。このようなプロセスを通じて得られた情報を会計情報といい，会計情報を伝達する書類を**財務諸表**（会計報告書）という。

　会計という行為は，ある経済主体の経済活動およびそれに関連して生じる経済事象（事実関係）を一定の測定ルールに従って貨幣額で写像化し，その結果としての財務諸表を利害関係者に伝達するシステム体系である。したがって，「会計行為」は，大きく分けて「測定行為」と「伝達行為」から成る。さらに会計行為を細分化するとするならば，認識・測定・記録・報告行為に分けることができる。

　認識行為とは，企業の経済活動・事象のうちどれを会計的に測定対象とするのかを識別する会計行為であり，**測定行為**とは，会計的に認識された経済活動・事象に金額を割り当てる会計行為である。認識・測定行為は，認識対象に金額を付すので，最終的には利益金額に実質的に影響を及ぼす。

　これに対して，**記録行為**は認識・測定された結果を会計帳簿にどのように記帳するのかという会計行為であり，**報告行為**とは記録された結果を財務諸表にどのように表示するのかという会計行為である。記録・報告行為は，実質的に利益金額に影響を与えず，記録方法・表示方法等の形式面に関する会計行為で

[図表1-1]　会計担当者と会計行為の関連図

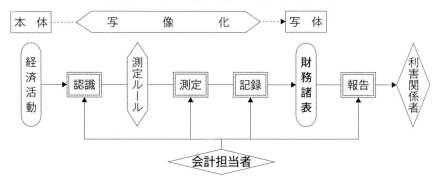

ある。

　図表1-1では，会計担当者と会計行為の関連が示されている。

　営利を目的として経済活動（財貨の生産・用役の提供）に従事している経済主体である企業の会計である企業会計（business accounting）は，企業の経済活動・事象のうち測定の対象となるものを識別し，それを計数的に測定・記録し，その結果を利害関係者に報告することを主たる目的としている。

　すなわち，日々，発生する取引を記録し，その記録に基づいて一会計期間における経営成績，決算日の財政状態等の財務状況を明らかにする**財務諸表**を作成して，これを株主，債権者，従業員，取引先，消費者，一般大衆といった企業外部の利害関係者に報告するとともに，企業内部の経営管理者に対して経営管理に必要な情報を提供している。国家・地方公共団体などの監督官庁には，納税，料金設定，その他の目的に必要な資料を提供することになる。

2　企業会計の目的・機能および財務会計

　企業は，原則として，営利を目的として資本主（株主）が金銭その他の財産を出資することによって成立する経済単位である。したがって，企業の主要な目的は，企業に投下された貨幣資本から生まれる利益（profit）を獲得することである。このことから，企業会計は金銭の収入・支出計算やその他の財産の増減計算を行うだけでは，不充分である。財産の増減の内容を明らかにするためには，費用と収益の計算，すなわち損益計算を行うことが企業会計にとって

重要なことである。つまり，企業会計の基本的な目的を要約すると，次の3つになるであろう。

① 一定期間における企業の経営成績（operating results）を明らかにする。
② 一定時点における企業の財政状態（financial position）を明らかにする。
③ 一定期間における企業のキャッシュ・フロー（cash flow）の状況を明らかにする。

　企業の**経営成績**を明らかにするためには，利益を追求した結果得られた成果である「収益」と，そのために価値犠牲となって費消した「費用」を一表に集めて**損益計算書**（profit and loss statement：P/L, income statement：I/S）が作成される。損益計算書は，一定期間の収益・費用をその発生原因別に表示し，企業の経営成績（純損益）を明らかにしている。

　企業の**財政状態**とは，企業が経営資本をどのような利害関係者から調達し，それをどのような形態に投下・運用しているのかという状態である。経営資本の運用形態は資産であり，受け入れられた経営資本は株主からの「資本」と債権者等からの「負債」とに大別される。経営資本の調達源泉と運用形態とを対照表示して，企業の財政状態を明らかにする一覧表が**貸借対照表**（balance sheet：B/S）である。

　一定期間におけるキャッシュ・インフロー（現金流入額）とキャッシュ・アウトフロー（現金流出額）を比較計算し，企業のキャッシュ・フローの状況を報告する計算書が**キャッシュ・フロー計算書**（cash flow statement：C/F）である。つまり，キャッシュ・フロー計算書の作成目的は，一定期間における現金および現金同等物の流入・流出に関する情報を提供することによって，企業の資金調達能力，支払能力，投資活動の状況を明らかにすることである。

　このように，企業会計は，企業の経営成績，財政状態およびキャッシュ・フローの状況を明らかにすることによって，企業の管理者に対して経営の管理に有効な資料を提供するとともに，企業の「外部利害関係者」（資本主，債権者，従業員，税務当局，消費者など）に対して企業の状況を報告する機能がある。この会計機能を**情報・伝達機能**という。

　企業の経営成績，財政状態等に関する会計情報として，損益計算書，貸借対

照表等の財務諸表が作成されるが，これらの構成要素である収益・費用および純損益，資産・負債および資本（純資産ともいう）を貨幣単位によって測定・記録しなければならない。この最も基本的な機能は，測定・記録機能と呼ばれている。

　秩序的計算把握による企業会計は，財産の浪費・滅失や会計的不正・誤謬等の発生を防止し，経営者の管理手段として利用することができる。この内部統制的な機能を企業会計の保全・管理機能という。

　さらに，企業をとりまく利害関係者の相対立する利害は，企業会計の構造の中で調整できるものと考えられている。このような社会的機能は，利害調整機能と呼ばれている。

　財務会計とは，企業の財政状況を外部利害関係者に報告する会計であり，「外部報告会計」とも言われる。前述したように，企業外部の利害関係者は，経済社会の進展にともない，株主（資本主），債権者（主として社債権者，金融機関），従業員（労働組合），税務官庁，監督官庁，取引先，消費者などと広範に増加している。その場合，企業における利害関係者集団の利害およびそれぞれが要求する会計情報の内容も，それぞれ異なる。

　たとえば，利子や税金が高くなると株主の配当や従業員の給料は抑えられ，配当・給料を増やせば商品価格を引き上げなければならない。株主は，配当可能利益，企業の収益力およびそれに関連する株価の動向に興味があり，債権者や取引先は当該企業の債務返済能力・担保能力に関心がある。税務当局・監督官庁は，税金の徴収，適正な製品価格・料金設定に関する会計情報を求める。従業員は給与・賞与の多寡について企業と利害関係を有する。企業は，これら多様な外部利害関係者の利害調整などのために会計情報を作成・報告する必要がある。

　財務会計は単に一部の利害関係者の利害に基づくものではなく，企業をとりまく不特定多数の利害関係者の意思決定に役立つものでなければならない。財務会計は，社会的性格の強い企業会計であると言える。

　他方，管理会計は企業内部の各層の管理者のために有用な会計情報を提供する会計であり，「内部報告会計」とも言われている。管理会計のもとでは，将来の計画設定のための「意思決定会計」とその経営管理職能評価をする「業績

管理会計」に分けられる。その主な内容は，利益計画，予算管理，資金管理，原価管理などである。

　「管理会計」は，企業内部の経営管理者が将来の企業活動について計画を立てたり，統制したりするために必要な情報を提供する会計である。したがって，その会計情報は将来事象の予測・見積りに係るものが多く，貨幣的情報のみならず非貨幣的情報（物量情報）も含まれる。

Ⅱ　会計公準論

　会計公準（accounting postulate）は，会計理論あるいは会計原則を展開するための基礎的前提である。つまり，会計公準とは，企業会計が成立しうるために社会的に同意された暗黙の了解であり，会計理論あるいは会計原則を展開する上での基本的命題である。

　会計公準の種類に関しては，論者によって一様ではないが，一般的には，①企業実体（business entity）の公準，②継続企業（going concern）の公準，③貨幣的評価（monetary valuation）の公準の3つが挙げられる。

1　企業実体の公準

　企業実体の公準とは，会計単位（accounting unit）を資本拠出者から分離・独立した「企業」それ自体に求めるという仮定である。この公準は，会計が行われる「場所的区画」の問題であり，企業会計の操作領域を企業の所有者個人から分離して，「企業」そのものに限定する基本的前提である。会計単位として企業自体の存在が想定されている。

　このような企業実体概念は，従来，法律的に独立した法的実体（legal entity）として捉えられていた。しかし，法律上独立している複数の企業が，支配・従属関係にある企業集団を構成することがある。このような場合，企業集団を個々の企業から区別された経済的実体（economic entity）と認識し，1つの会計単位としてみなすべきである（これを連結会計という）。また，法的実体内における支店・工場・事業部などが企業実体として独立した場合には，支店や工場などが1つの会計単位とみなされる（これを本支店会計という）。

2　継続企業の公準

　継続企業の公準とは，会計単位としての企業は永続的生命を有し，その企業活動を半永久的に継続していくという仮定である。現実には，破産や清算に陥っている企業もあるが，この公準は会計理論あるいは会計原則を構築する上での基礎的前提を意味しているに過ぎない。

　企業会計が「継続企業」を前提として行われるとするならば，この無限に継続する事業を便宜的に一定期間に区画し，区画された期間を単位として会計を行うことになる。これを会計期間の公準という。「継続企業の公準」は，同時に「会計期間（accounting period）の公準」を派生することになる。この公準は，会計が行われる「期間的区画」の問題であり，企業会計の操作領域を時間的に限定するものである。

　このように，現代の財務会計は期間損益計算をその特徴とする。その結果として，固定資産の減価償却，棚卸資産の費用配分，あるいは繰延資産や債務性のない引当金の貸借対照表能力の付与といった会計問題が登場した。

3　貨幣的評価の公準

　貨幣的評価の公準とは，企業会計上の測定尺度として貨幣単位を使用し，同質性を持たない資産，負債，資本（純資産ともいう）等を統一的に貨幣額で評価するという基礎的前提である。

　もちろん，企業会計上，貨幣単位のみならず，物量測定単位も用いられているが，それは貨幣的評価の補完・付随的な資料として提供されるに過ぎず，最終的には貨幣金額に換算される。異質の測定対象を同質化して表現するためには，統一的共通価値尺度が存在しなければならない。今日のような貨幣経済社会においては，取引経済的価値尺度たる「貨幣単位」が公分母として採用される。このことは，企業会計の測定対象が貨幣単位によって表現されるものに限定されることを意味する。

Ⅲ　会計主体論

　会計主体論（accounting entity theory）とは，会計上，判断する主体を何に
するのか，言い換えれば会計行為の立脚点を誰に求めるのかという概念である。
　「会計主体論」は，企業の資産・負債あるいは利益が誰に帰属し，誰の立場
に立って会計を行うのかという理論である。つまり，会計主体をどのように理
解するかについては，会計が行われている企業をどのように把握するのかとい
う「企業観」に関わるものである。
　会計主体論は企業観の相違に基づいて，さまざまに主張されているが，代表
的な会計主体論として，資本主理論（proprietary theory），代理人説（agency
theory），企業主体理論（entity theory），企業体理論（enterprise theory）があ
げられる。

1　資本主理論

　資本主理論とは，企業を資本主のものとみなし，会計を資本主に奉仕するも
のであると主張する説である。「所有主理論」（ownership theory）ともいう。
　この見解によれば，企業の資産はすべて資本主が所有する資産であり，企業
の負債はすべて資本主が負う債務である。差額は資本主に帰属する純財産であ
り，資本主理論における中心課題は資本主の純財産を計算することにある。し
たがって資本主理論は，「資産－負債＝資本」という「資本等式」のうちに要
約的に見ることができる。

2　代理人説

　代理人説によれば，企業（株式会社）のいわゆる「所有」と「経営」の分離
に着目し，企業は資本主（株主）の代理人として機能する組織であるとみなさ
れる。株式会社は株主と区別されるが，株主から委託された資金を管理・運用
する組織であり，その受託責任を遂行すべく株主の代理人として機能している。
企業の経営者と出資者との間を委託・受託関係にある代理人関係と認め，資本
主の委託額に基づく名目的貨幣額を維持する立場から会計行為がなされる。

「代理人説」は，企業と資本主を区別している点で「資本主理論」と相違するが，会計上の判断を最終的には資本主の観点に置いている点で，「資本主理論」を企業に拡大適用した理論であると言える。

3　企業主体理論

企業主体理論とは，企業を資本主から独立した実体とみなし，会計の主体を企業それ自体に求める会計主体論である。

この見解によれば，企業における資産はすべて企業に帰属する資産であり，企業の負債はすべて資本（自己資本）とともに企業の資本源泉として把握される。したがって，企業主体理論は，「資産＝負債（他人資本）＋資本（自己資本）」という「貸借対照表等式」のうちに要約的に見ることができる。資本主から独立した企業実体としての立場が強調されるならば，配当の公示がなされるまでは，算定された利益は企業それ自体の利益として企業に帰属することになる。

4　企業体理論

企業体理論によれば，企業は資本主，債権者，労働者その他社会一般に対して責務を負う「社会的制度」であり，経済社会において生産，分配，流通を営むことを通じて社会全般に奉仕できる社会的・公共的制度であるとみなされる。このような社会的な認識に立ち，企業をとりまく各種の利害関係者の利害調整を図るべく，企業会計が行われる。

企業体理論のもとでは，企業利益は付加価値として把握され，利子・配当，給与，税金，留保利益は利益の分配であると考えられる。

Ⅳ　わが国の企業会計制度

前述したように，企業会計の領域のうち財務会計は，企業の財務状況を企業外部の利害関係者に報告する会計であった。そのために，法令または慣習規範によって規制を加えられることがある。この社会的規制を受け，制度化された財務会計を制度会計という。わが国には，企業会計を規制する制定法として，

会社法，金融商品取引法，法人税法，各種の事業法（たとえば銀行法，電気事業法）などがあり，それぞれの立法趣旨に従った会計規制が設けられている。

　このように，規制を受ける法律によって会社法会計，金融商品取引法会計（以下，金商法会計と略す），税法会計（税務会計ともいう）等に分けることができる。この法規範に加えて，会社法・税法等の諸法令が制定・改廃される場合において尊重されるべきである「企業会計原則」，「企業会計基準」などの慣習規範・社会規範もある。

1　会社法会計

　「債権者保護」を立法趣旨として明治23年に公布された商法は，株主の有限責任を考慮した資本維持と受託資本の管理運用および配当可能計算の観点から財務報告を規制してきた。平成17年7月26日に，平成17年改正前の商法（第二編），「有限会社法」，「株式会社の監査等に関する商法の特例に関する法律」等に規定されていた会社法制を一本化するとともに，有限会社の廃止による合同会社の創設，最低資本金制度の撤廃，会計参与制度の創設など，多様な改正規定を盛り込んだ会社法（平成17年法律第86号）が創設された。「会社法」とともに，「会社法施行規則」，「会計計算規則」および「電子公告規則」が法務省令として平成18年5月1日から施行されている。

　「会社法」は，合名会社・合資会社・合同会社（持分会社と総称されている）および株式会社を対象とする。株式会社は，多数の出資者（株主）から広範に巨額な資金を集め，大規模企業を想定しているが，株主は有限責任社員として出資額以上の責任を負わないため，商法の財務報告規制を受け継いだ会社法も，債権者保護のために「剰余金の配当」に対して分配可能額の範囲を制限している。つまり，資本金・準備金の額の決定（会法445条～452条），剰余金の配当（会法453条）等のような株主資本に関する会計規定は，会社法の考え方を反映している。

　株式会社は，正確な会計帳簿を作成し，10年間にわたり会計帳簿および事業に関する重要な資料を保存しなければならない（会法432条）。計算書類およびその付属明細書は，当該会計帳簿に基づいて作成される（計規59条3項）。会社法上の計算書類は，「貸借対照表」，「損益計算書」，「株主資本等変動計算書」

および「個別注記表」から成る（会法435条 2 項，計規59条 1 項）。

　会社法（431条）は，「株式会社の会計は，一般に公正妥当と認められる企業会計の慣行に従うものとする」と規定し，計算書類作成のための具体的会計処理に関する判断について「会計慣行」の遵守を要求している。「一般に公正妥当と認められる企業会計」としては，後述される「企業会計原則」，「企業会計基準」等が考えられる。

　会社法（ 2 条 6 号）でいう**大会社**（資本金 5 億円以上または負債総額200億円以上の株式会社）に対しては「連結計算書類」の作成が容認され（会法444条 1 項），後述される有価証券報告書提出会社に対しては「連結決算書類」の作成が強制されている（会法444条 3 項）。**連結決算書類**は，「連結貸借対照表」，「連結損益計算書」，「連結株主資本等変動計算書」および「連結注記表」から成る（計規61条）。

　計算書類等は，監査役または会計監査人（公認会計士または監査法人）の監査を受けなければならない（会法436条）。大会社は，会計監査人の監査を受ける必要がある（会法328条）。監査を受けた計算書類は，定時株主総会の承認を得て確定する（会法438条）。

2　金融商品取引法会計

　平成18年 6 月 7 日に，「証券取引法」が金融商品取引法（平成18年法律第115号）に改称・改定され，平成19年10月 1 日から施行されている。米国の1933年証券法と1934年証券取引所法を母法として昭和23年（1948年）に制定された証券取引法は，国民経済の適切な運営および投資者の保護に資するため，有価証券の発行および売買その他の取引を公正ならしめ，かつ，有価証券の流通を円滑ならしめることを目的としている。「投資者保護」を立法趣旨として制定された「証券取引法」は，有価証券取引の不正行為禁止，証券業界の監督を規制するとともに，有価証券の発行市場・流通市場において投資者が適正な意思決定を行い得るように，当該企業の財務内容に関する開示規定を設けていた。

　「金融商品取引法」は，有価証券の取引に限定せず，派生金融商品・商品先物・為替証拠金取引等，元本割れのリスクのある金融商品の取引も規制の対象とする。金融商品取引法（ 1 条）は，「有価証券の発行および金融商品の取引

等を公正にし，有価証券の流通を円滑にするほか，資本市場の機能の十全な発揮による金融商品の公正な価格形成等を図り，もって国民経済の健全な発展および投資者の保護に資することを目的とする」と規定している。つまり，証券取引法を受け継いだ金融商品取引法も，「投資者保護」を実現するために，有価証券の発行市場と流通市場に分けて，有価証券に関する開示内容を規制している。

「発行市場」における開示規制は，会社が新規に有価証券を発行し，資金調達を行う際に「募集」または「売出し」に要求される情報の開示規制である。つまり，総額1億円以上の有価証券を50名以上の者に募集または売出しを行う場合には，有価証券届出書を内閣総理大臣に提出するとともに，その写しを証券取引所等に提出しなければならない（金商法4条～6条）。

「流通市場」における開示は，流通市場で投資者の意思決定に資するために，一定の会社に対して要求される継続的開示である。次に掲げる会社は，毎決算期経過後3カ月以内に「有価証券報告書」を内閣総理大臣に提出しなければならない（金商法24条）。

① 証券取引所に上場している会社（上場会社という）

② 有価証券届出書の提出会社

③ 資本金5億円以上，かつ，株主500名以上の会社

有価証券報告書には，企業の概況，設備の状況，経理の状況等が記載され，「経理の状況」の記載には財務諸表が含まれる。金商法会計では，経済的な企業集団全体の財務状況を報告する連結財務諸表が重視され，基本財務諸表として連結貸借対照表，連結損益計算書，連結包括利益計算書，連結キャッシュ・フロー計算書，連結株主資本等変動計算書および連結付属明細表から構成される（財規1条）。連結財務諸表を作成する際には，「一般に公正妥当と認められる会計原則」に準拠し，記載・表示方法としては「内閣府令で定める用語，様式及び作成方法」に従う。「一般に公正妥当と認められる会計原則」とは，「企業会計原則」，「企業会計基準」等であり，内閣府令として「連結財務諸表の用語，様式及び作成方法に関する規則」（連結財務諸表規則），「財務諸表等の用語，様式及び作成方法に関する規則」（財務諸表等規則）が設定されている。

3　税法会計

　法人税法（22条 1 項）によれば，課税所得金額は「益金の額」から「損金の額」を控除した金額である。益金は企業会計上の収益，損金は費用に相当し，「別段の定めにある事項」を除いて，益金および損金は「一般に公正妥当と認められる会計処理の基準」（公正処理基準と通称されている）に従って算定されなければならない（法法22条 4 項）。

　しかし，企業会計の決算利益は，主として企業の経営成績を適正に把握することを目的として計算されるのに対して，法人税法における所得金額は，課税の公平性，経済政策，税務行政・徴税上の便宜等を考慮に入れて計算されることから，両者は必ずしも一致しない。企業会計上の処理と異なる処理事項を法人税法では「別段の定め」といい，「損金不算入項目」（たとえば，交際費等），「損金算入項目」（たとえば，国庫補助金圧縮損），「益金不算入項目」（たとえば，受取配当等）および「益金算入項目」（たとえば，国庫補助金の受贈益）がある。

　法人税法上の課税所得計算は会社法上の損益計算を基調にしているが，会社法上の当期純利益に法人税法の「別段の定めにある事項」を加減調整し，法人税法上の課税所得は算定される。株主総会等の承認を得た決算利益（確定利益）を基礎にして「申告調整」（税務調整）が行われ，課税所得金額は計算される。つまり，会社法上で確定した決算により作成された計算書類に基づいて「納税申告書」を提出しなければならない（法法74条 1 項）。これを確定決算主義という。

4　「企業会計原則」と「企業会計基準」

　昭和23年 6 月にGHQ（連合国軍総司令部）の経済安定本部に発足した「企業会計制度対策調査会」（現在，企業会計審議会）が，企業会計の基準を確立・維持し，わが国経済の民主的で健全な発達のために科学的基礎を与えることを目的として，企業会計原則を昭和24年 7 月 9 日に公表した。「企業会計原則」は，企業会計の実務の中に慣習として発達したものの中から，一般に公正妥当と認められたところを要約したものであり，必ずしも法令によって強制されないものの，すべての企業がその会計を処理するにあたって従わなければならない慣

習規範である。

　「企業会計原則」は，「一般原則」，「損益計算書原則」および「貸借対照表原則」から構成されているが，財務諸表を作成するに当たって指針となるべき規範的な原則である「一般原則」は，具体的な会計処理基準である「損益計算書原則」と「貸借対照表原則」を支配する上位原則としての役割を果たしている。

　企業会計審議会は，企業会計をめぐる社会経済的・法制的な変化に対応するために「企業会計原則」を何度か修正するとともに，諸法令との調整に関する意見書（たとえば，「商法と企業会計原則との調整に関する意見書」，「税法と企業会計原則との調整に関する意見書」，「企業会計原則と関係諸法令の調整に関する連続意見書」等）を公表している。さらに，昭和50年6月に「連結財務諸表原則」を公表したのを皮切りに，「企業会計原則」の不完全性を補完する形で，「企業会計原則」とは別個の会計処理基準が会計の個別問題ごと（たとえば，外貨換算，リース取引，キャッシュ・フロー計算書，退職給付，税効果会計，金融商品，減損会計，企業結合会計等）に作成している。

　平成13年7月26日に財務会計基準機構が設立され，その下部組織に会計基準の開発・審議等を行う常設の民間機関として「企業会計基準委員会」（ASBJ）が発足した。「企業会計基準委員会」は，公的諮問機関である「企業会計審議会」に代わって，会計基準を設定する役割を担うことになり，独自に「企業会計基準」を作成・公表している。企業会計基準第1号として「自己株式及び準備金の額の減少等に関する会計基準」が平成14年2月21日に公表され，令和元年12月現在，30篇の会計基準が設定されている。その中には，企業会計審議会が作成した会計基準を改訂・公表した「企業会計基準」も含まれる。

第 2 章

損益計算原理と損益計算書の構造

I 期間損益計算の意義および特質

　企業の設立から解散に至るまでの全生存期間を1会計期間として，その間に
生じた総収入額から総支出額を差し引いて「全体利益」（Totalgewinn）を計算
する全体損益計算（Totalerfolgsrechnung）が，企業の損益を算定する方法とし
て，最も確実かつ客観的な損益計算であろう。たとえば，中世の地中海貿易の
ように，1航海ごとに利益を算定する口別損益計算では，1航海終了時に全体
利益を求めることができる。

　しかし，営業を閉鎖・完了した後の利益である全体利益は，企業の解散を待
たなければ算定できない。現代会計では，企業はその経済活動を継続的・反復
的に営み，その生命が半永久的であるとみなされる「継続企業」を前提にして
いる。そこで，無限に連続すると想定されている企業の営業活動を人為的に区
画し，その区画された期間ごとに損益を計算しようとする考えが現れた。人為
的に区切られた会計期間の損益を確定する方式は，期間損益計算（Periodener-
folgsrechnung）と呼ばれている。通常，1年という会計期間を単位にして期間
損益計算は行われる。

　期間損益の計算方法には，純財産（＝資産−負債）の期間比較によって損益
を計算する「財産法」（「純財産比較法」または「資本比較法」ともいう），1会計
期間の収益と費用を把握・比較して損益を算定する「損益法」がある。

　財産法は，一定期間の期首と期末の資本の増減変動によって損益を計算する
方法であり，期末資本−期首資本＝純損益の式によって示されている。財産法
の手続は，原則として帳簿記録に依存せず，期首と期末のそれぞれの時点で資

産と負債を実地調査し（この手続を「実地棚卸法」という），それによって資本額（純資産額）を算定することになる。したがって，このような財産法では直接的に簿記を必要とすることはない。「財産法」は，ストックの側から財産の実際有高という裏付けを持つ期間損益計算であり，必ずしも期中の継続的な帳簿記録を必要とせず（ただし，期中の純財産の増減額は正しく記録しなければならない），期末一時点の実地棚卸によって可能である。しかし，その損益の発生源泉を明らかにすることができない欠点がある。

　これに対して損益法は，一定期間の経済活動を記録し（この手続を「継続記録法」という），その記録数値の中から損益に関係する項目を抽出し，収益になる要素と費用になる要素をそれぞれ合計し，両者の差額によって純損益を計算する方法である。期中の取引を記録することによって，直接的に期間収益と期間費用を把握し，期間損益をフローの側面から計算する方法である。この方法は，継続的な帳簿記録を必要としなければならないが，そのことによって期間損益の発生原因を明らかにすることができる。通常の場合，期間損益計算は損益法に基づくが，実地棚卸によって帳簿記録の修正を必要とすることもあるので，財産法によって補完するという計算方法を採ることになる。

Ⅱ　期間損益計算の基本原則

　現代における企業会計の主要任務の1つは，期間損益計算にある。期間損益計算は，当該会計期間に帰属するすべての収益とこれに対応するすべての費用を比較・計算することによって，当期純損益を決定する。この期間損益計算において重要な課題には，①費用と収益をいかなる会計期間に適正に割り当てるのかという「費用・収益の期間的区分」の問題，②その期間費用と期間収益に対していかなる金額を付すのかという「費用・収益の計上金額」の問題がある。

　前者は費用・収益の「認識」（recognition）に関する課題であり，後者は費用・収益の「測定」（measurement）に関する課題である。通常，認識と測定は同時に把握されるので，切り離して考える必要はないかもしれないが，認識は「期間帰属決定の基準」であり，測定は「金額決定（評価）の基準」である。期間損益計算においては，収益と費用を期間的に対応させるという基本的な考

え方に基づいて，各期間に帰属する収益と費用を合理的に認識・測定する原則
が要請されてくる。

1　費用収益対応の原則

　企業の経済活動は，一方では価値造出（財貨発生）という経済的効果をもたら
らし，他方では価値費消（財貨費消）という経済的犠牲をもたらす。財貨発生
および財貨費消は，具体的には純財産の増加および減少として表れる。それを
価値的に表現した経済的効果あるいは経済的犠牲が，収益（revenue）あるい
は費用（expense）であると言える。

　一般的に定義すれば，収益とは，財貨・用役（goods and services）を提供す
ることによって企業が稼得した収入対価である。費用は，その収益を稼得する
ために失われた価値犠牲額あるいは支出対価を意味する。

　費用は，収益を稼得するために貢献した経済的犠牲であり，収益を稼得する
ことなく単に純財産（資本価値）を喪失した損失（loss）とは異なる。費用は収
益と対応する「目的概念」であるが，「損失」は収益とは無関係に招来する
「非目的概念」である。しかし，他の経済単位に依存しない単独生産経済体で
ある企業にとっては，収益稼得に貢献しなかった損失（たとえば，災害損失）も，
収益から回収・補償せざるを得ない。収益稼得という目的のために犠牲となっ
た費用の概念は，損失という非目的概念を包摂することによって量的に拡大さ
れることになる。

　さらに，収益に似た概念として「利得」（gain）という概念がある。収益は，
その稼得のために犠牲となる価値費消としての費用を伴うが，利得は価値犠牲
としての費用を伴わず，一方的に純財産（資本価値）の増加をもたらす。した
がって，利得（たとえば，受贈益）も，純財産の増加という経済的効果をもた
らすという意味において，損益計算上，収益と同様に取り扱われる。

　期間損益計算では，純財産の増加および減少としての収益・利得および費
用・損失をどの期間に対応させるかが問題となる。語源的に解釈すれば，費用
収益対応の原則（principle of matching costs with revenue）は，収益に原価
（cost）を対応させることである。

　ここに原価とは，将来において収益を稼得する活力（vitality）を意味し，当

期収益のために費消する（expire）部分が費用（expense）となって期間損益計算に計上される。つまり，当期収益に費消・対応した部分は当期の費用となり，費消・対応しない部分は資産（原価）として繰り越されることになる。当該期間の費用として計上されるのは，当該期間の収益との間に合理的な関連性・対応関係が認められるものに限られる。すなわち，収益を稼得するために直接・間接的に費消された価値を，当該収益と対応させて期間利益が把握されるのである。

　なお，「費用収益対応の原則」に基づく対応計算には，「個別的対応」と「期間的対応」の2つの形態がある。

　個別的対応とは，個々の商品・製品などを媒介として，個別的・直接的に費用と収益の因果関係（すなわち，成果と犠牲の関係）を確認する対応形態である。たとえば，売上高（収益）と売上原価（費用）の対応関係が，その典型であろう。したがって，「プロダクト的対応」，「直接的対応」とも呼ばれている。

　期間的対応とは，会計期間を媒介として，間接的・総括的に費用と収益の因果関係を確認する対応形態である。たとえば，売上高と販売費・一般管理費の対応のように，両者の間に必ずしも直接的・個別的な関連性は存在しないが，ただ単に期間的に対応されている。営業外収益と営業外費用においては，いっそう，両者の因果関係は薄弱であり，それらは期間的に一括して対応されるに過ぎない。したがって，「間接的対応」，「総括的対応」とも呼ばれている。

　「企業会計原則」（損益計算書原則一・C）は，「費用及び収益は，その発生源泉に従って明瞭に分類し，各収益項目とそれに関連する費用項目とを損益計算書に対応表示しなければならない」と規定し，費用と収益との間に可能な限り合理的な対応関係を見つけだし，その関係をできる限り明瞭に表示することを要求している。

2　費用・収益の認識基準

　費用・収益をどの会計期間に帰属させるかは，期間損益計算上，重要である。費用・収益の「期間帰属決定基準」すなわち認識基準には，次のようなものがある。

（1）　現金主義

　現金主義とは，現金の収入時点および支出時点をもって収益および費用を認識する基準である。ただし，現金収支には貸付金，借入金などのような収益・費用に関係ない「中性的収入」，「中性的支出」があるので，すべての収支が収益・費用になるとは限らない。

　現金主義会計は，中世の当座的な冒険取引における口別損益計算のような全体損益計算の場合には，現金の収入・支出と期間収益・費用の間に時間的なずれがないので，合理的なものであった。

　しかし，①信用制度の発達により信用取引が増加したこと，②企業における固定資産保有の比重が増大したことなどによって，現金の収支と期間収益・費用との間に期間的なずれがますます大きくなり，現金主義は不合理をもたらした。現金主義は，損益計算の確実性という点では優れているが，期間損益計算の合理性という点では欠点がある。

（2）　半発生主義

　半発生主義とは，現金主義を基礎とするけれども，信用取引に対処するため，将来必ず受け取る法律上の債権および将来支払わなければならない法律上の債務をも収益・費用として認識する基準である。

　法律上の権利・義務の確定によっても収益・費用を認識するという意味で，「権利確定主義」に最も近い認識基準である。この半発生主義によると，期間費用・収益は次の算式のようになる。

　　　期間費用＝現金支出額＋将来の現金支出額（債務）
　　　期間収益＝現金収入額＋将来の現金収入額（債権）

（3）　発生主義

　発生主義とは，現金の収支と関係なく，収益・費用を経済価値の造出ないし経済価値の費消という経済的事実の発生に基づいて期間帰属させる基準である。

　費用・収益の発生の事実とは，具体的には，企業に属する財貨・用役の価値の減少または増加という事実を指す。現金収支に関係なく，経済価値の増加があれば収益が発生し，経済価値の減少があれば費用が発生していると考える。

　「発生主義」は，固定資産・棚卸資産の増大という経済的事実を背景にして，現金の収支と費用・収益の発生との間にみられる期間的間隙から生じる期間損益計算の歪みを是正するために，現金主義・半発生主義を克服する形で発展してきた基準であり，費用・収益の期間帰属における会計的合理性を満足することができる。発生主義による会計は「発生主義会計」と呼ばれ，現代会計の主要な特徴の1つとなっている。

　「発生主義会計」のもとでは，半発生主義または権利確定主義において認識されていた期間費用・収益（現金収支および金銭債権・債務）のほかに，①経済価値の減少の発生は確定しているが，金額を推定・見積もられなければならないような費用の認識として，減価償却費の計上があり，②経済価値の減少の起因事象の発生による費用の認識として，各種の引当金計上がある。費用の発生には，引当金設定のように，将来における経済価値の減少原因の発生という事実も含まれている。価値費消の起因事象の発生を含む認識は，「広義の発生主義」という。

　また，一定の契約によって継続的に役務の授受を行っているときに，時間の経過に基づき，収入・支出額を当期の収益・費用に計上しなかったり，未収入・未支出額を当期の収益・費用に算入するために，経過的に利用される「経過勘定」がある。すなわち，前払費用と前受収益は当期の損益計算から除外されるとともに，未払費用と未収収益は当期の損益計算に計上されるが，このような費用・収益は時間の経過に基づいて認識するのが合理的である。この認識基準は「時間基準」（time basis）とよばれ，現金主義の批判として発生主義の初期に主張されていた。この時間基準による費用・収益の認識を「狭義の発生主義」ともいう。

　図表2-1では，発生主義を構成する発生形態を図形化している。

[図表2-1]　発生主義の形態

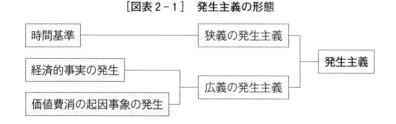

（4）　実現主義

　発生主義は，期間費用・収益をその期間発生額によって認識・計上するので，期間損益計算の適正化にとって最も有効であり，合理的な費用・収益の認識基準として考えられる。しかし，経済価値の増減という費用・収益の「発生の事実」が抽象的な概念であり，その金額の確証性に難点がある。とりわけ，収益の多くは，生産過程において収益形成の事実の発生は認められるものの，その収益形成過程における収益発生の客観的測定は不可能に近い。

　現代会計では，投下資本の回収余剰を意味する処分可能利益の計算を主な目的としているので，収益の認識に関しては，不確実な状態にある未実現利益を損益計算から排除するという配慮から，「実現主義」を適用することによって収益の認識に限定を加えている。

　実現主義は，収益認識の確実性を期するために発生主義を限定する基準である。したがって，収益発生を合理的に認識し，かつ，それが確実に実現する保証があれば，発生主義による収益の認識も否定されるものではない。

　その場合，実現主義における「実現」とは，財貨・用役の提供と同時にその対価として貨幣性資産（現金，売掛金，受取手形など）を受け取ること，すなわち販売の完了事実を指している。収益における実現主義は，具体的には**販売基準**（sales basis）として適用される。

　販売は，①所有権の移転を伴った財貨の引渡しまたは用役の提供および②確定した対価として貨幣性資産を受領することを要件とする。

　利益の処分可能性を確保するために，収益認識基準として「販売基準」が採用されるが，その理論的根拠は次のとおりである。

　　㋑　利益の処分可能性を保証できる資金の裏づけが確実である。すなわち，販売時点において対価（貨幣性資産の受領）が確定している。

　　㋺　販売事実の完了時点において，収益計上額が客観的かつ確実となる。

　　㋩　販売が行われた時点において，ほとんどの費用が確定しており，販売収益に対応する費用額が確定し，適正な期間損益計算が可能になる。

　　㋥　売買当事者間の客観的取引であり，収益額回収の確実性が保証される。

　したがって，未販売の商品等について予想利益を計上することは，実現主義

を適用することによって防ぐことができる。収益認識を客観的かつ検証可能な販売事実（実現）まで待つことは，損益計算から未実現の不確実な収益を排除することになる。「企業会計原則」の損益計算書原則一のA第1項但し書きに，「未実現収益は，原則として，当期の損益計算に計上してはならない」と規定している。

3　費用・収益の測定基準

「企業会計原則」の損益計算書原則一のA第1項の規定によれば，すべての費用および収益は，その支出および収入に基づいて計上しなければならない。費用・収益の測定基準として，「収支額基準」が採用されている。

この基準においては，収益は過去の収入額，現在の収入額あるいは将来の収入額を測定基礎として計上され，費用は過去の支出額，現在の支出額あるいは将来の支出額を測定基礎として計上される。

収支額基準は，費用・収益の測定に際して，過去，現在または将来のいずれかの支出額・収入額と結びつかなければならないことを要請する測定基準である。その理論的根拠は，企業と外部取引者との間で行われる取引事実に基づく客観的価額を測定基準として，期間損益計算の客観性と確実性を保証するためである。この収支額基準に基づいた会計は，原価主義会計と呼ばれている。

図表2-2では，費用・収益の「認識基準」と「測定基準」および「費用収益対応の原則」の関係を示している。

[図表2-2]　期間損益計算の基本原則

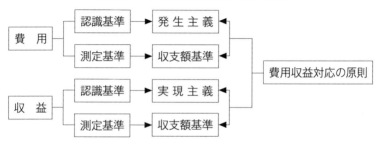

4　期間収益の認識と測定

　前述したように，原則として，収益は客観性・確実性の観点から発生主義を限定する実現主義（販売基準）によって計上される。商品・製品等の販売による収益は，その引渡しが行われたときに計上されることになるが，その「引渡し時点」については，次のような基準が考えられるであろう。

(1)　相手方の注文に応じて商品等を出荷したときに，引渡しがあったとする**出荷基準**

　　㋑　店頭または倉庫等から出荷したとき（出庫基準）

　　㋺　船積みまたは貨車積みしたとき（荷積み基準）

　　㋩　相手方の受入場所に搬入したとき（搬入基準）

(2)　相手方が商品等を検収して，引取りの意思表示をしたときに引渡しがあったとする検収基準

　一般的慣習として，出庫時点をもって販売が実現したものとしている。物品の引渡しを要しない役務提供の場合には，役務提供完了時に収益計上する。これを役務完了基準という。

　ただし，不動産の仲介あっせん報酬の額は，原則として，契約効力発生日に収益として計上できるが，所有権移転登記が行われる取引完了日に収益の額に算入することもできる。

　運送業における運送収益は，「役務完了基準」のほかに次のような収益計上基準が認められる。

　　㋑　発売日基準（乗車券，乗船券，搭乗券を発売した日に収益計上する）

　　㋺　集金基準（自動発売機による乗車券等については集金した日に収益計上する）

　　㋩　積切基準（船舶，航空機等による乗客・貨物については，積地を出発した日に収益計上する）

　　㋥　航海完了基準（航海期間がおおむね4カ月以内である場合には，1航海が完了した日に収益計上する）

　　㋭　日割・月割発生基準（定期乗車券に適用される収益計上基準で，運送に要する期間に応じて日割・月割により収益計上する）

　通常の現金販売や信用販売の場合には，実現主義は，具体的には販売基準の適用となるが，次のような「特殊販売形態」においては，収益は以下のような基準によって認識される。

（1）　委託販売

　商品の販売を他人に委託する販売方法を委託販売という。委託販売の場合，まだ商品の所有権は当方にあるから，商品を出荷したときに収益を認識することはできない。原則として，その商品を受託者が販売したときに収益に計上する。

　ただし，仕切精算書（売上計算書）が販売のつど送付されている場合には，その仕切精算書が到達したときに売上収益を計上する仕切精算書到達日基準も認められている（企原注解6・(1)）。

（2）　試用販売

　「試用販売」によれば，商品を買主の希望によって出荷するが，この時点ではまだ販売にならない。買主が当該商品を一定期間試験的に使用し，購入すると決めた後に買入れの意思表示があり，そのときに売買が成立する販売形態を試用販売という。したがって，試用販売では，買主が買取りの意思表示をした時点に収益を計上する（企原注解6・(2)）。これを買取意思表示基準という。

（3）　予約販売

　予約販売とは，事前に予約金を受け取り，後に商品を引き渡す販売形態である。予約金を受け取っても収益計上してはならず，「前受金」という負債の勘定で処理しておく。実際に商品を引き渡したときに売上高に計上する。予約金のうち，決算日までに商品の引渡しが完了した分だけを当期の売上高に計上し，残額は負債として次期に繰り越す（企原注解6・(3)）。

（4）　割賦販売

　月賦払・年賦払などの方法で商品代金の分割払いを受ける販売形態を割賦販売という。割賦販売といえども，第1回の割賦金を入金するときに商品を引き

渡すのが通例である。

　「企業会計原則」では，商品等を引き渡した日をもって売上収益の実現の日とする「販売基準」を原則としている（企原注解6・(4)）。

　しかし，割賦金の回収に比較的長期を要し，分割払いであるので回収上の危険率が高く，かつ回収のためのアフター・コストが一般の売掛金より多くかかる等の理由により，収益の認識を慎重に行うため，従来，販売基準に代えて割賦基準も例外的に認められていた。

　割賦基準はさらに，「回収基準」と「回収期限到来基準」に分けられる。回収基準とは，割賦金の入金日をもって売上収益実現の日とする基準である。回収期限到来基準によれば，割賦金の入金の有無にかかわらず，賦払契約日に売上収益が実現したとみなされる。

（5）　工事契約

　「工事契約」とは，仕事の完成に対して対価が支払われる請負契約のうち，土木，建築，造船，一定の機械装置の製造等，基本的な仕様・作業内容を顧客の指図に基づいて行うものをいう。したがって，当該工事の完成・引渡しまでに長期間を要することがある。工事契約に対して「工事完成基準」または「工事進行基準」の適用が認められている。

　工事完成基準とは，工事が完成し引き渡したときに全収益を一括して計上する基準である。いわば，工事収益に通常の「販売基準」を適用するのと同じことになる。ただし，工事完成基準では，当該工事が完成し引き渡した期間のみに収益（成果）を計上することになり，それ以外の期間の経営努力（費用）と成果とが期間的に対応しなくなる。

　各期間の工事進捗度を見積もり，工事収益総額の一部を当該期間の収益として計上する「工事進行基準」も認められている。一般に，当期の収益計上額は次の算式によって求められる。

$$収益計上額＝工事収益総額×\frac{当期までの実際発生原価}{工事契約の見積原価総額}－前期までの計上済工事収益$$

　工事進行基準は，完成・引渡し前に進捗度に応じて収益を計上するのである

から,「発生主義」による収益認識による一例である。工事契約の内容によっては,上記の「原価比例法」に代えて,より合理的に工事進捗度を把握できる見積方法（たとえば,面積比例法等）を用いることができる。

(6)　農産品等

　政府買入価格が公定されている農産品等は,公定価格制のもとでは価格が確定しているので,引渡しに先立ち収穫時点に収益を認識することができる。これを収穫基準といい,発生主義の一形態である。もちろん,販売基準も適用することができる。

　前述したように,期間費用・収益の測定基準は「収支額基準」による。収益は,企業と外部取引者の間で成立した客観的かつ確実な取引価額によって計上される。ただし,売上高は,返品,値引,売上割戻し,売上割引により修正される場合がある。

　すでに販売した商品が,品違い,品質不良などの理由により返品されることがある。売上に対する返品額は,売上戻りといい,売上高から控除される。

　売上値引とは,売上品の数量不足,品質不良,破損,引渡期間の遅延等の理由により代価から控除される額をいう（財規ガイド72-1）。売上品自体に欠陥があるときの代金の一部減額であり,売上戻りと同じく,売上高からの控除項目として取り扱われる。

　売上割戻しとは,一定期間内に多額または多量の取引をした得意先に対する売上代金の返戻額である。販売拡張を目的とした代金の一部減額であり,販売促進のための「販売費」とみなす説もあるが,「財務諸表等規則」では,売上値引と同様に,売上高からの控除項目として処理されている（財規ガイド72-1）。

　売上割引は,代金支払期日前の支払いに対する売掛金の一部免除額である（財規ガイド72-1）。期日前の支払いに対する代金の一部減額であり,売上高からの控除項目として処理すべきであるとする説もあるが,「財務諸表等規則」では,現金割引という一種の金融費用として「営業外費用」に記載される。

5　期間費用の認識と測定

　前述したように，期間費用は発生主義によって認識され，支出額によって測定される。

　しかし，支出がすべて費用となるわけではない。資金貸付けのための支出や借入金返済のための支出は，経済的価値（財貨・用役）の費消事実とは関係がなく，「中性的支出」として「費用的支出」（費用をもたらす支出）と区別されなければならない。

　期間費用は，支出額を基礎にして測定されるが，経済価値の費消という事実に基づいて認識される。この発生主義は，財貨・用役の費消時点に費用を認識するため，費消基準ともよばれる。その場合，費用的支出は当該期間の発生費用と必ずしも一致するとは限らない。当該期間に帰属すべき費用と支出との関係を示せば，次の3形態が考えられるであろう。

　①　当期の支出が当期の費用として計上される。
　②　過去または当期の支出が部分的に当期の費用として計上される。
　③　将来の支出（または損失）が当期の費用として計上される。

　上記①のような費用の把握方法を支出基準といい，支払いが行われた期間内に財貨・用役が費消される場合，当該支出額を当期費用として計上する基準である。たとえば，販売費や給料，賃金，保険料のような項目は，一般に，支出時点に即時費用化する。ただし，費用の前払分は「時間基準」によって調整計算が必要である。

　②の場合には，有形固定資産の減価償却費，無形固定資産および繰延資産の償却費，棚卸資産の売上費用（売上原価）のように，過去あるいは当期の支出額（すなわち取得原価）が当該資産の価値費消に応じて，部分的に当期の費用となる。資産の取得原価が複数の会計期間にわたって配分されていくので，この費用認識法は配分法と呼ばれる。

　「企業会計原則」（貸借対照表原則の五）は，「資産の取得原価は，資産の種類に応じた費用配分の原則によって，各事業年度に配分しなければならない」と規定し，資産の原価（収益稼得のための効用のかたまり）を収益との対応関係を

［図表2-3］　発生原則の3つの適用形態

〔出所：武田隆二『会計学一般教程〔第2版〕』中央経済社，平成3年，109頁〕

通して期間的に配分することを要求している。棚卸資産，固定資産および繰延資産等の「費用性資産」の支出額は，その支出時点に即時費用化させるのではなく，**費用配分の原則**（principle of cost allocation）に従い一定期間にわたって期間帰属させるのである。たとえば，有形固定資産については，一定の公式による減価償却によって，その取得原価を耐用年数にわたって予測的に期間配分し，無形固定資産および繰延資産の取得原価は，収益稼得に貢献できる有効期間または契約期間にわたって償却・配分される。

③の費用認識法は**見積法**と呼ばれ，財貨・用役の費消が将来に行われるとしても，その発生原因が当期に存在しているならば，これを当期の費用として見積計上する方法である。将来の支出または損失に備えて，当期の費用または損失としてその見積額を計上する手続を**引当経理**といい，修繕引当金繰入額，製品保証引当金繰入額等の見積費用がこれに該当する。

図表2-3では，過去・現在・将来の支出，および発生主義における当期費用の帰属基準の関連を図形化している。

Ⅲ　損益計算書の表示原則

1　総額主義の原則

費用および収益は，総額によって記載することを原則とし，費用の項目と収益の項目とを相殺し，その一部または全部を除外してはならない（企原，第

2・1B）。これは，損益計算書における「総額主義の原則」である。

　ここでいう総額主義の原則とは，相互に相反する費用項目と収益項目との相殺消去を禁止した原則であり，その趣旨は，経営活動の詳細を損益計算書に明瞭表示し，企業の経営成績に関して利害関係者の判断を誤らせないようにすることである。

　受取手数料と支払手数料，有価証券売却益と有価証券売却損，受取利息と支払利息などを相互に相殺して純額だけを損益計算書に記載すれば，企業の取引規模とその内容が歪められることになる。たとえば，相殺した純額のみで受取利息を計上すると，利害関係者は当該企業が利息の支払活動，したがって資金借入活動を行っていないと誤解することになるので，相反する費用項目と収益項目との相殺禁止が要請されるのである。

2　費用収益対応表示の原則

　費用および収益は，その発生源泉に従って明瞭に分類し，各収益項目とそれに関連する費用項目とを損益計算書に対応表示しなければならない（企原，第2・1C）。損益の発生源泉に基づいて区分表示することを要求する原則は，費用収益対応表示の原則と呼ばれている。

　前述した「費用収益対応の原則」は，費用・収益の実質的な処理原則である「発生主義」，「実現主義」，「原価配分の原則」などを規制する損益計算の根本原理であるのに対し，「費用収益対応表示の原則」は損益計算書に係る表示原則あるいは報告原則である。

　具体的には，売上高に売上原価を対応表示し，次に「販売費及び一般管理費」を対応表示して営業利益を計算する。これは，実質的対応関係に基づく対応表示である。売上原価は売上高と個別的・直接的対応関係にあり，「販売費及び一般管理費」も売上高に対して期間的・間接的であるが，対応関係は認められる。

　営業外収益に営業外費用を対応表示させることは，因果関係における対応表示ではなく，ただ単に財務活動に伴う収益・費用としての同質性が認められるに過ぎない。

　期間外損益についても，特別利益と特別損失には因果関係は認められず，そ

れらが当該期間における経常的な活動とは関係のない期間外損益項目としての
同質性が認められるに過ぎない。

　図表 2-4 では，損益計算書における費用・収益の対応関係を示している。

[図表 2-4]　損益計算書と対応関係

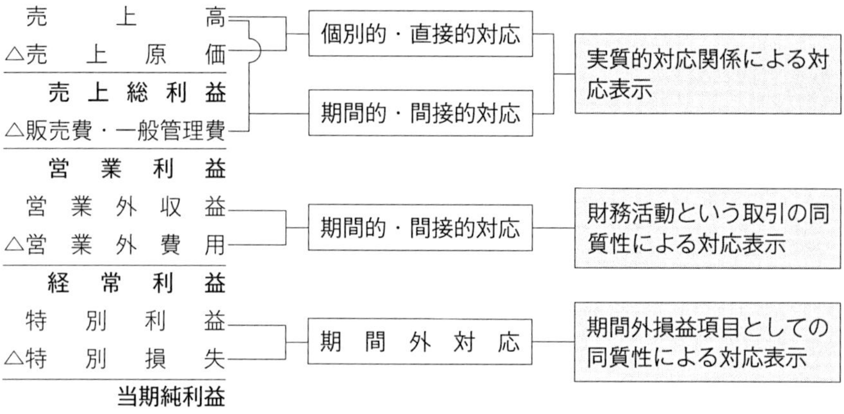

```
売      上      高 ┐
                   ├ 個別的・直接的対応 ┐
△売  上  原  価 ┘                      ├ 実質的対応関係による対
　  売 上 総 利 益 ┐                      │ 応表示
                   ├ 期間的・間接的対応 ┘
△販売費・一般管理費 ┘
　  営  業  利  益
　営  業  外  収  益 ┐
                      ├ 期間的・間接的対応 ─ 財務活動という取引の同
△営  業  外  費  用 ┘                        質性による対応表示
　  経  常  利  益
　特  別  利  益 ┐
                 ├ 期  間  外  対  応 ─ 期間外損益項目としての
△特  別  損  失 ┘                      同質性による対応表示
　　    当期純利益
```

第3章

貸借対照表の本質・構造と貸借対照表原則

Ⅰ　貸借対照表の意義

　貸借対照表とは，一定時点における資産，負債および資本（純資産ともいう）を一表に集めた計算報告書である。作成時点により，開業貸借対照表，清算貸借対照表（あるいは破産貸借対照表），決算貸借対照表，中間貸借対照表および合併貸借対照表に分類できる。一般に貸借対照表と言うとき，営業活動を継続している企業が毎決算時に作成する「決算貸借対照表」を意味する。

　「企業会計原則」（第三・1）は，貸借対照表の本質について，「貸借対照表は，企業の財政状態を明らかにするため，貸借対照表日におけるすべての資産，負債及び資本を記載し，株主，債権者その他の利害関係者にこれを正しく表示するものでなければならない」と規定する。

　ここでの貸借対照表は，企業の一定時点における**財政状態**，すなわち企業の経営活動に必要な資金の調達源泉を表す負債および資本とその具体的な運用形態を表す資産を一表にまとめ，企業の利害関係者に対して企業の財政状態を明らかにする計算報告書である。この場合，貸借対照表は企業の「財政状態表示機能」を果たしている。

Ⅱ　資産の本質および評価

1　資産の本質

　貸借対照表を構成する資産の本質および評価は，貸借対照表の作成目的に

よって異なる。

　貸借対照表の作成目的を財産計算に求める**静態論**においては，資産は換金能力を有する財産に限定されていた。ここでは，企業の担保能力を示すことにより債権者保護に資するため，個々の財産は売却時価で評価されている。資産は，債権者に対する担保能力を有する換金価値を持つ財産でなければならなかった。この考え方は**財産説**と言われている。

　会計の第一義的目的を期間損益計算に置く**動態論**では，資産は，収支計算と損益計算の期間的なずれから生じる「未解決項目」である未費用項目・未収入項目および現金から成る「前給付」概念で統一されていた。つまり，貸借対照表の借方側は，期間損益計算を重視する観点から，将来費用となるべき項目が未だ費用とならない**費用性資産**，現金およびいまだ回収されず将来的貨幣となる**貨幣性資産**に分けられる。

　資産の未費用性が強調され，資産の貸借対照表価額は取得原価の期間的配分手続によって導かれた未償却残高であるとみなしている。この考え方は**未費消原価説**と呼ばれている。しかも，貨幣性資産は，先行する諸取引で生じた取引価格を反映するので，取得原価と等しいと考え，資産を「未費消原価概念」で統一しようと努力する。動態論においては，資産の本質を単に「未解消の原価」あるいは「将来に繰り越される支出額」とみなす。

　しかし，回収過程にある資産（未収入項目）または投下待機過程にある資産（現金）である貨幣性資産を，将来，費用に転化していく費用性資産と同一視し，「準原価要素」とみなすのは非常に無理がある。

　この致命的な欠陥を克服する形で，将来において収益を獲得できる「用役潜在力」（service potentials）という資産概念が登場した。すなわち，資産とは，企業の経営活動において収益を稼得するために保有されている経済的資源であり，その本質は用役潜在力あるいは将来の経済的便益（future economic benefits）である。

　企業の経営活動のために拘束・保有される資産は，将来，一定の収益を得ることができるために，その資産性があり，より具体的にいえば，財貨・用役（goods and services）の生産または提供に貢献できる用役潜在力の集合体である。

　このように資産を用役潜在力として定義する**用役潜在力説**の観点に立てば，

財貨・用役を獲得して収益稼得に間接的に役立ちうる能力を持っている貨幣性資産も，将来，収益稼得のために直接的に費消していく費用性資産と統一的に把握することができる。

　わが国の「討議資料」（第３章４項）によれば，資産は，過去の取引または事象の結果として，企業が支配している経済的資源であり，基本的には「用役潜在力説」が採られている。

2　資産の当初測定・再測定

　資産の取得取引が正式に記録され，会計帳簿に計上される当初認識の時点では，資産は，当初認識時（資産の取得時）における公正価値（すなわち取得原価）によって資産の当初測定が行われる。つまり，当初認識の段階では，資産は「取得原価」で測定される。ただし，後章で解説されるように，取得の形態別（たとえば，購入，自家建設・自己製造等）に当初測定額（取得原価）の計算は異なる。

　資産が当初認識・測定された後に，当該期間中に経済的事象（たとえば，減価・減耗・減損事象，貸倒事象，価格・為替・金利変動等）が生じているため，決算日に再測定（期末評価ともいう）が行われる。再測定対象となる資産に対して貨幣数値を割り当てる資産評価には，会計目的により「取得原価基準」，「時価基準」，「低価基準」，「混合測定基準」等が適用される。

　取得原価基準（原価主義ともいう）とは，過去（当初認識・測定時）に発生した資産取得取引において実際に支出した貨幣額（取得原価）に基づいて資産の期末評価額を決定する基準である。

　時価基準（時価主義ともいう）とは，決算日における市場価値（時価）で資産を評価する基準であり，これには当該資産の①購買（再調達），②販売・売却譲渡または③保有（継続的使用）に基づく時価が想定される。すなわち，再測定対象となる資産の再調達原価（取替原価ともいう），正味売却価額（または正味実現可能価額）あるいは使用価値（割引現在価値）が再測定価額として採用される。

　低価基準（低価主義ともいう）とは，ある特定の資産の取得原価と時価（再調達原価または正味売却価額）を比較し，低い価額で当該資産を再測定する基準で

ある。

　混合測定基準（混合測定主義ともいう）は，資産の種類に応じて取得原価と時価（再調達原価，正味売却価額または使用価値）を使い分ける評価基準である。

Ⅲ　資産評価基準の種類

1　取得原価基準の特質

　取得原価基準によれば，決算日における資産の評価額は，取得時に確定した客観的・検証可能な実際支出額に基づいているので，時価のような見積額は含まれず，計算の確実性が保証されている。また，取引当事者間で決定された客観的証拠，取引資料などの証 憑 書類に裏付けられ，検証可能性が高い。実際の外部取引による支出によって名目価値で計上する取得原価を基調とする「取得原価基準」では，株主が投資した資本の名目貨幣額を維持すべき受託資本とみなし，投下貨幣資本額の回収余剰としての利益を計算する**名目的貨幣資本維持**が達成される。

　ただし，価格変動時には，非貨幣資産とりわけ有形固定資産の取得原価は再測定時の公正価値（時価）とは乖離し，含み損益を含む非現実的な会計数値となる。また，取得年次が異なる資産に対して歴史的な取得原価を単に集計したとしても，異なる公正価値（当初認識・測定時における取得原価）の寄せ集めに過ぎない。異なる資産が異なる購買力を持つ貨幣単位で計上されているので，その加法性は疑問視され，単純集計された結果としての会計数値の企業間・期間比較は無意味である。

2　時価基準の特質

（1）　再調達時価主義

　再調達原価（再調達時価ともいう）とは，現在所有している資産と同等の営業能力または生産能力を有する資産を再取得（再調達）するのに必要な見積支出額である。**再調達時価主義**は，現在時点の購買市場における再調達原価を基準にして資産の再測定額を決定する基準であり，再調達原価による資産評価額

合計は企業の営業能力を表現するものと考えられる。

　また，期間を通じてカレントな価値で計上される「収益」にチャージされる「費用」（売上原価，減価償却費等）はカレントな再調達原価によって計上されるので，費用・収益の同期間的・同価値的な対応による期間損益計算が行われ，企業の営業能力維持あるいは実体資本維持を達成する処分可能利益の算定が可能である。

（2）　売却時価主義

　売却時価主義は，当該保有資産を販売市場で売却したとするならば，受け取れるであろう貨幣収入額（売却時価）から見積販売経費（アフター・コストを含む）を差し引いた正味売却価額（正味実現可能価額ともいう）によって再評価する基準である。正味売却価額は，現在の販売市場で売却処分して受け取るキャッシュ・インフローであるので，企業の流動性や担保能力の評価に役立つ。

（3）　使用価値主義

　使用価値（「利用価値」ともいう）とは，資産を将来の用役潜在力の貯蔵とみなし，当該資産を売却せずに使用（保有）することによって受け取るであろう将来キャッシュ・インフローを,適切な割引率により現在時点（再測定時点）の価値に割り引いた割引現在価値である。

　たとえば，機械装置（取得原価2,000,000円，残存耐用年数3年，帳簿価額600,000円）の正味売却価額が400,000円であったが，売却しないで3年間の利用により毎年200,000円のキャッシュ・フローと処分価額60,000円のキャッシュ・フロー（割引率：3％）が見込まれる場合，下記算式により使用価値は計算される。

$$200,000/1.03 + 200,000/1.03^2 + (200,000 + 60,000)/1.03^3 \fallingdotseq 620,631$$

　使用価値の算定には，資産の残存使用期間，当該資産から将来産出するであろう予想のキャッシュ・フロー，割引率の計算要素を見積もる必要があり，主観的な見積数値・仮定を前提とした資産評価とならざるを得ない。

3　低価基準の特質

　低価基準によれば，時価が原価より低いときは時価，原価が時価より低い場合には原価によって評価されるので，資産評価損は計上されるが，資産評価益は計上されない。低価基準における時価としては，決算日の再調達原価または正味売却価額が採用される。すなわち，低価基準として「取得原価と再調達原価との比較法」，「取得原価と正味売却価額との比較法」または「取得原価，再調達原価と正味売却価額との三者比較法」が利用できる。

　資産として次期に繰り越される原価は，将来の収益と対応されるための残留有用原価であり，その下落分を当該資産の残留有用原価の喪失であると考える残留有用原価説によれば，時価は，将来の収益を稼得する力としての「再調達原価」と結びつく。低価基準は取得原価基準の例外であり，予想の損失（未実現損失）の早期計上を図る保守主義により認められると考えるならば，時価は，現金回収可能額を意味する「正味売却価額」と結びつく。

4　混合測定基準の特質

　混合測定基準とは，再測定対象となる資産の性質に応じて取得原価または時価のいずれかを選択適用する評価基準である。たとえば，特定の有価証券には時価，土地については取得原価を強制適用する評価システムである。

　わが国では，売買目的有価証券・その他有価証券には時価，子会社株式・土地・建物等には取得原価，棚卸資産には低価（取得原価と正味売却価額との低い金額）が強制適用されるので，「原価・時価・低価混合測定主義」が採用されている。

Ⅳ　負債および資本（純資産）の本質

　貸借対照表の借方に計上される資産が，企業資金の具体的な運用形態を表すのに対し，貸方に計上される負債および資本は，その企業資金の調達源泉を表す。

　負債は，企業外部から調達された資金部分であるので，「他人資本」とも呼

ばれる。これに対して「資本」は，他人資本（負債）に対比される資本，すなわち「自己資本」をいう。このような資本は，資産総額から負債総額を控除した純資産と一致する。負債が債権者からの受入資本であるのに対し，資本は株主から拠出された払込資本と，その運用の結果，稼得した留保利益から構成されている。

　その場合，法的規制や所有関係等の観点から，負債と資本の間には区分されるべき性質の相違がある。たとえば，負債は契約により債権者に対して返済すべき義務を負っているが，資本は将来株主に対して弁済義務を負わない資金源泉として捉えることができる。企業資産に対する請求権は，債権者のそれが株主のそれに優先し，株主は残余財産請求権を持つにとどまる。負債に対しては確定した約定利子を支払う義務があり，それを損益計算上費用として処理しなければならないが，資本に対しては確定した約定利子を支払う義務はなく，利益の処分としてのみ利子（すなわち配当）を支払うに過ぎない。

　このように「負債」は，法的には，債権者に対して，将来，一定の金銭を支出するか財貨・用役を提供すべき経済的給付義務であり，その権利の行使が株主持分より優先する。これらは，債務履行期日，履行の相手方および履行金額が確定している「法律上の債務」であり，「確定債務」とも言われる。確定債務は，借入金や買掛金のように金銭を返済しなければならない「金銭債務」，商品の売渡し等を約束したときに受け取った前受金のような「財貨・用役引渡債務」に分けられる。さらに，一定の条件の成就によって金額と相手方が確定する条件付債務もある。条件付債務には，「偶発債務」と「債務性ある引当金」が挙げられる。

　「法律上の債務」のほかに，期間損益計算の適正化に資するために，当該期間の収益に対応する費用を見越計算したり，収益を繰延経理した結果，貸借対照表上，負債として計上される未払費用や前受収益の「経過負債」，負債性引当金のうち「債務性のない引当金」である修繕引当金などのような「会計的負債」が存在する。これら会計的負債は，費用・未支出項目（未払費用や修繕引当金），収入・未収益（前受収益）として負債性を有することになる。さらに，リース取引において計上される「リース債務」も，法律上の債務ではないので，会計的負債に含まれる。

　このように，負債とは，過去の取引または事象の結果として，報告主体が支配している経済的資源を放棄もしくは引き渡す義務，またはその同等物をいう（討議資料3章5項）。

　図表3-1では，「法律上の債務」と「会計的負債」を構成する負債の種類を表示している。

[図表3-1]　負債の種類

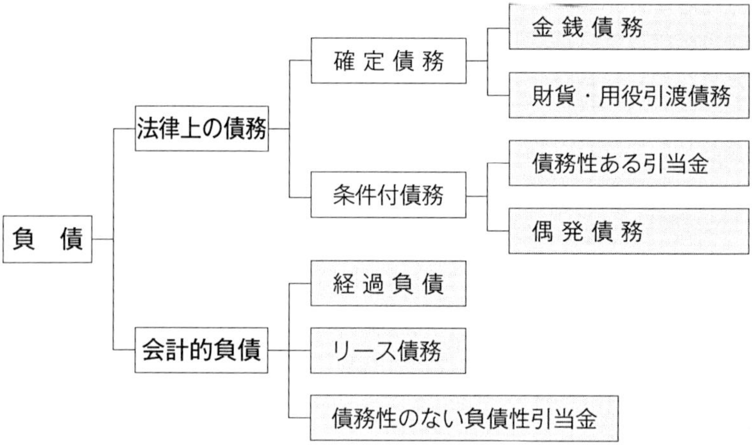

V　貸借対照表の表示原則

1　貸借対照表完全性の原則

　貸借対照表は，企業の財政状態を示すために，一定時点におけるすべての資産，負債および資本（純資産ともいう）を洩れなく計上し，株主，債権者その他の利害関係者にこれを正しく表示するものでなければならない。これは，貸借対照表完全性の原則と呼ばれ，企業が所有する資産，および企業が負担する負債を細大洩らさず完全に計上すること，また，所有しない資産や負担しない負債を計上してはならないことを要求するものである。

　この原則に抵触したときには，(a)簿外資産，(b)架空資産，(c)簿外負債および(d)架空負債を招来し，企業の財政状態の真実な報告を歪めることになる。これ

ら諸資産・負債は，「貸借対照表の真実性」を害し，企業の財政状態に関する利害関係者の判断を誤らせることになるので，容認されるべきではない。

　ただし，現代の企業会計が目的とするところの1つは，企業の経営活動に関する利害関係者の判断を誤らせないようにすることにある。財務諸表にほとんど影響のない性質の項目，あるいは金額の軽微な項目についても「貸借対照表完全性の原則」を適用すれば，かえって利害関係者の判断を誤らしめる危険性が多くなる。このため，「重要性の原則」を援用して，重要性のない項目や軽微な金額の簿外資産や簿外負債は認められる。

　ただし，架空資産および架空負債は，いかなる会計処理によっても決して容認されるべきではない。

2　総額主義の原則

　資産，負債および資本は，総額によって記載することを原則とし，資産の項目と負債または資本の項目を相殺することによって，その全部または一部を貸借対照表から除外してはならない（企原第三・1B）。貸借対照表に記載される資産項目と負債項目あるいは資本項目との相殺消去を禁止した原則は，貸借対照表における**総額主義の原則**という。

　たとえば，売掛金と買掛金，受取手形と支払手形，貸付金と借入金などを相互に相殺して純額だけを貸借対照表に記載すれば，企業資本の調達・運用規模を歪めることになり，財務流動性などの判定も不可能となる。資産と負債または資産と資本の一部または全部を相殺して差額のみを貸借対照表に表示することは，「貸借対照表完全性の原則」にも抵触することであり，企業の財政状態を適正に報告するという貸借対照表の本来的目的を達成できなくなる。ここに，資産と負債・資本の相殺禁止を規定する「総額主義の原則」が要請されるのである。

3　流動・固定の分類基準

　「企業会計原則」は，資産および負債についての流動・固定の分類基準に「営業循環基準」と「1年基準」（ワン・イヤー・ルール）を指示している。

　営業循環基準とは，企業の正常な営業循環内に生じた資産・負債に流動性が

あるとみなす基準である。当該企業の主目的たる営業取引により発生した債権・債務は，通常，現金→商（製）品→現金という形態で循環するが，この営業過程の中にある資産・負債がすべて流動資産・流動負債とされる。

「企業会計原則」の注解16によれば，受取手形，売掛金，前払金，支払手形，買掛金，前受金等の主目的たる営業取引により生じた債権・債務は，流動資産，流動負債に属する。商品，製品，半製品，原材料，仕掛品等の棚卸資産は当然に流動資産であるが，営業目的を達成するために所有し，かつ，その加工もしくは売却を予定しない財貨は固定資産に属するものとする。

しかし，営業循環過程にある資産・負債がすべて換金容易であるとは限らない。たとえば，当該企業の主目的たる営業取引により発生した債権・債務であっても，明らかに営業循環をはずれる破産債権・更生債権等は長期間回収される見込みはない。反対に，貸付金・借入金，差入保証金・受入保証金，主目的以外の取引によって生じた未収金・未払金等の債権・債務は流動性が高い。

この場合，これらを営業循環基準のみで流動・固定の分類を行えば，支払能力を判断するという観点から好ましくない。これら諸項目には1年基準を適用し，決算日の翌日から起算して1年以内に入金または支払期限が到来するものは流動資産・流動負債に属するものとし，入金または支払期限が1年を超えて到来するものは固定資産・固定負債に属するものとする。

現金・預金は原則として流動資産に属するが，預金については，期限が1年を超えるものは固定資産（「投資その他の資産」）に属するものとする。有価証券については，「所有目的基準」に従って，売買目的有価証券および1年内に満期の到来する有価証券は流動資産に属するものとし，それ以外の有価証券は「投資その他の資産」に属するものとする（財規15条1項4号，31条1項1号）。また，前払費用については，1年を超える期間を経て費用となるものは「投資その他の資産」に属するものとしている。未収収益は流動資産に属し，未払費用および前受収益は流動負債に属するものとする。

このように，資産と負債の流動・固定分類基準について，原則として「営業循環基準」を適用し，「1年基準」，「所有目的基準」あるいは「その他の基準」を加味した形を採っている。

第4章

流動資産

I　当座資産

　流動資産のうち，現金・預金，受取手形，売掛金，短期貸付金等，売買目的有価証券および1年内に満期の到来する有価証券は，会計学上，**当座資産**と呼ばれている。

　現金および短期間に現金化が見込まれる流動資産は，短期の債務に対する弁済能力を有する支払手段として役に立つので，企業の支払能力を測定する上で最も明確な指標とされる。すなわち，当座資産の流動負債に対する割合である**当座比率**は，流動負債に対する流動資産の割合である**流動比率**よりも厳しい弁済能力を表す指標として利用されている。

　このように，「当座資産」という資産分類は，制度会計上設けられていないが，財務諸表分析などの実際上の分類として有用である。

1　現金・預金

　現金として処理されるものには，強制通用力を有する通貨のほか，銀行・郵便局等に呈示すれば，すぐに通貨に換えられる「通貨代用証券」がある。

　通貨代用証券には，たとえば他人振出しの小切手，送金小切手，送金為替手形，預金手形（銀行振出しの自己宛小切手であり，預金小切手あるいは保証小切手ともいう），郵便為替証書（郵便局の郵便為替制度による為替証書であり，普通為替証書，電信為替証書，定額小為替証書の3種類がある），郵便振替貯金払出証書（郵便局の振替貯金口座の払出証書），期限の到来した公・社債の利札，株式配当金領収書，国庫金支払通知書などがある。

預金は，金融機関に対する預金，貯金および掛金，郵便貯金・郵便振替貯金に限定される。これらの金融機関に対する預金等には，当座預金，普通預金，通知預金，定期預金，別段預金，定期積立，外貨預金などがある。

預金の区分・表示基準には，「1年基準」が適用され，決算日の翌日から起算して1年以内に期限が到来するものは，流動資産（すなわち当座資産）に属するものとし，期限が1年を超えて到来するものは，固定資産（すなわち「投資その他の資産」）に属するものとされる。つまり，契約期間が1年を超える預金であっても，決算日の翌日から起算して1年以内に期限が到来するものは流動資産として表示される。

2 債 権

債権とは，貨幣または財貨・用役の請求権をいい，貨幣請求権である「金銭債権」と財貨・用役の給付請求権である「財貨・用役請求権」に大別することができる。

金銭債権とは，金銭の弁済を受けることができる権利であり，取引先との通常の取引によって生じた受取手形，売掛金などのような営業債権，外部投資にもとづく短期貸付金などの金融債権および貨幣請求権の一種として経過的に見越す未収収益のような経過資産に分けることができる。

ここに通常の取引とは，当該企業の事業目的のための営業活動において，経常的にまたは短期間に循環して発生する取引（正常営業循環取引）をいう（財規8条2項）。

財貨・用役請求権には，商品，原材料等の購入代金を前渡した場合の物品引渡し請求権を表す前渡金，および用役請求権の一種として一定期間繰り延べる経過資産としての前払費用がある。

受取手形は，得意先との間の通常の取引により受け取った手形債権である。売掛金とは，得意先との間の通常の取引によって発生した営業上の未収入金であり，役務の提供による営業収益の未収額も含む。主たる営業取引から生じた貨幣の給付請求権である売掛金と受取手形は，売上債権とも総称されている。前渡金は，商品，原材料等の購入のために支払われた前払額であり，財貨・用役の「給付請求権」を表す。これら「営業債権」は「営業循環基準」が適用さ

[図表4-1] 債権の種類

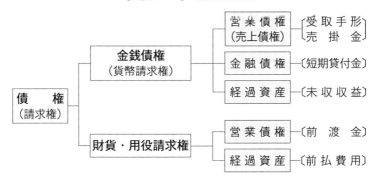

れるため，現金の回収期間の長短にかかわらず流動資産に含められる。

　図表4-1では，「金銭債権（貨幣請求権)」と「財貨・用役請求権」を構成する債権の種類を図示している。

　なお，**不渡手形**は，破産債権・更生債権に準ずる債権として，1年以内に回収されるものを流動資産とする。

　手形債権の割引または裏書による**偶発債務**（現在の状況では負担すべき確定債務ではないが，将来の一定の条件が発生したとき債務として支払うべき可能性があるもの）は，貸借対照表に注記しなければならない（企原第三・1C)。

　決算日における金銭債権の貸借対照表価額については，第12章で説明される。

　当期に実現した売上高の対価として取得した営業債権に対する貸倒見積高と

[図表4-2] 貸倒引当金の記載方法

(A)　個別控除方式

受 取 手 形	1,000	
貸倒引当金	△ 10	990
売 掛 金	2,000	
貸倒引当金	△ 20	1,980

(B)　一括控除方式

受 取 手 形	1,000	
売 掛 金	2,000	
貸倒引当金	△ 30	2,970

(C)　個別注記方式

受 取 手 形	990（注1）
売 掛 金	1,980（注2）

(D)　一括注記方式

受 取 手 形	990（注1）
売 掛 金	1,980（注1）

（注1）　受取手形の貸倒見積高　　10
（注2）　売掛金の貸倒見積高　　　20

（注1）　受取手形・売掛金の
　　　　貸倒見積高　　　　　　　30

して計上される貸倒引当金は，将来生じうる回収不能見積額を当期の費用とし
て決算日に見越計上した場合，営業債権に対する控除的評価勘定である。営業
債権に対する貸倒引当金繰入額は，販売費としての性格を有し，損益計算書に
おいて「販売費及び一般管理費」の区分に掲記される。

　貸倒引当金の記載方法は，原則として，その債権が属する科目ごとに控除す
る形式で記載する個別控除方式によるが，一括控除方式，個別注記方式および
一括注記方式も認められている（企原注解17）。貸倒引当金の具体的な記載方法
を，図表4-2に示している。

3　有価証券

　有価証券とは，一般に，私法上の財産権を表彰する証券をいい，「貨幣証券」
（小切手，手形，銀行券等），「物品証券」（船荷証券，貸物引換証，倉庫証券等）お
よび「資本証券」（国債証券，社債券，株券，投資信託や貸付信託の受益証券等）
を含む。会計上の有価証券は株券・社債等の外部投資の対象とされる資本証券
のみを意味し，金融商品取引法第2条に掲記されている。それ以外であっても，
金融商品取引法上の有価証券に類似し，企業会計上の有価証券として取り扱う
ことが適当と認められるものも，有価証券の範囲に含められる（基準10号4項）。

　図表4-3では，私法上の有価証券の種類と「会計上の有価証券」の関連を
示している。

　有価証券を購入したときは，額面金額に関係なく，購入代価に買入手数料等

[図表4-3]　有価証券の分類

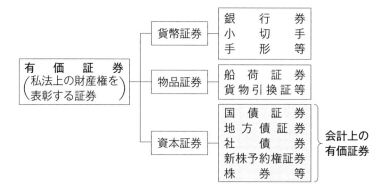

の付随費用を加算した額が取得原価となる。なお，同じ銘柄を異なる価格で取得した場合には，移動平均法等によって平均単価を算定し，当該有価証券の売却時における払出価額の算定に用いる。

　流動資産としての有価証券の期末評価については，第12章で説明する。

Ⅱ　棚卸資産

1　棚卸資産の意義および種類

　棚卸資産は，正常な営業過程において消費・販売することを目的として保有されている財貨・用役である。「基準9号」（3項）によれば，棚卸資産は，企業がその営業目的を達成するために所有し，かつ，売却を予定する資産であり，売却を予定しない資産であっても，販売活動および一般管理活動において短期間に消費される事務用消耗品等も含まれる。なお，上記売却には，市場価格の変動により利益を得ることを目的としたトレーディングも含まれる（基準9号3項）。また，棚卸資産には，未成工事支出金等，注文生産や請負作業における仕掛中のものも含まれる（基準9号28項，31項）。

　つまり，棚卸資産の範囲は，下記4項目のいずれかに該当する財貨または用役である（基準9号28項）。

① 通常の営業過程において販売するために保有する財貨または用役
② 販売を目的として現に製造中の財貨または用役
③ 販売目的の財貨または用役を生産するために短期間に消費されるべき財貨
④ 販売活動および一般管理活動において短期間に消費されるべき財貨

　上記の棚卸資産に該当するものとして，たとえば，①には商品，製品，②には半製品，仕掛品，③原材料，工場用消耗品，④には事務用消耗品，包装用品などがある。これら資産の特質は，直接的または間接的な「販売目的資産」であることに求められる。③および④のように「消費目的資産」であっても，販売目的資産に転化する性質の資産であるという意味で，二次的な販売目的資産

［図表4-4］　棚卸資産の種類

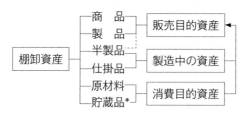

＊貯蔵品
　　(イ)　事務用消耗品，包装用品等の消耗品
　　(ロ)　工場用消耗品
　　(ハ)　有形固定資産の除去後の廃材

であると言える。図表4-4では，棚卸資産の種類が図形化されている。

　有形固定資産が長期間にわたって利用目的のために保有されるのに対し，棚卸資産は通常の営業過程の中で販売・消費する目的のために所有されている。したがって，不動産売買業が販売目的で所有する土地・建物は，通常の販売対象となる資産であるから，棚卸資産である。立木竹は固定資産であるが，販売・製品製造のために短期間に伐採される部分は，短期間に費用化されるので，棚卸資産となる。消費・販売のために取得された材料等が，一部，固定資産の製作のために用いられることがあっても，本来，消費目的で所有されるならば棚卸資産となる。

2　棚卸資産の取得原価

　棚卸資産の取得原価は，売上原価および決算日における評価額の算定基礎となるので，重要な意味を持つが，取得形態別にそれぞれ取得原価に算入できる費用の範囲が定められている。

（1）　購入による取得

　購入による取得の場合，「取得原価」は，送状価額から仕入値引，仕入割戻しを控除した購入代価に「副費」（付随費用）を加算した金額である。

　仕入割戻しは，一定期間内に多額または大量の取引に対して仕入先から受ける仕入代金の一部返戻金である。副費には，仕入先から棚卸資産を引き取るま

でに要する引取運賃，荷役費，運送保険料，購入手数料，関税等の「外部副費」と当該資産を消費または販売するまでに要する購入事務費，検収費，整理・選別費，移送費，保管費等の「内部副費」がある。これら付随費用のうち，重要性の乏しいものについては，取得原価に算入しないことができる（企原注解1(4)）。

　なお，掛代金を支払期限前に支払ったり，手形決済によらず現金決済を行う場合に，仕入代価の一定割合を減免する利息相当額を仕入割引というが，わが国では，営業外収益として処理される。

　棚卸資産の購入に要した負債利子については，これを期間費用として処理するのが一般的な慣行となっているという理由により，原価算入は否定される（連続意見第四，第一・五・1）。

（2）　自己製造による取得

　自己製造によって取得した製品，仕掛品，副産物等の「取得原価」は，適正な原価計算基準に従って算定する（企原注解8）。

　適正な原価計算手続に基づく製造原価は，正常な実際製造原価を意味するが，予定原価または標準原価を適用して発生した原価差額が合理的に僅少であるならば，当該原価を取得原価とすることもできる。ただし，原価差額が合理的に僅少な場合を除いて，貸借対照表に計上する価額は，差額調整を行った後の原価としなければならない（連続意見第四，第一・五・2(1)）。

（3）　その他の取得

　贈与，交換，債権の代物弁済，合併等により取得した棚卸資産の「取得原価」は，現金買入価格，現金売却価格等の適正時価，あるいは相手方の帳簿価額等を基準として決定する（連続意見第四（注10））。

　市場性が高く，安定市場価格が存在する農産物（米，麦など）や鉱産物のような特殊な棚卸資産を取得した場合，売価に基づいて算定した価額を取得原価とすることができる。ここに売価に基づく価額とは，売価からアフター・コストを差し引いた「正味実現可能価額」または正味実現可能価額から正常利益を控除した価額などの「修正売価」をいう。

3　棚卸資産の払出価額

（1）　棚卸資産の原価配分

　棚卸資産の取得原価（期中の取得価額のほかに期首棚卸高を含む）は，期中の払出価額と期末棚卸価額に配分される。これは棚卸資産の原価配分であり，この関係を図式化すると図表4-5のようになる。

[図表4-5]　棚卸資産の原価配分

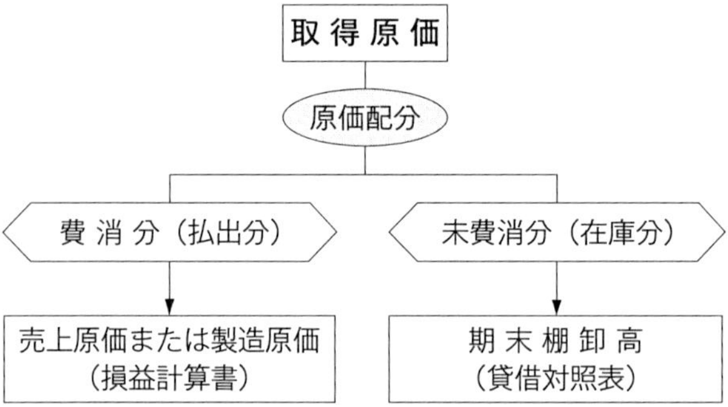

　棚卸資産の払出価額（すなわち費消価額）は，売上原価または消費原価（製造原価）として損益計算書に計上され，期末棚卸高（すなわち未費消価額）は在庫品として貸借対照表に記載される。この場合，払出価額（売上原価または消費原価）は払出単価（売上単価または消費単価）に払出数量（売上数量または消費数量）を乗じて計算される。

（2）　払出価額の計算

①　払出数量の計算

　棚卸資産の払出数量の計算方法は，主なものとして「継続記録法」（「記録計算法」，「恒久棚卸法」ともいう）と「実地棚卸法」（「棚卸計算法」，「定期棚卸法」ともいう）がある。

(a)　継続記録法

　継続記録法とは，棚卸資産の種類ごとに受入数量および払出数量を継続して

帳簿（たとえば商品有高帳，材料有高帳，製品有高帳）に記録し，その帳簿記録によって棚卸資産の期中払出数量および期末残高数量を確認する方法である。

　この方法によれば，棚卸資産の払出数量を直接的・個別的に把握することができ，しかも保有残高数量が常に明記されている。次に述べる「実地棚卸法」を併用するならば，帳簿数量と実地棚卸数量が比較されるので，その不足数量を確認するとともに，当該原因を解明することができ，棚卸資産の在庫管理に有効である。

　(b)　実地棚卸法

　実地棚卸法とは，期末に実地調査（棚卸）を行って期末実地棚卸数量を確認し，それを期首棚卸数量と期中の受入数量の合計から控除して，払出数量を間接的・一括的に決定する方法である。

$$払出数量 = 期首棚卸数量 + 受入数量 - 期末実地棚卸数量$$
$$（前期の実地棚卸高）（帳簿記録高）$$

　実地棚卸法は，継続記録法と比較して，事務手続上簡便であるが，棚卸資産について日常の保有残高数量が把握できず，また保管中に発生した損傷や減耗量が払出数量に混入し，在庫管理には不合理であるという欠点がある。一般的には，継続記録法を補完する形で併用されている。

　②　払出単価の計算

　棚卸資産によっては，同種・同品質・同規格の棚卸資産を取得するたびに取得原価（受入単価）が異なる場合がある。そのため，払出単価（したがって残高単価）をどのように決定するのかという問題が生じてくる。払出単価の計算という面から，継続記録法と結びついて適用される方法として，個別法，先入先出法，平均法（移動平均法，総平均法）の方法がある。

　(a)　個　別　法

　個別法とは，棚卸資産の取得原価を異にするごとに区別して記録し，その個々の実際原価によって期末評価する方法である（企原注解21・(1)イ）。この個別法は，個々の資産に関して個別的損益を把握することができ，しかも棚卸資産の個別的管理を厳密に行うことができる。宝石，書画，骨董など，個々の受

払が明確で，高価なものに適用されている。

　１つの取引によって大量に取得され，かつ，規格に応じて価額が定められている棚卸資産には，記録が煩雑（はんざつ）であるという欠点があるので，不適当である。

　(b)　先入先出法

　先入先出法とは，棚卸資産を種類，品質あるいは型の異なるごとに区別し，その種類等の同じものについて，最も古く取得したものから順次払い出されたものと仮定し，期末棚卸資産は期末時から最も近い時点において取得したものから順次成るものとみなして評価する方法である。「買入順法」とも言われている。

　(c)　移動平均法

　移動平均法とは，期中に棚卸資産を取得するごとに，取得時に保有している棚卸資産と取得した棚卸資産の全体について加重平均単価を求め，期末から最も近い取得時に改訂された平均単価をもって期末棚卸資産の価額を算定する方法である。すなわち，単価の相違する受入が行われるごとに，当該受入直前の残高金額と当該受入金額の合計額を残高数量と受入数量の合計数量で除した平均単価をもって記帳する方法である。

　(d)　総平均法

　総平均法とは，一定期間内における期首棚卸資産の取得価額と期中に取得した棚卸資産の取得価額の合計額を，これら総数量で除して加重平均単価を求め，当該期間中の払出数量に乗じて払出金額を算定する方法である。一定期間には１カ月，６カ月，１年間が認められ，それぞれ，「月次総平均法」，「６カ月総平均法」，「期別総平均法」と呼ばれている。計算結果はそれぞれに異なる。

4　棚卸資産の期末評価額および表示方法

　棚卸資産の期末評価額は，期末における棚卸資産の単価に期末帳簿数量を乗じて求められる。しかし，帳簿上の数量と実際数量との差異から生じる棚卸減耗，単価の側面から生じる評価損が問題となる。

（1）　棚卸資産の棚卸減耗

　帳簿に記録されている帳簿棚卸数量と実地棚卸によって確認された実地棚卸

数量は，基本的には一致しなければならない。

　しかしながら，帳簿記録上，把握できない棚卸資産の不足数量があり，一致しない場合が多い。たとえば，保管・運搬中の紛失・蒸発・盗難，秤ましの払出しによる減耗量や損傷などの正常な払出以外の原因によって，実際数量が帳簿数量より少なくなる。これらの原因で生じた数量減少分を棚卸減耗といい，棚卸資産の帳簿残高から控除するとともに，棚卸減耗費（損）の借方に記入する。

　　　　棚卸減耗費＝原価×（帳簿棚卸数量−実地棚卸数量）

　棚卸減耗損の表示に関しては，後述される評価損の処理に準用するものと考えられる。すなわち，原価性を有する場合には，製造原価，売上原価の内訳科目または販売費として表示され，原価性を有しない場合には，営業外費用または特別損失として表示される。盗難にあったことが明らかであるときには，棚卸減耗費という科目ではなく，**盗難損失**という科目で処理し，特別損失の部に表示する。

（2）　棚卸資産の評価損

　棚卸資産は取得原価によって評価されるが，期末における「正味売却価額」が取得原価よりも下落している場合には，この正味売却価額をもって貸借対照表価額としなければならない（基準9号7項）。

　棚卸資産の「収益性の低下」による帳簿価額の切下げという考え方に基づいて，取得原価と正味売却価額との差額は当期の費用として処理される（基準9号7項）。なお，**正味売却価額**とは，売価（売却市場の時価）から見積追加製造原価および見積販売直接経費を控除したものをいう（基準9号5項）。「収益性の低下」により投資額の回収が見込めなくなった場合には，その帳簿価額の切下げは，過大な帳簿価額を減額し，将来の損失を繰り延べないためであるが，減額することによって財務諸表利用者に的確な情報を提供することができるからでもある。

　簿価切下額（差額）は，販売活動を行う上で不可避的に発生したものであるため，売上高に対応する「売上原価」として表示される。また，原材料等の簿

価切下額のうち，品質低下に起因する簿価切下額など，製造に関連し不可避的に発生すると認められるものについては，「製造原価」として処理することになる。さらに，「収益性の低下」に基づく簿価切下額が，臨時の事象に起因し，かつ，多額であるとき（たとえば，重要な事業部門の廃止，災害損失など）は，「特別損失」に計上する（基準9号17項，62項）。

　期末時に上記の簿価切下げを行った場合，次期の期首棚卸高を切下げ前の取得原価に振り戻す洗替え法，洗い替えしないで切下げ後の評価額のままで放置する切放し法の2つの処理方法が，継続適用を前提として，棚卸資産の種類ごとに選択適用できる（基準9号14項，56〜59項）。

　なお，トレーディング目的で保有する棚卸資産の評価基準は，期末の市場価格に基づく価額をもって貸借対照表価額としている。これは，投資者にとって有用な情報提供に基づくものであり，売買目的有価証券の会計処理と同様であるため時価法が適用される（基準9号60〜61項）。

　また，棚卸資産の評価損には，従来の低価法評価損に加え，品質低下あるいは陳腐化に起因する評価損があり，発生原因は相違するが，正味売却価額が下落することに伴う「収益性の低下」は，実務上，必ずしも明確に区分できないため，同じものとして扱う。これらを「収益性の低下」という観点からは，相違がないものとして見るからである（基準9号37〜39項）。

　ちなみに品質低下とは，店晒し，破損，型くずれなどの物理的な原因によって生じる価値下落（物理的劣化）であり，陳腐化は，物理的欠陥ではなく経済的環境の変化によって生じた価値下落（たとえば，他社による新製品の発売による当社製品の経済的劣化）である。

　　評価損＝（原価－時価）×実地棚卸数量

設例4-1

　次の資料により，期末時における棚卸減耗損と評価損を計算し，棚卸減耗損を売上原価に計上する仕訳を示しなさい（単位：千円）。

1　商品期末帳簿残高　200個　原価@100千円

2　商品期末実際数量　190個

3　商品の正味売却価格は@80千円である。

(A)	(借)棚卸減耗損	1,000[※1]	(貸)繰越商品	1,000
(B)	(借)商品評価損	3,800[※2]	(貸)繰越商品	3,800
(C)	(借)仕入	1,000	(貸)棚卸減耗損	1,000
	損益	3,800	商品評価損	3,800

※1　100千円×(200個−190個)＝1,000千円
※2　(100千円−80千円)×190個＝3,800千円

なお，棚卸減耗損および商品評価損を売上原価の内訳科目として表示すると，たとえば次のようになる。

売上原価
1	期首商品棚卸高	100	
2	当期商品仕入高	8,000	
	合計	8,100	
3	期末商品棚卸高	150	
		7,950	
4	棚卸減耗損	15	
	商品評価損	20	7,985

さらに，低価法を適用する対象単位として，①特定の棚卸資産を構成する個々の品目ごとに原価と時価を比較する品目法，②特定棚卸資産をグループ分けして各グループの原価合計と時価合計を比較する類別法，③棚卸資産全体を一括して原価合計と時価合計を比較する一括法が認められている。②，③となるに従い，評価損益が通算されるので，①の「品目法」に比べて評価損は少なく計上される。

5　その他の特殊な原価算定法とその期末評価法

（1）売価還元法

デパート，小売業，卸売業等のように，取扱品目の多い業種においては，一品目ごとに単位原価をもって評価することは困難である。そこで，異なる品目

であるが，同じ値入率を有する商品をグループ化し，1グループごとに期末に棚卸しされた商品の小売売価に原価率を乗じ，その価額を原価（すなわち棚卸資産の期末評価額）として推定するのである。この方法を売価還元法といい，「小売棚卸法」，「売価棚卸法」とも呼ばれている。原価率は，次の算式によって計算される。

$$
原価率 = \frac{\genfrac{}{}{0pt}{}{期首商品}{原\quad価} + \genfrac{}{}{0pt}{}{当期仕入}{原\quad価}}{\genfrac{}{}{0pt}{}{期首商品}{売\quad価} + \left(\genfrac{}{}{0pt}{}{当期仕入}{原\quad価} + \genfrac{}{}{0pt}{}{原\quad始}{値入額}\right) + \left(\genfrac{}{}{0pt}{}{値上}{額} - \genfrac{}{}{0pt}{}{値\quad上}{取消額}\right) - \left(\genfrac{}{}{0pt}{}{値下}{額} - \genfrac{}{}{0pt}{}{値\quad下}{取消額}\right)}
$$

「原始値入額」とは，仕入原価に当初付した利益額である。なお，上記の原価率は売価還元原価法の原価率である。前記算式の分母として値下額，値下取消額を除外すれば，「売価還元低価法」の原価率を求めることができる。したがって，その原価率は次の算式による。

$$
原価率 = \frac{\genfrac{}{}{0pt}{}{期首商品}{原\quad価} + \genfrac{}{}{0pt}{}{当期仕入}{原\quad価}}{\genfrac{}{}{0pt}{}{期首商品}{売\quad価} + \left(\genfrac{}{}{0pt}{}{当期仕入}{原\quad価} + \genfrac{}{}{0pt}{}{原\quad始}{値入額}\right) + \left(\genfrac{}{}{0pt}{}{値上}{額} - \genfrac{}{}{0pt}{}{値\quad上}{取消額}\right)}
$$

設例4-2

　次の資料に基づき，(A)売価還元原価法と(B)売価還元低価法における(1)期末商品棚卸高と(2)棚卸減耗損を計算しなさい（単位：千円）。

期首商品原価（売価）	1,560 (2,145)	当期仕入原価	12,636
原始値入額	6,279	値上額（うち取消額）	1,092（312）
値下額（うち取消額）	1,716（156）	期末商品実地棚卸売価	2,540
当期売上高	17,560		

(A)　売価還元原価法による原価率：

$$
\frac{1,560 + 12,636}{2,145 + (12,636 + 6,279) + (1,092 - 312) - (1,716 - 156)} = 0.7
$$

(B)　売価還元低価法による原価率：

$$\frac{1,560 + 12,636}{2,145 + (12,636 + 6,279) + (1,092 - 312)} = 0.65$$

売価による期末商品帳簿棚卸高（実際は売価で実地棚卸をする）

20,280千円（売価総額：(A)の分母）－17,560千円＝2,720千円

売価による棚卸減耗費：

2,720千円－2,540千円＝180千円

(A)　売価還元原価法：

(1)　2,720千円×0.7＝1,904千円

(2)　180千円×0.7＝126千円

(B)　売価還元低価法：

(1)　2,720千円×0.65＝1,768千円

(2)　180千円×0.65＝117千円

（2）　最終取得原価法

　最終取得原価法は，購入品にあっては「最終仕入原価法」または「最近仕入原価法」，生産品には「最終製造原価法」または「最近製造原価法」とも呼ばれ，期末棚卸数量に最終取得原価を乗じて期末棚卸資産原価とする方法である。

　法人税法（29条1項）では，納税地の所轄税務署長に棚卸資産の評価方法の届出をしなかった場合等には，法定評価法として「最終仕入原価法」により算出した取得価額に基づく原価法が強制適用される。

Ⅲ　その他の流動資産

1　前払費用および未収収益

　前払費用とは，一定の契約に従って継続的に役務の提供を受ける場合，将来提供される役務に対して支払われた対価をいう。前払費用のうち，決算日の翌日から起算して未経過期間1年以内のものは流動資産に属し，1年を超えるものは「投資その他の資産」として固定資産に属する。

　未収収益とは，一定の契約に従って継続的に役務の提供を行う場合，すでに提供した役務に対して未だ受け取っていない対価である。未収収益は，「企業会計原則」では1年基準の適用はなく，すべて流動資産として取り扱われる。

　前払費用や未収収益は，継続的な役務の授受の中途において決算日の損益修正に伴って計上される一時的・経過的な資産であり，**経過資産**と呼ばれている。

2　繰延税金資産

　税効果会計を適用して生じる繰延税金資産は，独立項目として区分表示しなければならない。税効果会計については，第16章において後述する。

3　その他

　流動資産に属する有価証券で，営業のために担保に提供したり，差入保証金の代用として提供している**差入有価証券**は，所有権の移転がないので，その他の流動資産に属するものとする。ただし，その金額を有価証券に含めて表示することができる。この場合には，その旨および金額を注記しなければならない。預り有価証券または借入有価証券の対照勘定である**保管有価証券**も，「その他の流動資産」に属するものとする。

　金銭の支払いは行われ，その勘定科目は確定しているが，金額が未確定である場合，あるいは金額は確定しているが，勘定科目が未確定である場合には，一時的に仮払金として処理することができる。仮払金は，商品代金の前払いではないが，使途不明の段階での前払的性格を有するという点で，「前渡金」と同様に資産性を持つ。

　未決算勘定は，現実にある取引が発生したが，これを処理すべき勘定科目も金額も確定しない場合に一時的に処理する勘定である。科目・金額未決定の状態という点では，仮払金と同じであるが，未決算勘定には金銭の支払いがない点で異なる。仮払金その他の未決算勘定（未決債権勘定）で，その金額が資産総額の１％を超えるものについては，内容明示科目で掲記しなければならない（財規ガイド19③）。たとえば，「旅費仮払金」，「火災未決算勘定」などのように内容を明確に示す科目を用いる。

　短期貸付金（手形貸付金を含む），株主，役員もしくは従業員に対する「立替金」などの短期債権その他の資産であり，その金額が資産総額の５％を超えるものは，当該資産を示す独立科目で記載しなければならない（財規19条）。

第5章

有形固定資産

Ⅰ 有形固定資産の意義・特質と種類

1 有形固定資産の意義と特質

　有形固定資産は，財貨の生産または用役の提供のために長期にわたって利用
するために所有され，通常の場合，販売することを意図していない有形の資産
である。有形固定資産は，将来において収益を稼得するために継続的に利用さ
れる実体を有する「利用目的資産」であり，その資産性は，当該資産の利用可
能性または生産可能性にある。図表5-1は，有形固定資産と棚卸資産におけ
る特質の相違を図形化したものである。

[図表5-1]　有形固定資産と棚卸資産の特質の相違

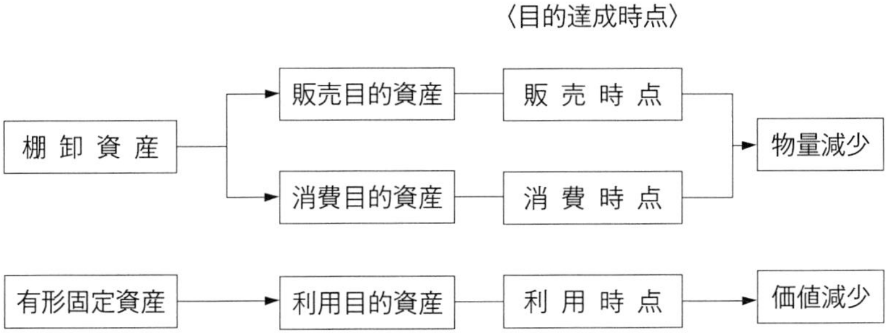

〈目的達成時点〉

　したがって，同じ物的資産であっても，販売目的あるいは消費目的のために
所有されている棚卸資産とは区別しなければならない。たとえば土地であって

も，不動産会社の土地は，販売目的で所有されていれば棚卸資産に，利用目的で所有されているのであれば有形固定資産に分類される。すなわち，有形固定資産とは，企業の事業活動のために，原則として，1年以上継続して利用する目的で所有している物的資産であり，通常の営業過程では販売されることはない資産である。

有形固定資産は，減価償却の対象となるか否かによって，「償却資産」と「非償却資産」に大別される。**償却資産**はその資産の価値または効用が使用または時の経過によって次第に減少するために，減価償却という手続により当初の取得原価をその減価分だけ減少させていく資産である。ほとんどの有形固定資産が減価償却の対象となり，**非償却資産**は，土地，書画・骨董，建設仮勘定などに限られる。非償却資産であっても，たとえば土地が地盤沈下し，価値が下落した場合には，償却する必要がある。

なお，鉱山，油田などのように，採掘・採取されて当該資産の一部が材料または製品に化体し，最終的には枯渇してしまう天然資源は，**減耗資産または枯渇資産**と呼ばれている。

2　有形固定資産の種類

有形固定資産に属する資産は，次に掲げる項目に従い，当該資産を示す名称を付した科目で表示しなければならない（財規23条）。

①　建　　物

建物は，店舗・事務所，工場・倉庫などのような営業用建物のほかに，当該建物に付設する冷暖房設備，照明設備，通風設備，昇降機などの付属設備のように，建物と一体となって初めてその効用を果たす設備も含められる。ただし，これら付属設備は，耐用年数等も異なるので，別個の勘定（たとえば，照明設備勘定）で処理しておき，貸借対照表上は建物勘定に含めて表示される。

②　構　築　物

構築物は，ドック，橋，岸壁，さん橋，軌道，貯水池，坑道，煙突，門，庭園，石垣等，土地に定着する土木設備または工作物である。「建物」も土地に

定着しているが，その内部で人間が業務に従事できるか，物品を保管できる建造物であるのに対し，「構築物」はそのような作業または保管を目的としたものではない点によって区分されている。

③　機械および装置

機械・装置は，製造・加工用に使用される各種の機械および装置であり，コンベヤー，ホイスト，起重機等の搬送設備その他の付属設備も含む。

④　船　　舶

会計学上の船舶は，船舶法の適用を受ける「船舶」（タンカー，漁船，貨物船等）および「水上運搬具」（砂利採取船，浚渫船等）をいう。

⑤　車両およびその他の陸上運搬具

鉄道車両，運送事業用車両，その他企業が所有する自動車が車両とされる。「陸上運搬具」には，自転車，リヤカー，けん引用馬および牛などが含まれる。

⑥　工具，器具および備品

工具とは，ドリル，やすり，鋸，測定工具などの工作用具であり，手動式道具，機械にとりつける加工用の道具類を指す。器具とは，直接的には製造加工に使用されない容器類，計器類，鋳型等をいう。備品とは，事務用机，椅子，金庫，商品陳列ケース，応接セット，書棚，計算機等で，管理活動のために所有されている。観賞用・興行用その他これらに準ずる用に供する生物も，「備品」に含められる。

なお，工具，器具および備品は，耐用年数 1 年以上で相当額以上のものに限られる（財規ガイド22-6 ）。この場合の相当額は，法人税法上，10万円以上の金額とされている。耐用年数 1 年未満で10万円未満の少額・短期資産は，消耗品として流動資産に属するか，または「重要性の原則」の適用により消耗品費として費用処理される。

⑦　土　　地

会計学上の土地とは，本社，支店，工場，営業所等が所在している敷地をいう。営業用に使用される建物・構築物の敷地だけではなく，社宅敷地，運動場，農園等の経営付属用土地も含まれる（財規ガイド22-7）。なお，土地ないし土中に敷設される上水・下水・ガス管・電気設備等は，土地に含めず「構築物」とされる。投機用に取得された土地はこの土地勘定に含めず，「投資不動産」として「投資その他の資産」に属する。

⑧　リース資産

リース資産については，第12章Ⅲで解説される。

⑨　建設仮勘定

建設仮勘定は，長期にわたって建物や設備などを建設したり，業者に請け負わせたりする場合，当該有形固定資産の建設のために支出した金額（手付金，前渡金を含む）および当該建設のために充当した材料等の額を，完成時まで一時的に処理する勘定である。建設工事が完成したとき，または業者から引渡しを受けたときに，建設仮勘定からそれぞれの該当する有形固定資産に振り替え，建設仮勘定を消滅させる。

設例5-1

(1)　工場の建築の請負代金30,000,000円の一部3,000,000円を小切手を振り出して支払った。

（借）建 設 仮 勘 定　3,000,000　　（貸）当 座 預 金　3,000,000

(2)　上記建物が完成したので，引渡しを受けた。請負代金の残額について月末に支払うことにした。

（借）建　　　　　物　30,000,000　　（貸）建 設 仮 勘 定　3,000,000
　　　　　　　　　　　　　　　　　　　　　未　　払　　金　27,000,000

⑩　そ　の　他

　その他の有形固定資産で流動資産または投資に属さない資産として，「山林および植林」（付属する土地を除く）が該当する（財規ガイド22-10）。そのほか，飛行機，ヘリコプターなどの「航空機勘定」がこれに属する。当該資産のうち，その金額が資産総額の５％を超えるものについては，独立科目として表示しなければならない（財規24条）。

Ⅱ　有形固定資産の取得原価

　有形固定資産の取得原価は，減価償却費および期末評価額の算定基礎となるので重要な意味を持つ。棚卸資産と同様に，有形固定資産の取得にはさまざまな形態があり，異なる取得形態に応じて取得原価の計算も相違する。

（１）　購入による取得

　購入による取得の場合には，送状（おくりじょう）価額から値引・割戻しを控除した購入代価に購入手数料，荷役費（にやくひ），運送費，据付費（すえつけひ），試運転費などの付随費用を加算して「取得原価」とする。土地については，地均し費（じならし），土地造成費等が「付随費用」として土地勘定に含められる。ただし，重要性の原則によって，「付随費用」の一部または全部を取得原価に含めないことができる。

　土地，建物等のいわゆる不動産一般については，不動産取得税，自動車取得税や登録免許税等のような購入に伴う諸税金は，取得原価に算入せず，「租税公課勘定」で処理できる。

　割賦購入の場合には，現金代価を取得原価とするが，現金代価と割賦代価との差額は「利息未決算勘定」または「前払利息勘定」で処理し，当該年度に見合う部分は支払利息勘定に振り替えていく。

（２）　自家建設による取得

　自家建設によって取得した場合には，適正な原価計算基準に従って算定した製造原価が「取得原価」となる。外部購入との差額は「製作利益」または「製

作損失」であるが，これら製作損益は取得原価に算入してはならない。

　当該建設に要する借入資本の利子で，稼動前の期間に属するものに限り，これを取得原価に算入することができる（連続意見第三，第一・四・2）。

　通常の場合，借入金の利子は財務費用として，その原価性が否定されており，取得原価に算入せず，期間費用として収益に賦課することを原則とする。この**借入費用資産化**を正当化する論拠の根底には，資産を取得するために借り入れた資金に関連して発生する費用は，当該資産の使用によって稼得する将来の収益に対応させるため，いったん取得原価に加算しておき，その後の償却手続によって順次費用化すべきであるとする**費用収益対応の原則**が存在する。資産の利用前には収益は生じないので，資産取得に要した一切の費用は取得原価に算入し，取得後の期間に費用を帰属させ，実現収益に対応させるべきであるとしている。

　しかし，借入費用を特定資産の取得原価に算入すれば，同種の資産について資金調達方法により異なる取得原価を計上する結果となる。しかも，資金借入は企業活動全体に貢献するものであり，借入資金と取得資産との間に資金的関連を客観的に決定することは困難であり，したがって借入費用を特定資産に関連せしめることは，必然的に恣意性の介入を招く場合もある。

（3）　現物出資による取得

　有形固定資産を**現物出資**の対価として受け入れた場合，出資者に対して交付された株式の発行価額をもって「取得原価」とする（連続意見第三，第一・四・3）。

　理論的には，現物出資時における公正な時価が当該資産の用役潜在力を表し，取得原価にするべきである。したがって，交付された株式の発行価額は，現物出資された資産の時価評価額と等しいことを前提としている。

（4）　交換による取得

　自己所有の固定資産（引渡資産）を交換に固定資産（受入資産）を取得した場合，引き渡した固定資産の「適正な簿価」をもって「取得原価」とする（連続意見第三，第一・四・4）。受入資産の取得原価を引渡資産の簿価によって決

定する理由としては，おおよそ次のような事由が考えられる。

① 引渡資産の簿価は未回収の実際の支出額を表している。

② 交換は，原則として，等価交換を前提としており，交換によって損益は生じない。

しかし，引渡資産の時価あるいは受入資産の時価によって取得原価を決定すべきであるとする見解もある。

交換時における引渡資産の売却時価をもって受入資産の「取得原価」を決定する論拠は，「交換」を引渡資産の売却取引と受入資産の購入取引の「複合取引」とみなすので，引渡資産の売却代金によって受入資産を購入したことになり，受入資産の取得原価は支出額（当該売却代金）をもって決定したと解するからである。

受入資産の再調達原価で受入資産の「取得原価」を決定する論拠は，交換時における購買市場の市場価値（再調達原価）が交換時における受入資産の購入価値を反映するので，交換時における再調達原価によらなければならないとする考え方による。当該資産の簿価と時価が異なる場合には，「交換差損益」が生じる。

株式や社債などの有価証券によって固定資産を交換した場合には，当該有価証券の時価または適正な簿価をもって取得原価とする（連続意見第三，第一・四・4）。

（5）　贈与による取得

贈与その他無償で取得した場合，時価等を基準とした公正な評価額をもって「取得原価」とする（連続意見第三，第一・四・5）。

この見解に対して，無償取得資産は実際に支出を伴わない資産であるので，取得原価はゼロであり，貸借対照表能力はないとする見解もある。しかし，無償取得資産のゼロ評価は，企業の財政状態と経営成績の真実な報告を歪めることになる。

では，贈与その他無償で取得した固定資産を公正な評価額で計上した場合，貸方はどのように処理されるべきであろうか。資本取引による贈与剰余金とみ

る見解と利益とみなす見解がある。

　「企業会計原則」は、伝統的に国庫補助金等を贈与取引による資本剰余金とみなしていたが、利益とみなして取得原価からそれを控除する圧縮記帳も認めている。すなわち、国庫補助金、工事負担金等で取得した資産は、国庫補助金等に相当する金額をその取得原価から控除することができる（企原注解24）。

　この「圧縮記帳」は法人税法が認めており、法人税法では資本等取引を対株主取引に限定しているので、国家から国庫補助金等を受けることは資本等取引とはみなされず、利益に算入される。しかし、利益に算入されれば、ただちに課税の対象となるので、補助金等本来の目的が失われることになり、目的とする資産の取得が困難となる。そこで、当該資産の取得原価を減額（圧縮）して記帳し、その減額した部分の金額を損失（すなわち圧縮損）として算入することによって、その取得年度の所得計算上、利益（受贈益）と圧縮損を相殺し、利益がなかったと同様の効果をもたらす圧縮記帳が容認されたのである。

設例5-2

　建物5,000,000円（未払い）につき、国庫補助金として3,000,000円を受け入れ、当座預金とした。なお、国庫補助金額について圧縮記帳を行う。

（借）建　　物	5,000,000	（貸）未　払　金	5,000,000
（借）当　座　預　金	3,000,000	（貸）国庫補助金受贈益	3,000,000
（借）建　物　圧　縮　損	3,000,000	（貸）建　　物	3,000,000

Ⅲ　有形固定資産の費用配分——減価償却

1　減価償却の意義、目的および効果

　土地や建設仮勘定等の非償却資産を除く有形固定資産は、長期間にわたる利用および時の経過などによって老朽化し、やがては使用に耐えなくなり、価値的に減少する。このような価値減少を減価という。

　しかし、減価という事象を物量的に把握することは不可能に近い。そこで、かかる価値減少を測定する手段として、一定の合理的な仮定に基づき、有形固

定資産の取得原価を見積利用期間（耐用年数という）に規則的に費用として配分し，その費用の分だけ当該資産の繰越価額を減額させる手続が採られている。このような有形固定資産の費用配分手続を減価償却（depreciation）といい，その減価による費用を「減価償却費」（通常，一般管理費または製造原価に属する）という。

　減価償却の会計上の意義は，費用配分の原則に従って有形固定資産の取得原価を利用可能期間における各年度に配分することである。

　「減価償却」は，人為的に可能な限り適正な期間損益を算定するために，一般に認められた方法によって計画的・規則的に行い，利益操作を目的として減価償却費を恣意的に増減することは認められない。「減価償却」の主要な目的は，適正な費用配分を規則的・計画的に実施することによって「適正な期間損益計算」を可能ならしめることにある。

　減価償却の手続を通じて，有形固定資産に投下された資金の一部が製品原価や期間費用に算入され，収益の対価として受け取った貨幣性資産（流動資産）によって回収される。しかも，減価償却費は，具体的な資金の流出を伴わない振替費用であるので，その計上額だけ「不特定流動資金」が留保されることになる。このように，減価償却によって有形固定資産の一部が流動資産に転化する財務的効果を「固定資産の流動化」といい，減価償却費計上額が貨幣性資産の形態で企業に内部留保される財務的効果を自己金融という。

　なお，鉱山，山林などのように，採掘・採取する減耗資産に適用される償却は，減価償却と区別して減耗償却（depletion）という。減価償却が，有形固定資産の「価値減少」に着目し，その取得原価を費用配分していく手続であるのに対し，減耗償却は，減耗資産の「物量減少」に着目して費用配分する手続である。

2　有形固定資産の減価原因および耐用年数

　有形固定資産を取得して廃棄するまでの見積利用可能期間である耐用年数は，当該資産の通常の減価原因を考慮に入れて，合理的に決定しなければならない。有形固定資産の減価発生の原因は，次のように物質的減価と機能的減価（経済的減価ともいう）に大別される。

　㈠　物質的減価

①　利用による物質的損耗——これは，有形固定資産を利用した結果として生じる磨滅損耗である。

②　時の経過による物質的損耗——有形固定資産は，利用されなくとも，自然の作用等によって時の経過に従い老朽化していく。たとえば，機械装置は，利用しないで放置しておけば，風雨等によって錆が出て，老朽化することによって価値が減少する。

③　偶発的原因による物質的損耗——天災・事故等の偶発的原因に基づく有形固定資産の減失・破損であり，前記二者が「通常減価」であるとすれば，これは「偶発減価」であると言える。

　㈡　機能的減価

①　陳腐化（旧式化）——これは，有形固定資産を物質的にはまだ利用できる状態にあっても，新技術・新発明等によって当該資産が旧式化し，経済的に採算がとれなくなった場合における経済的減価である。

②　不適応化（不用化）——これは，有形固定資産を物質的にはまだ利用できる状態にあっても，需要の変化，新生産方式の採用，企業規模や経営方針の変更などによって，当該資産の継続的使用が不適当となるとか，その機能が十分に発揮できなくなることによる経済的価値の喪失である。

　有形固定資産の「物理的耐用年数」を決めるには，「物質的減価」を基礎にすればよい。しかし，偶発減価は予測できない物質的減価であるので，耐用年数を決定するに際しては考慮されないのが通常である。

　「機能的減価」は，常時，発生しているとは限らないが，今日のように技術革新・需要変化等が激しい時代には，耐用年数の決定要因として重要な地位を占めているといえるであろう。つまり，耐用年数を決めるにあたっては，物質的減価を参考にして物理的耐用年数を決定し，次に機能的減価を加味して短縮することになる。

　このように，理論的には，有形固定資産についてその配置場所，操業度の大小，修繕維持の程度，企業の業種等の特殊的条件を斟酌して，個別的に耐用年数を決めるべきである。この耐用年数は，個別的耐用年数と呼ばれている。

　しかし，わが国では，税法の規定に従って「減価償却資産の耐用年数等に関する省令」により画一的に耐用年数を決めているのが一般的な慣行である。有形固定資産について全国平均的に画一化した耐用年数を一般的耐用年数という。

3　減価償却費の計算方法および記帳方法

　減価償却費の計算方法は，期間（耐用年数）を配分基準とする方法と生産高（あるいは利用高）を配分基準とする方法がある。

　耐用年数を配分基準とする方法には，定額法，定率法，級数法等がある。生産高あるいは利用高（生産量，利用時間・距離等）を配分基準とする方法には，生産高比例法，利用高比例法等がある。

（1）　定　額　法

　定額法は，有形固定資産の取得原価から残存価額を控除した金額を，耐用年数で除すことによって減価償却費を計算する方法である。したがって，毎期間，均等額を償却することになり，「直線法」とも呼ばれている。この方法は，計算が簡単であり，減価償却費の負担が各期間に均等化しているという特徴がある。

$$D = \frac{C-S}{n}$$

　　　（注）　D：減価償却費　C：取得原価　S：残存価額　n：耐用年数

（2）　定　率　法

　定率法は，取得原価からすでに償却した額（減価償却累計額）を控除した「未償却残高」に一定の償却率を乗じて毎期の減価償却費を計算する方法である。

$$D = (C - \Sigma D) \times \left(1 - \sqrt[n]{\frac{S}{C}}\right)$$　　　（注）　ΣD：減価償却累計額

　この方法によると，減価償却額は年数の経過とともに減少していくことになり，「逓減法」とも呼ばれる。年数の経過とともに用役の提供は減少し，さらに修繕・維持費用も増加していくものであるから，耐用年数の初期の段階で多額の償却を行い，減価償却費を逓減せしめようとする考えに基づく。したがって，修繕・維持費用が逓増している場合，「定額法」によれば，減価償却費と

修繕・維持費の費用合計が逓増するのに対し,「定率法」によれば,当該有形固定資産に係る費用は毎期均等化する傾向にある。なお,定率法は定額法よりも,投下資本の早期回収を可能にする長所を有する。

(3) 級 数 法

級数法は,定率法の幾何級数的な逓減度合いを緩和するために,算術級数的に逓減した減価償却費を計上する方法である。

$$D = (C-S) \times \frac{n-(p-1)}{n(n+1) \times \frac{1}{2}} \qquad (注)\quad p:第p年度$$

設例5-3

期首に購入した機械(取得原価:40,000,000円,残存価額:取得原価の10%,耐用年数:8年)について,(イ)定額法,(ロ)定率法(耐用年数8年の償却率は0.25である)および(ハ)級数法によって減価償却費を求める。

(イ) 定額法

(40,000,000円－4,000,000円)÷8年＝4,500,000円

毎期の減価償却費は4,500,000円となり,仕訳は次のとおりである。

(借) 減 価 償 却 費　4,500,000　　(貸) 減価償却累計額　4,500,000

(ロ) 定率法

第1年度:40,000,000円×0.25＝10,000,000円

第2年度:(40,000,000円－10,000,000円)×0.25＝7,500,000円

第3年度:(40,000,000円－17,500,000円)×0.25＝5,625,000円

(以下,省略)

(ハ) 級数法

耐用年数の級数総和:$\dfrac{8 \times (1+8)}{2} = 36$

第1年度:$(40,000,000円－4,000,000円) \times \dfrac{8}{36} = 8,000,000円$

$$第 2 年度：(40,000,000円 － 4,000,000円) \times \frac{7}{36} = 7,000,000円$$

$$第 3 年度：(40,000,000円 － 4,000,000円) \times \frac{6}{36} = 6,000,000円$$

（以下，省略）

（4）　生産高比例法（利用高比例法）

生産高比例法あるいは利用高比例法（たとえば「時間比例法」）は，鉱業用施設，航空機，自動車などのように，総生産高，総利用時間，総利用距離等が見積もられる場合に，当期の生産高または利用高に比例して減価償却する方法である。

$$D = (C － S) \times \frac{当期生産高（または当期利用高）}{総生産見積高（または総利用見積高）}$$

設例 5 - 4

上記設例 5 - 3 における機械の当期利用時間が3,000時間であった。この資産の総見積時間20,000時間として当期の減価償却費を計算する。

$$(40,000,000円 － 4,000,000円) \times \frac{3,000}{20,000} = 5,400,000円$$

（5）　減耗償却法

減耗償却法は，残存価額のない減耗資産に適用され，上記の生産高比例法の算式から残存価額を除いた計算式によって減耗償却費を算定する方法である。

$$減耗償却費 = C \times \frac{当期生産高}{総生産見積高}$$

なお，減価償却の計算単位をどのように定めるかによって，減価償却は「個別償却」と「総合償却」に大別される。

個別償却は，個々の有形固定資産ごとに減価償却費を計算し，記帳する方法

である。この方法では，個々の有形固定資産の帳簿価額が常に明らかであるので，当該資産を処分したときに，その処分損益を直ちに計算することができる。

　しかし，膨大な数の有形固定資産を多種多様に保有している企業にとっては，「個別償却」は計算が煩雑となり，手数がかかるので，複数の有形固定資産を償却単位とする総合償却を採用することが多い。「総合償却」は，さらに「組別償却」と「狭義の総合償却」に分類される。

　組別償却とは，耐用年数が等しい同種資産を一括して，または耐用年数は異なるが物質的性質ないし用途等について共通性のあるいく種かの資産を1つのグループとし，このグループに属する資産の平均耐用年数によりグループごとに減価償却計算および記帳を行う方法である。「狭義の総合償却」は，性質，用途等を異にする多数の異種資産につき，平均耐用年数を用いて一括的に減価償却を計算する方法である。

　減価償却費を帳簿に記入する方法には，「直接法」と「間接法」がある。直接法は，減価償却費を有形固定資産の取得原価から直接に控除する方法である。間接法は，減価償却費を直接に当該資産から控除せず，減価償却累計額という勘定を設けてその貸方に記入しておき，間接的に有形固定資産の価値減少を示す方法である。

　間接法によれば，有形固定資産の取得原価と減価償却費の累計額をそれぞれ個別に知ることができ，帳簿価額は，取得原価と減価償却累計額との差額として間接的に示される。したがって，減価償却累計額勘定は，有形固定資産の現在帳簿価額を評価する役割を担うことになるので，有形固定資産の「評価勘定」と呼ばれる。当初の取得原価，過去の減価償却累計額が容易に判明できるという意味で，直接法より間接法が優れている。

　「企業会計原則」（第三・四・1B）も，「有形固定資産に対する減価償却累計額は，原則として，その資産が属する科目ごとに取得原価から控除する形式で記載する」と規定し，減価償却累計額の表示方法に個別控除方式を原則としている。ただし，第4章で説明した貸倒引当金の表示方法と同様に，一括控除方式，個別注記方式および一括注記方式も認められている（企原注解17，財規25条・26条）。図表5−2では，減価償却累計額の具体的な表示方法を示している。

[図表5-2]　減価償却累計額の表示方法

(A)　個別控除方式
建　　　　物　　1,000
△減価償却累計額　　300　　700
備　　　　品　　500
△減価償却累計額　　100　　400
⋮

(B)　一括控除方式
建　　　　物　　1,000
備　　　　品　　500
△減価償却累計額　　400　　1,100
⋮

(C)　個別注記方式
建　　　　物　　700（注1）
備　　　　品　　400（注1）
_____
（注1）
建物の減価償却累計額　　300
備品の減価償却累計額　　100

(D)　一括注記方式
建　　　　物　　700（注1）
備　　　　品　　400（注1）
_____
（注1）
建物および備品の減価償却累計額　　400

4　取替資産の取替法

　有形固定資産の中には，「同種の物品が多数集まって一つの全体を構成し，老朽品の部分的取替を繰り返すことにより全体が維持されるような固定資産」（企原注解20）も存在する。たとえば，鉄道業におけるレール，枕木，信号機，電力業における電柱や送電線，製造業の工具などである。これらは**取替資産**と呼ばれ，その費用配分手続として「減価償却法」の代わりに「取替法」を適用することができる。

　取替法とは，取替資産の一部を取り替えるときに，取り替えられる部分の帳簿価額は最初の取得原価のままにしておき，取替に要した新規資産の支出額を当該年度の費用として処理する方法である。費用計上時点が減価償却法と異なり，規則的・計画的でないので，期間費用の負担平等性が損なわれるという欠点がある。しかし，多数の取替資産のうち，毎期平均的に部分的取替が行われているとするならば，その費用計上額は期間的に平均化することになる。

　たとえば，取替法によって処理している工具の一部（取得原価￥300,000）が破損したために取り替え，新規購入分の取得原価は￥500,000であったとすれば，次の仕訳が必要である。

（借）　固定資産取替費　　500,000　　　（貸）　現 金・預 金　　500,000

Ⅳ　有形固定資産の改良および修繕
──資本的支出と収益的支出

　有形固定資産の取得後，当該資産を使用・維持するための修繕などに要した支出で，当期の費用（すなわち「修繕費」）として処理した支出を収益的支出という。同じ支出でも，修繕費のように原状回復のためのものではなく，有形固定資産の機能・性能の向上等のために支出した金額は，資本的支出として当該資産の取得原価に加算される。

　このように，取得後の有形固定資産に関する支出は，「資本的支出」と「収益的支出」に区別されるが，資本的支出となるのか収益的支出になるのかの決定は，それによって当期の費用に影響を与えるので重要である。資本的支出として処理された金額は，当該有形固定資産の原価に算入され，減価償却手続を通じて漸次費用化されていく。

　法人税法施行令第132条によれば，「資本的支出」とは，次の①，②のどちらかに該当するもの（どちらにも該当する場合には，多い金額）をいう。

① 　支出により，有形固定資産の取得時において通常の管理または修理をするものとした場合に予測される使用可能期間を延長させる部分に対応する金額

$$資本的支出 = 支出額 \times \frac{支出後の耐用年数 - 支出しなかった場合の従来の残存耐用年数}{支出後の耐用年数}$$

② 　支出により，有形固定資産の取得時に通常の管理または修理をするものとした場合に予測される支出時の価額を増加せしめる部分に対応する金額

$$資本的支出 = 支出直後の価額 - 取得時から通常の管理または修理をした場合の支出時の予想価額$$

　要するに，有形固定資産の耐用年数を延長させたり，価値を増加させたりする支出部分が「資本的支出」であり，原状回復に要する支出部分が収益的支出として「修繕費」となる。

V　有形固定資産の処分

　有形固定資産は，耐用年数終了後あるいは耐用年数終了前において処分される。その資産に売却価値があれば売却処分されるが，売却価値がなければ廃棄処分されることになる。売却処分した場合には，帳簿価額と売却価額との差額は，固定資産売却損益として処理する。処分の内容が当該資産を適当に評価して他に転用するために除却処分するのであれば，帳簿価額と評価額との差額は固定資産除却損益として処理される。また無価値として廃棄処分されたならば，固定資産廃棄損として計上する。これらの処分損益は，企業の経常的活動によって生じたものではないので，特別利益または特別損失として処理される。

[図表５-３]　有形固定資産の処分と処分損益

有形固定資産の処分 ⎰ 売却処分 ⟶ 固定資産売却損益
　　　　　　　　　 ⎨ 除却処分 ⟶ 固定資産除却損益
　　　　　　　　　 ⎩ 廃棄処分 ⟶ 固定資産廃棄損

　なお，「企業会計原則」（第三・５Ｄ）は「償却済の有形固定資産は，除却されるまで残存価額又は備忘価額で記載する」と規定している。

第 **6** 章

無形固定資産および投資その他の資産

Ⅰ　無形固定資産の意義および会計処理

1　無形固定資産の意義および種類

　無形固定資産とは，有形固定資産のような具体的な物理的形態を持たないが，長期収益力要因になるものをいう。無形固定資産は，次のような種類に分けることができる。

① 　法律上の独占権……工業所有権（特許権，実用新案権，商標権，意匠権），
漁業権，借地権，鉱業権等
② 　建設費用を負担する施設利用権……専用側線利用権，工業用水道施設利用権，電気ガス供給施設利用権等
③ 　事業の超過収益力の存在を示す経済的事実……のれん
④ 　一定の要件を満たすソフトウェア

　上記例示から判明できるように，無形固定資産は，(1)法律または一定の契約によって保護される「独占権」または「利用権」，(2)事業の超過収益力を表す「のれん」および(3)「ソフトウェア」に分けることができる。これら無形固定資産の特徴は，長期間にわたって収益を稼得するために役立ち，同業他社との競争上有利な無形資産であるということである。

　ちなみに「特許権」とは，特許法により保護されている権利であり，一定の出願手続を経て登録された発明を一定期間，独占的に使用できる工業所有権の1つである。「商標権」とは，商標法により保護されている権利であり，文

字・図形・記号もしくはこれら結合した表章を，指定商品について独占的に使用できる工業所有権の1つである。「実用新案権」は，実用新案法により保護されている権利であり，物品の形状・構造などに関する産業上の考案を独占的に利用できる工業所有権である。「意匠権」とは，意匠法により保護されている工業所有権の1つであり，物品の模様・色彩などに関する産業上の考案を独占的に利用できる権利である。

　「鉱業権」は，鉱業法により保護されている権利であり，鉱物資源の採掘などを独占的に行うことができる権利である。「漁業権」は，漁業法により免許漁業を行うことができる権利であり，漁場を排他的に支配用役できる物権である。「借地権」は，借地法に保護されている権利であり，建物所有を目的とする「地上権」および「賃借権」である。

2　無形固定資産の会計処理

（1）　法律上・契約上の権利の会計処理

　法律上の権利として計上される特許権，商標権，実用新案権，意匠権，借地権などの無形固定資産は，有形固定資産と同様に，当該資産の「有効年数」（有形固定資産の「耐用年数」に該当する）にわたって取得原価を費用配分できる費用性資産である。

　これら無形固定資産の取得原価は，原則として有形固定資産の場合と同様に，取得に要した全額である。購入による取得の場合には，購入代価に登録料，その他の付随費用を加算した金額を取得原価とする。また，自己創設によって特許権や意匠権を取得した場合，研究調査等に直接に支出した金額のほか，登録免許税や出願などに要した費用を合計して取得原価とする。

　無形固定資産のうち費用性資産については，「費用配分の原則」に従って費用配分するが，この配分手続を償却（amortization）と呼ぶ。無形固定資産に処分価値はないので，残存価額は零とする。記帳方法は，間接法ではなく直接法による。すなわち，無形固定資産の償却方法は，残存価額を零とし，したがって定率法は適用せず，毎期均等額を計上する定額法によって行われ，直接記帳法で償却する。ただし，鉱業権のうち採掘権は採取量を基準にした生産高比例法による償却が行われる。

　貸借対照表価額は，有形固定資産と同様に，取得原価から償却累計額を差し引いた「未償却額」である。法律上の権利の有効期間は，それぞれの特別法によって定められている。たとえば，特許権・意匠権は15年，実用新案権・商標権は10年と決められている。法定有効年数の規定がない無形固定資産は，利用期間，契約期間などを予定して償却する。

設例6-1

(1)　特許権を自ら創設・取得し，取得にあたり研究・調査等に直接支出した金額として60,000,000円，登録免許税等として900,000円を小切手により支払っている。

(借)　特　　　許　　　権　60,900,000　　　(貸)　当　座　預　金　60,900,000

(2)　初年度における特許権の償却費（有効期間15年）の計算を行う。

(借)　特　許　権　償　却　4,060,000※　　　(貸)　特　　　許　　　権　4,060,000

※　60,900,000円÷15年＝4,060,000円

　なお，契約によって特定の資産を排他的に利用できる権利，たとえば専用側線利用権，工業用水道施設利用権なども，法律上の権利と同じ会計処理が行われる。

(2) のれん

　のれんとは，ある企業の収益力が他企業の平均収益力と比較して超過している場合，その「超過収益力」の原因となるものをいい，**営業権**とも呼ばれている。「超過収益力」は，具体的には，立地条件，商号，信用，経営者・従業員の優秀さ等によって発生する。

　ただし，合併・買収のような有償取得の場合に限り，資産計上できる。つまり，「自己創設のれん」は資産計上できない。

　「のれん」の取得原価は，超過収益力を有する他企業の買収価額（あるいは交付した株式の発行価額と合併交付金の合計額）が，買収された企業（あるいは被合併会社）の純資産額を超える金額である。のれんの代価を算定する方法には，次のようなものがある。

① 収益還元法

収益還元法とは，企業収益獲得能力を一定の利率で資本に還元し，その資本額で企業を評価する方法である。これには，収益獲得能力を平均利益額とするか，超過利益額とするかにより，次の2つの計算法がある。

(a) 平均利益額に基づく収益還元法（間接的評価法）

これは，当該企業の過去数年の平均利益額を業界の平均利益率（収益還元率）で還元することにより，企業全体の評価額を決定し，これから純資産額を控除して「のれん」の代価を計算する方法である。

$$のれん＝\frac{当該企業の平均超過利益額}{収益還元率}－純資産額$$

(b) 超過利益額に基づく収益還元法（直接的評価法）

これは，当該企業の過去数年の平均超過利益額を収益還元率で還元することによって，直接的に「のれん」の代価を計算する方法である。

$$のれん＝\frac{当該企業の平均超過利益額}{収益還元率}$$

② 年　買　法

年買法は，過去数年の平均利益額または平均超過利益額に，それが存続すると見込まれる年数を乗ずることによって，「のれん」の代価を直接的に計算する方法である。

$$のれん＝平均利益額または平均超過利益額×その推定存続年数$$

③ 株価算定法

株価算定法は，当該企業の株式の1株当たりの価格に発行済株式数を乗じた金額から，純資産額を控除して，間接的に「のれん」の代価を計算する方法である。

$$のれん＝（1株の価格×発行済株式総数）－純資産額$$

　無形固定資産として計上された「のれん」に関して，償却が必要であるか否かについて，「償却不要説」と「償却必要説」に見解が分かれる。

　「償却不要説」によれば，超過収益力を表す「のれん」の有利な価値は，正常の営業活動を前提とする場合，増大することはあっても減少することはないので，この収益力が維持される限り償却する必要はない。

　他方，「償却必要説」によれば，今日のように技術革新等が激しい時代では，超過収益力は企業間の競争等によって即座に消滅するものと考えられるので，早期償却が望ましい。

　わが国の「基準21号」（8項）によれば，「のれん」は20年以内のその効果の及ぶ期間にわたって，定額法その他の合理的な方法により規則的に償却する。ただし，のれんの金額に重要性が乏しい場合には，即時償却できる。

（3）　ソフトウェア

　ソフトウェアとは，コンピュータを機能させるように指令を組み合わせて表現したプログラム等をいう（研究費基準一・2）。

　「市場販売目的のソフトウェア」である製品マスターの制作費は，研究開発費に該当する部分を除き，無形固定資産の区分に計上しなければならない（ただし，製品マスターの機能維持費用を除く）。ソフトウェアの提供により将来の収益獲得が確実である（たとえば，ソフトウェアを用いて外部へ業務処理等のサービスを提供する契約等が締結されている）場合には，当該制作費は資産として計上しなければならない。「社内利用のソフトウェア」については，その利用により将来の収益獲得または費用削減が確実である場合には，当該取得費用を資産として計上する（研究費基準四・2～4）。

　ソフトウェアの取得原価は，当該ソフトウェアの性格に応じて，見込販売数量に基づく償却方法（見込販売数量法という），その他合理的な方法により償却する。ただし，毎期の償却額は，残存有効期間に基づく均等配分額を下回ってはならない（研究費基準四・5）。

　「見込販売数量法」に基づく償却費は，次のように算定される。

$$償却費＝ソフトウェアの未償却残高 \times \frac{当年度の実績販売数量}{当年度の実績販売数量＋当年度末(次期首)の見込販売数量}$$

したがって，この見込販売数量に基づく償却額と均等配分による償却額とを比較して，いずれか大きい金額が当期の償却額となる。

設例7-1

　無形固定資産に計上した市場販売目的のソフトウェア制作費60,000,000円につき，次の資料により，見込販売数量法によって初年度における償却費を算定しなさい。

　　ソフトウェアの見込有効期間：3年

　　販売開始時点の総見込販売数量：3,000個（当年度末に変化なし）

　　初年度の販売実績数量：1,100個

　　（借）ソフトウェア償却 22,000,000※　　　（貸）ソフトウェア 22,000,000

$$※60,000,000円 \times \frac{1,100個}{1,100個＋1,900個} ＝22,000,000円$$

$$60,000,000円 \div 3年＝20,000,000円　　\therefore 22,000,000円$$

　見込販売数量等の見直しは毎期行い，減少が見込まれる販売数量等に相当する取得原価は，費用または損失として処理する（研究費基準注解5）。

　なお，「市場販売目的のソフトウェア」には，「見込販売数量法」または「見込販売収益法」に基づく償却が合理的とされ，「自社利用目的のソフトウェア」には，耐用年数5年以内の定額法が合理的な償却方法とされる。

Ⅱ　投資その他の資産の意義および評価

1　投資その他の資産の意義および種類

　投資その他の資産は，大きく「投資」および「その他の（長期性）資産」に分けることができる。

　投資とは，長期利殖，他企業の統制・支配，取引関係の維持等を目的として，長期にわたって出資・貸付けを行うことであり，具体的には投資有価証券，関係会社株式，関係会社社債，その他の関係会社有価証券，出資金，関係会社出資金，長期貸付金，関係会社長期貸付金等の長期外部投資がある。

　その他の資産とは，投資に類似する資産という意味ではなく，流動資産，有形固定資産，無形固定資産，繰延資産および投資のいずれにも属さない長期性資産であり，長期前払費用，破産・更生債権，繰延税金資産等がある。破産債権・更生債権とは，破産会社・更生会社に対する営業債権や金融債権であり，1年以内に回収されないものが「その他の資産」として処理される。これに準ずるものとして，1年以内に回収見込みのない不渡手形などがある。長期前払費用について，1年以内に費用となるべき部分の金額が僅少である場合には，流動資産として区分しないで，固定資産として「投資その他の資産」の中に記載することができる。

　土地再評価法に規定する再評価に係る繰延税金資産は，「投資その他の資産」の部に「再評価に係る繰延税金資産」として別建掲記しなければならない（財規32条の3）。

　「投資不動産」（投資目的で所有している土地・建物等をいう），1年以内に期限の到来しない預金その他の資産で，それぞれの金額が資産総額の5％を超えるものについては，当該資産を示す名称を付した独立科目で表示しなければならない（財規33条）。

2　投資その他の資産の評価

　有価証券の評価については，第12章で説明される。

　「出資金」は，取引所相場のない株式に準じて評価される。「長期貸付金」は金銭債権であるので，取立不能見込額を控除した額を貸借対照表価額とする。「長期前払費用」は，時間基準に従って費用配分していく。「投資不動産」は，有形固定資産に準じて評価されるが，その減価償却費は「営業外費用」に属する。

第7章

繰延資産

I　繰延資産の意義および特質

すでに代価の支払いが完了し，それによって役務の提供を受けたにもかかわらず，次のような条件に該当するときは，支出した年度のみの費用とせず，将来の一定期間にわたる費用とするため繰延資産として貸借対照表上に計上することができる（連続意見第五，第一・2）。

① 支出もしくは役務の有する効果が，当期のみならず次期以降にわたるものと予想される場合，「効果の発現」という事実を重視して，費用配分の原則に従い，効果が期待される期間にわたって配分する。

② その支出金額が当期の収益に全く貢献せず，むしろ次期以降の損益に関係するものと予想される場合，「収益との対応関係」を重視して，次期以降の費用として配分する。

このように繰延資産は，「支出効果の発現」および「費用収益の対応」を重視する期間損益計算の観点から，「支出・未費用項目」として資産計上能力が与えられている費用性資産である。

しかし，他の費用性資産である棚卸資産，有形固定資産，無形固定資産などは財貨または権利として換金価値を有するのに対し，繰延資産は何ら実体を持つものではないので，換金価値を有しない点で基本的に相違する。したがって，繰延資産は，「擬制資産」と呼ばれることもある。

換金価値を持たず，その支出効果は当該企業のみにしか享受することができないという特殊な性質であるために，貸借対照表に計上できる繰延資産は，創

立費，開業費，株式交付費，社債発行費等および開発費に限定されている（実務対応19号 2 (2)）。

Ⅱ　創立費および開業費

　会社の組織を新たに形成するためには，さまざまな組織形成費が必要である。このうち，会社が法律上成立するために必要な費用を「創立費」，その後，会社が営業を開始するまでに支出した費用を「開業費」という。これらは，その支出の効果が支出時以降の一定の期間にわたり発現すると考えられるため，繰延資産として貸借対照表計上が認められている。

　創立費とは，会社設立までの一切の費用である。会社の負担に帰すべき創立費用には，次のような費用がある（実務対応19号 3 ）。

　① 定款および諸規則作成のための費用
　② 株式募集その他のための広告費
　③ 株式申込証・目論見書・株券等の印刷費
　④ 創立事務所の賃借料
　⑤ 設立事務に使用する使用人の手当給料等
　⑥ 金融機関または証券会社の取扱手数料
　⑦ 創立総会に関する費用
　⑧ その他会社設立事務に関する必要な費用
　⑨ 発起人が受ける報酬で，定款に記載して創立総会の承認を受けた金額
　⑩ 設立登記の登録免許税等

　開業費とは，会社設立後，開業するまでに支出した開業準備費用であり，開業費の具体的支出としては，①土地・建物等の賃借料，②広告宣伝費，③通信交通費，④事務用消耗品費，⑤支払利子，⑥使用人の給料，⑦保険料および⑧電気・ガス・水道料等が例示列挙される。

　創立費と開業費を総称する創業費は，営業開始のために必要不可欠な費用であり，これら費用の支払なくしては会社の存立はない。会社が存続する限り，資産として貸借対照表に記載する必要があると考える「組織体説」によれば，

「創業費」は土地と同じく永久的資産とみなされ，償却不要である。このように償却不要も可能であるが，保守主義の観点からは，数年度にわたる償却も認められる。

これに対して，「創業費」といえども，収益的支出として費用計上すべきであり，ただ開業前には収益を稼得していないので，営業開始年度の一期間だけの費用として処理すべきであるという「即時償却説」もある。

「創立費」は，原則として，支出時に「営業外費用」として処理する。創立費を繰延資産として計上した場合，会社設立後，5年以内のその効果の及ぶ期にわたって月割りで「定額法」により償却しなければならない。すなわち，直接法によって均等額償却を行い，償却費を「営業外費用」として処理し，未償却高を貸借対照表に資産として計上する。

「開業費」も，原則として，支出時に「営業外費用」として費用処理されるが，営業活動と密接な関係の支出であることを考慮して，「販売費及び一般管理費」として処理することが認められている（実務対応19号3⑷）。

繰延資産として計上された開業費は，開業のときから5年以内のその効果の及ぶ期間にわたって「定額法」により償却する。

Ⅲ　株式交付費および社債発行費等

会社設立後に自己資本を調達するために発生する費用として「株式交付費」があり，また，他人資本の1つである社債を調達するために発生する費用として「社債発行費等」がある。この資金調達費用は，組織形成のための費用である創業費と同様に，資金運用により将来生じる収益に対応させるため次期以降に繰り延べることが認められている。

株式交付費とは，株式募集のための広告費，株式申込書・目論見書・株券等の印刷費，金融機関・証券会社の取扱手数料，変更登記の登録免許税，その他株式の交付等のために直接支出した費用をいう。

現行の会社法では，新株の発行と「自己株式」の処分に係る費用は，同様の資金調達による財務費用として捉えられ，したがって「株式交付費」として繰延資産に計上することが認められる。繰延資産として計上された株式交付費は，

株式交付のときから3年以内のその効果の及ぶ期間にわたって，「定額法」により償却され，その償却費は「営業外費用」となる。

　社債発行費とは，社債募集のための広告費，金融機関の取扱手数料，目論見書・社債券等の印刷費，社債の登記の登録免許税，その他社債発行のため直接支出した費用をいう。また，新株予約権の発行費用についても，資金調達などの財務活動（組織再編の対価として新株予約権を交付する場合を含む）に係るものは，社債発行費と同様に，繰延資産として会計処理することができる。したがって，従来，「社債発行費」という用語が社債発行費等となっている。

　社債発行費は，原則として，支出時に「営業外費用」として処理される。「繰延資産」として計上された社債発行費については，社債の償還期間にわたり利息法によって償却することが原則とされているが，継続適用を前提として「定額法」による償却も認められている（実務対応19号3(2)）。

　また，新株予約権の発行に係る支出を「社債発行費等」として繰延資産に計上した場合には，新株予約権の発行のときから3年以内のその効果の及ぶ期間にわたって「定額法」により償却し，当該償却費は「営業外費用」として処理をする（ただし，新株予約権が社債に付されている場合で，当該新株予約権付社債を一括法により処理するときは，当該新株予約権付社債の発行に係る費用は，社債発行費として上記処理を行う）。

Ⅳ　開　発　費

　開発費とは，新技術または新経営組織の採用，資源の開発，市場開拓等のために特別に支出した費用，および生産能率の向上または生産計画の変更により設備の大規模な配置替えを行った場合等の費用であり，経常的でないものである（財規ガイド36⑤）。

　研究・開発活動のために特別に支出した費用は，その性質上，投機性が高く，当該支出が将来の収益に貢献できるかは不確実である。研究・開発費用についての会計処理も，「保守主義の原則」に従って即時費用計上するのか，あるいは支出効果が発現する期間にわたって繰延経理し，「費用・収益対応の原則」に基づいて配分・償却する会計処理に分かれる。

　新製品・改良品等の研究・開発活動に伴う支出であっても，通常の営業活動の一部を構成するものとみなすならば，当該支出の繰延資産化は避けるべきであり，即時費用計上が妥当性を持つ。しかし，巨額な研究・開発費を支出時の会計期間のみに即時計上することは，利益平準化の観点から避けるべきであると考えるならば，当該支出を繰延経理し，適正な期間にわたって配分・償却を行う会計処理の方がベターであろう。

　なお，研究費基準の対象となる研究開発費は，すべて発生時に費用として処理しなければならない（研究費基準三）。ここに「研究」とは，新しい知識の発見を目的とした計画的な調査および探究であり，「開発」とは，新しい製品・サービス・生産方法に関する計画もしくは設計または既存の製品・サービス・生産方法を著しく改良するための計画もしくは設計として，研究の成果その他の知識を具体化することをいう（研究費基準一・1）。

第 8 章

負債および引当金

I　流動負債の意義と種類

「営業循環基準」または「一年基準」で判定される流動負債には，次のような項目が含まれる（企原第三・4・(2)A，注解16および18）。

① 　取引先との通常の商取引によって生じた支払手形，買掛金等の「営業債務」
② 　期限が1年以内に到来する「営業外債務」
③ 　「引当金」のうち，賞与引当金，工事補償引当金，修繕引当金のように，通常1年以内に使用される見込みのもの
④ 　「未払費用」および「前受収益」

　上記①の営業債務は，「営業循環基準」によって流動負債として処理される。したがって，支払期限が1年を超えるものであっても，営業債務であれば，流動負債として扱われる。借入金・未払金等の営業外債務は，「一年基準」によって期限が1年以内に到来するものに限られる。引当金にも，原則として「一年基準」が適用される。未払費用や前受収益の「経過負債」は，「企業会計原則」（注解16）では「一年基準」の適用はなく，すべて流動負債として取り扱われる。

　流動負債に属する負債は，次に掲げる項目に従い，当該負債を示す名称を付した科目で表示しなければならない（財規49条）。

（1）　支払手形

　仕入先との間に発生した営業取引，いわゆる「通常の取引」によって生じた手形上の債務を支払手形という。商・製品の購入，役務の受領等，主たる営業活動から発生した営業手形債務が，支払手形勘定で処理される。

（2）　買 掛 金

　通常の商品売買において，取引先を信用し，代金の決済が後日行われる取引を「掛売買」という。この掛売買は，商品の授受後，一定期間後に現金で決済することを約した取引であり，その際に後に支払う旨の証明等が改めて交付されない信用取引である。買掛金とは，仕入先との間の通常の取引に基づいて発生した営業上の未払金をいい，役務の受入による営業上の未払金を含む。

（3）　短期借入金

　借用証書による金銭の借入れで，支払期限が1年以内に到来するものは，短期借入金として表示する。前述したように，借用証書の代わりに手形を発行した場合の金融手形は，「手形借入金」として処理し，借入金に含める。「当座借越」も短期借入金に含める。

（4）　未 払 金

　ここにいう未払金とは，継続的・反復的に行われる主たる営業取引に関連して生じる買掛金以外の一時的な未払金である。この未払金には，次の2つの内容を含む。

　①　通常の取引に関連して生じる広告料，販売手数料，売上割戻金等の未払額（未払費用に属するものを除く）

　②　固定資産または有価証券の購入その他通常の取引以外の取引によって生じた未払額

（5）　未払費用

　未払費用とは，一定の契約に従い，継続して役務の提供を受ける場合，すでに提供された役務に対して，いまだその対価の支払が終わらないものをいう

（企原注解5・(3)）。貸借対照表日までに提供された役務に対する未払額で当期の費用として計上したもの，たとえば未払賃金，未払給料，未払利息，未払賃借料等をいう。特定の契約によりすでに確定している債務のうち，いまだその支払が終わらない「未払金」と混同してはならない。

（6）　未払法人税等

　未払法人税等とは，法人税，住民税（都道府県民税および市町村民税）および事業税の未払額をいう（財規49条3項）。

（7）　前　受　金

　受注品や受注工事の代金に対する前受額は，前受金で処理する。営業目的が役務の給付であれば，その前受額も前受金として扱う。すなわち，不動産業，倉庫業，映画業その他役務の給付を営業目的とするものの営業収益，たとえば不動産賃貸料，倉庫保管料，映画配給料等の前受額は，前受金に属する。前受金は，財貨・用役の給付義務を表す負債である。

（8）　預　り　金

　営業取引に関連して発生する預り金，預り保証金などのように，一般の取引慣行において短期間に支払うものは預り金に属する（財規ガイド47-5）。当該会社が源泉徴収した役員・従業員の所得税は，預り金として表示する。

（9）　前受収益

　前受収益とは，一定の契約に従い，継続して役務の提供を行う場合，いまだ提供していない役務に対して支払いを受けた対価をいう（企原注解5・(2)）。貸借対照表日までに支払いを受けたもの，たとえば前受賃貸料，前受利息，前受手数料等をいう。特定の契約によりすでに確定している債務のうち，すでにその支払いを受けている「前受金」と混同してはならない。

（10）　引　当　金

　将来の特定の費用または損失であって，その発生が当期以前の事象に起因し，

発生の可能性が高く，その金額を合理的に見積もることができる場合に計上される未確定な将来の支出額を引当金として記載する（企原注解18）。

　引当金のうち，その支出が1年以内に生ずるものは，流動負債に属する。引当金については，後述する。

(11)　その他

　「その他」の流動負債には，営業外取引で生じた1年以内の手形債務・未払金，預り有価証券（保護預りとして受け入れられた有価証券または担保物件として受け入れ保管している有価証券を除く），借入有価証券，その他期限1年以内の債務が属する。

　仮受金その他の未決算勘定で，その金額が負債および資本の合計額の5％を超えるものについては，当該取引内容を示す科目で掲記するものとする（財規ガイド50③）。

Ⅱ　固定負債の意義と種類

　社債，長期借入金，関係会社からの長期借入金，引当金（流動負債としての引当金を除く），その他の負債で流動負債に属しないものが，固定負債に属する。

(1)　社　　債

　株式会社は，取締役会の決議により社債を募集することができる（会法362条4項5号）。株券を発行して資金調達すれば「資本金」となるが，同じ有価証券である社債券を発行して資金を調達すると，それは社債という固定負債になる。

　社債の発行には，平価発行，割引発行および打歩発行がある。社債の償還には，「定時償還」と「臨時償還」がある。

　「定時償還」とは，定められた時点に社債を償還する方法である。これには，社債契約に従って，償還期日に一時に全額を償還する「満期日償還」と，発行後一定期間据え置いて，一部ずつを抽選により償還することによって満期日までに全額を返済する「定時分割抽選償還」がある。この定時償還は，額面金額

で償還される。

　「臨時償還」は、一定時以外に償還されるので、これには、起債会社の一方的な意思により、満期日前に全額を繰り上げて償還する「繰上償還」と、抽選により一定額を償還する「臨時分割抽選償還」がある。「抽選償還」は額面金額で償還されるが、「繰上償還」は額面金額より高く償還される場合が多い。

　法律的には償還ではないが、経済的に償還と同じ効果を持つ「買入消却」という方法がある。この買入消却とは、市場に流通している自社社債を、随時、買い入れて消却することである。買入消却の場合には時価によって償還されるため、買入価額（市場価格）と額面金額とは異なるのが通常である。

　社債の会計処理については、第13章で説明する。

（2）　新株予約権付社債

　新株予約権付社債とは、新株予約権が付され、資本を増加させる可能性を持つ社債である。新株予約付社債は「転換社債型新株予約権付社債」と「転換社債型新株予約権付社債以外の新株予約権付社債」とに分けられている。

　転換社債型新株予約権付社債とは、当初は社債として発行されるが、将来において社債権者の意思により株式に転換できる特殊な社債である。**転換社債型新株予約権付社債以外の新株予約権付社債**は、社債権者に発行会社の株式の新株予約権を与えた社債であり、社債権者のままで一定の新株を取得でき、株主にもなる特殊な社債である。両社債はともに、その転換価格ないし行使価格があらかじめ社債発行時に決められている点、社債権者の選択権の行使により増資がなされる点で共通する。

　新株予約権付社債の会計処理については、第13章で解説する。

（3）　長期借入金

　借入金のうち、支払期限が1年を超えて到来するものを**長期借入金**という。長期借入金には、短期借入金と同様に、長期の手形借入金が含まれる。

　「株主・役員・従業員長期借入金」は、「その他」の固定負債に属するが、その金額が負債および純資産の合計額5％を超える場合には、当該負債を示す名称を付した科目で掲記しなければならない（財規ガイド53）。

（4）　関係会社長期借入金

　子会社・親会社・関連会社等の関係会社からの長期借入金は，関係会社長期借入金として区分掲記しなければならない。

（5）　繰延税金負債

　繰延税金負債は，「固定負債」として表示する（基準28号2項）。

　土地再評価法に規定する再評価に係る繰延税金負債は，固定負債の部に「再評価に係る繰延税金負債」として別建掲記しなければならない（財規52条の2）。

（6）　引　当　金

　「引当金」は，退職給付引当金その他当該引当金の設定目的を示す科目で掲記しなければならない（財規52条3項）。1年以内にその一部の金額の使用が見込まれる引当金であっても，1年以内の使用予定額が正確に算定できないものについては，その全額を固定負債に属する引当金として計上する。

（7）　そ　の　他

　前記以外の「その他」の固定負債であっても，それぞれの金額が負債および純資産の合計額の5％を超える場合には，当該負債を示す名称を付した独立科目で表示しなければならない（財規53条）。

Ⅲ　　偶発債務の意義と種類

　現在の状況では実際に確定した債務ではないが，将来において一定の条件が発生したとき債務として支払うべき可能性があるものを偶発債務という。

　「偶発債務」には，債務の確定とともに求償権（返還請求権）などが生じるものと，求償権は発生せず一方的に損失（偶発損失という）を被るものがある。前者には，手形裏書義務，割引手形，保証債務などが該当し，後者には，製品保証，工事補償，係争事件の損害賠償義務などがある。

　前者の求償権が生じる偶発債務は，対照勘定または評価勘定を用いて処理できるのに対し，後者の場合，債務が確定すると損失を被ることになるので，対

照勘定・評価勘定を用いて処理することはできない。この偶発損失は，引当金の設定要件を充足するならば，引当金を設定することができる。たとえば，後述するように，製品保証引当金，工事補償引当金，損害補償損失引当金などが設定対象となる。

たとえ引当金の設定要件を充足しなくても，このような将来の未確定な偶発損失に備えるために，利益処分として積立金を設定する方が望ましい。さもなければ，「偶発債務」は，将来一定の条件が発生したときに債務として計上する必要があるため，貸借対照表の脚注に注記するのが一般的である。

Ⅳ　引当金の意義と会計処理

1　引当金の設定要件と計上根拠

引当金とは，主として適正な期間損益計算を行うために，当期において現金支出・損失が具体的に生じなくても，一定の要件に合致するような事象が当期に発生しているならば，当期の費用（収益の控除を含む）または損失として見積計上することによって設定される貸方項目である。会計上の引当金の設定要件として，次の４つを挙げることができる（企原注解18）。

① 将来の特定の費用または損失であること
② その発生が当期以前の事象に起因すること
③ その発生の可能性が高いこと
④ その金額を合理的に見積もることができること

第１の要件は，当該期間には未発生であるが，個別的に識別できる費用または損失が将来において発生することが確実と思われるものである。これは，引当金の対象範囲を限定する「定性要件」である。

第２の要件は，引当計上される将来の特定の費用または損失の発生原因が，当期または当期以前の事象に起因することを要求している。

第３の計上要件は，将来の特定の費用または損失の発生の確率が大きいことを要求する「定性要件」である。したがって，発生の可能性が低い偶発事象に

係る費用または損失については，引当金を計上することはできない。

　上記3つの「定性要件」に加え，金額の合理的な見積可能性が「定量要件」として要求される。引当計上される費用または損失は，恣意的ではなく，過去の経験に基づいて合理的に測定される必要がある。

　引当金を設定するためには，これら「定性要件」と「定量要件」のすべてを満たさなければならない。

　引当計上の理論的根拠として，一般的には，期間損益計算を適正に行うための「発生主義の原則」や「費用収益対応の原則」に求めることができる。

　発生主義の原則は，現金の支出に関係なく，経済価値の費消事実の発生に費用を認識することを要請する。この場合，費用の発生には，将来における経済価値の費消原因の発生という事実も含まれる。これは「費用発生原因主義」であり，費用原因の期間帰属を重視する原則である。したがって，経済価値の費消が将来に行われるとしても，その発生原因が当期に存在しているならば，適正な期間損益算定のためにこれを当期の費用として引当経理する必要がある。賞与引当金，退職給与引当金などの設定がこれに該当する。

　費用収益対応の原則は，当該期間の収益との間に合理的な関連性を有する費用を認識して，収益と費用との合理的な対応によって適正な期間損益を決定する原則である。したがって，将来発生すると予想される経済価値の費消に対して，その原因が当該期間の収益稼得に起因するならば，当期の費用として引当計上し，収益との合理的な期間対応に資する必要がある。収益との対応から当期の発生費用として，引当金を把握するのである。工事補償引当金，製品保証引当金などの設定がこれに該当する。

　以上のように，「発生主義の原則」や「費用収益対応の原則」の見地から，引当金は「適正な期間損益計算」あるいは「費用の合理的な期間配分」の用具として利用されている。

　しかしながら，将来の損失を早期に認識し，純資産および純利益を最少に算定するという「保守主義の原則」を引当金の計上根拠としている場合もある。債務保証損失引当金，損害補償損失引当金などの設定がこれに該当する。

2　引当金の分類

　引当金は，損益計算の見地および貸借対照表の見地から分類することができる。引当金を損益計算書の見地，すなわち借方勘定（引当損あるいは引当金繰入額）から分類すると，「費用性引当金」，「収益控除性引当金」および「損失性引当金」の3種類に分けられる。

　費用性引当金は，収益に対応する費用を計上するためのものであり，賞与引当金，修繕引当金，特別修繕引当金などがこれに該当する。**収益控除性引当金**は，収益から控除されるべき性質を有するものであり，売上割戻引当金，返品調整引当金などがこの例である。**損失性引当金**は，将来において発生可能性が高い損失に備えるものであり，損害補償損失引当金，債務保証損失引当金などがこれに該当する。

　引当金を貸借対照表の見地，すなわち貸方勘定から分類すると，特定資産の価値減少額を控除することによって当該資産の評価に役立つ**評価性引当金**と，将来の支出の確率が高いという点で負債と類似する**負債性引当金**に大別される。さらに後者は，設定時の給付義務の有無によって，「債務性のある引当金」と「債務性のない引当金」に分類される。

　「評価性引当金」には，貸倒引当金，商品評価損引当金などがあり，**債務性のある負債性引当金**には製品保証引当金，売上割戻引当金，工事補償引当金，返品調整引当金，賞与引当金，退職給与引当金などがあり，**債務性のない負債性引当金**には，修繕引当金，特別修繕引当金，債務保証損失引当金，損害補償損失引当金などがある。

　図表8-1では，「評価性引当金」と「負債性引当金」から成る「会計上の引当金」の種類が示されている。

　「評価性引当金」は，将来における資産の未確定減少額を意味し，その不確実性の解消は資産の減少によって確認されるのに対し，「負債性引当金」は，将来の支出見積額を意味し，その不確実性の解消は負債の増加（支出必要額）によって確認される。

　「評価性引当金」は，特定資産から直接的または間接的に控除する形式で記載されるのに対し，「負債性引当金」は「1年基準」が適用され，「流動負債」

[図表 8 - 1]　会計上の引当金の分類

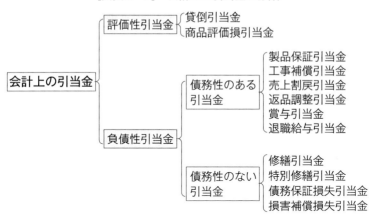

あるいは「固定負債」として表示される。流動負債に属する引当金には，修繕引当金，賞与引当金などがあり，固定負債に属する引当金には，特別修繕引当金，退職給与引当金などがある。

第9章

純　資　産

Ⅰ　純資産と資本

1　純資産の意義

　純資産とは，貸借対照表における資産の総額から負債の総額を差し引いた残額をいう。純資産は，「株主資本」および「株主資本以外の純資産」に大別される。**株主資本**は，株主に帰属する資本であり，「株主資本以外の純資産」は，会社の純資産を構成する項目のうち株主資本以外の項目であり，将来，株主資本になりうる潜在的な株主持分を表す項目である。「株主資本」は，資本金，資本剰余金および利益剰余金の3つの項目に区分される。

　資本という語は様々な意味で使われるが，会計においては，通常は負債に対するものとして用いられる。すなわち，他人資本に対する自己資本としての意味で資本という語が使われる。この場合の資本は，企業にとっての元本というべき出資者の拠出額（拠出資本）と元本から得られた果実（稼得資本）のうち，出資者に分配されずに企業に留保された部分（留保利益）に分けられる。株式会社においては，これを**株主資本**という。

　したがって，純資産と資本との関係を示すならば，資本とは，通常，株主資本を指し，株主資本以外の項目とともに純資産を構成している。

2　源泉別の純資産の分類

　純資産は，それが生じた源泉の内容に応じて，株主資本，評価・換算差額等および新株予約権から構成される。

　「株主資本」は，さらに株主からの払込資本と留保利益に大別される。払込資本は原則として資本金とするが，会社法により資本金としなかった部分は資本準備金とされる。資本準備金とされる項目は，会社法により限定されているので，それ以外の払込資本の項目はその他資本剰余金として分類される。

　払込資本を運用して獲得した利益から，株主に対して配当が分配されるが，その残額は留保利益（利益剰余金）として会社内に蓄積される。利益剰余金は，株主に配当を行う際に会社法の規定に従い設定する利益準備金と会社が自主的に任意に設定する任意積立金がある。利益剰余金のうち，利益準備金と任意積立金の残額は繰越利益剰余金となり，任意積立金とともにその他利益剰余金として取り扱われる。

3　剰余金区分の原則

　株主資本のうち，資本金以外の部分は，資本取引から生じた「資本剰余金」と損益取引から生じた「利益剰余金」から成る（企原注解19）。企業の経営成績と財政状態を適正に表示するために，資本取引と損益取引を明瞭に区別し，特に資本剰余金と利益剰余金とを混同してはならない。これを剰余金区分の原則という。

　資本取引とは，資本の移転もしくは資本そのものを原因とする資本増減取引であり，損益取引とは，資本の利用により利益の増減をもたらし，その結果，資本に増減を生じさせる取引をいう。

Ⅱ　株主資本

　株主資本とは，純資産のうちで株主に帰属する部分をいう。「株主資本」は，その源泉により，払込資本（拠出資本）と留保利益（稼得資本）に分類される。「払込資本」は，さらに「資本金」と「資本剰余金」に分けられ，「留保利益」は，利益剰余金と呼ばれ，さらに「利益準備金」と「その他利益剰余金」に分けられる。

1　資　本　金

　資本金とは，設立または株式の発行に際して株主となる者が株式の発行会社に対して払込みまたは給付をした財産の額をいい，**法定資本**とも呼ばれる。

　株式会社は，設立時に発行株式の種類や総数を定款で定めなければならない。定款に定められた株式の発行可能株式総数を「授権資本」という。会社の設立に際しては，「資本充実の原則」に基づき，原則として，発行可能株式総数の4分の1以上を発行しなければならない（会法37条）。これを**授権資本制度**という。ただし，株式の譲渡につき，取締役会の承認を要する旨を定款に定めている株式会社については，「授権資本制度」は適用されない。

　会社の設立方法には，①「発起設立」と②「募集設立」の2つがある。**発起設立**は，発起人が設立時発行株式をすべて引き受ける方法である（会法25条1項1号，34条）。**募集設立**は，発起人が設立時発行株式を引き受けるほかに，設立時発行株式を引き受ける者を募集する方法である（会法25条1項2号，57条）。

　発起設立の場合，発起人は，設立発行株式の引受け後，遅滞なくその引受けに係る金銭の全額を払い込まなければならない（会法34条）。この払込金額が，「資本金勘定」に貸方記入される。

　募集設立の場合，一般募集に応じて株式引受けの申込みをする者は，株式申込書に必要事項を記載し，発起人に交付するとともに，一定期間内に，発起人が定めた銀行等の払込みの取扱場所において，設立時発行株式の払込金額の全額を「申込証拠金」として払い込まなければならない（会法63条1項）。一般募集分についての会計処理については，申込証拠金が取扱銀行に払い込まれた時点で，「別段預金勘定」に借方記入するとともに，「新株式申込証拠金勘定」に貸方記入する。別段預金とは，銀行が一時的に預り金として取り扱う預金である。その後，設立登記が完了し，会社が成立した時点で，「新株式申込証拠金勘定」から「資本金勘定」に振り替えるとともに，遅滞なく株式を発行する。同時に，「別段預金勘定」を「当座預金勘定」に振り替える。

　株式会社設立時の資本金は，原則として，設立に際して株主となる者がその会社に対して払い込んだ金額の全額である。ただし，払い込んだ金額の2分の1の金額まで，「資本金」とせずに**資本準備金**として計上することが認められ

る（会法445条1～3項）。

　会社の設立に際して，発行可能株式総数400株のうち100株を1株当たり5,000円で発行した。発行株式のうち，40株について一般募集を行い，払込価額の全額を新株式申込証拠金とした。発起人からの当座預金への払込みも完了し，会社も設立された。一般募集分を含めて払込金額の全額を資本金とした。併せて，一般募集分の別段預金を当座預金に振り替えた。

① 株式申込証拠金の払込み：
（借）別　段　預　金　200,000　（貸）新株式申込証拠金　200,000
② 発起人の払込み，会社成立後の振替：
（借）当　座　預　金　300,000　（貸）資　　本　　金　500,000
　　　新株式申込証拠金　200,000
（借）当　座　預　金　200,000　（貸）別　段　預　金　200,000

　授権資本のうち，残りの未発行株式については，必要に応じて自由に新株発行をすることができる。公募により新株を発行する場合の会計処理は，募集設立の一般募集分の会計処理と同様である。

　新株発行に関連して，新たに資本金の額を増加させることを増資という。「増資」には，会社の株主資本の総額が増加する実質的増資と株主資本の構成内容が変わるだけで，その総額は変化しない形式的増資がある。

　「実質的増資」には，「通常の新株発行」（募集株式の発行）および「新株予約権の行使」による増資がある。通常の新株発行（募集株式の発行）には，「株主割当による方法」，「第三者割当による方法」，「公募による方法」の3つの方法がある。

　「株主割当による方法」は，全株主に対してその持株数に応じて株式を優先的に割り当て，新株を発行する方法をいう。この場合には，時価よりも低い価額で新株が発行されることが多い。「第三者割当による方法」は，株主以外の第三者に対して募集株式を割り当て，新株を発行する方法をいう。この方法は，安定株主工作等一定の目的をもって行われる場合が多い。「公募による方法」

は，不特定多数の者から広く株主を募集して新株を発行する方法をいう。この方法によると，多額の資金調達が可能になる。また，発行価額は，時価またはそれに近い金額とされる場合が多いので，この方法は**時価発行増資**とも呼ばれる。

実質的増資に対して，株主資本の構成内容が変わるだけの「形式的増資」には，「準備金の資本組入れによる増資」と「剰余金の資本組入れによる増資」がある。「準備金の資本組入れ」とは，会社が株主総会の決議により，準備金の額を超えない範囲で，準備金の全部または一部を資本金に組み入れることをいう（会法448条1，2項）。「剰余金の資本組入れ」とは，会社が株主総会の決議により，剰余金の額を超えない範囲で，剰余金を資本金に組み入れることをいう（会法450条）。

増資に対して，会社の資本金の額を減少させることを**減資**という。減資の目的としては，事業規模の縮小，欠損の填補等が挙げられる。

減資を行う場合には，株主総会の決議により，資本金の額を超えない範囲で，次の事項を定めなければならない（会法447条1項）。

① 　減少する資本金の額
② 　減少する資本金の全部または一部を資本準備金またはその他資本剰余金とするときは，その旨およびそれらの額
③ 　資本金の額の減少が効力を生ずる日

減資の場合も増資の場合と同様に，会社の株主資本の総額が減少する**実質的減資**と株主資本の構成が変わるだけで，その総額に変化が生じない**形式的減資**がある。

「実質的減資」は，自己株式の取得による消却または資本金の一部の払戻しにより行われる。

「形式的減資」は，通常，欠損の填補を目的として行われる。**欠損**とは，会社の純資産の総額が資本金と準備金の合計額を下回ることをいう。「欠損の填補」による減資は，資本金の一部を払い戻すことなく，資本金を減少させる。

減少した資本金の額が欠損の填補に充てた金額または準備金に振り替えた金額を上回ったときは，その上回った金額については，資本金減少差益として，

「その他資本剰余金」に計上され，剰余金の配当の原資となる。

2 資本剰余金

資本剰余金とは，払込資本のうち資本金以外の金額をいい，「資本準備金」および「その他資本剰余金」に区分される。

資本準備金とは，会社の設立または株式の発行に際して株主となる者が株式の発行会社に対して払込みまたは給付をした財産の額のうち資本金として計上されなかった金額をいう。「資本準備金」が増加する場合としては，次の4つがある。

① 会社の設立または新株の発行に際して，払込金額の2分の1を超えない額を資本金として計上しなかった場合（会法445条3項）

② 剰余金の配当に際して，会社法が規定する一定額を計上する場合（会法445条4項）

③ 資本金の額を減少させ，その全部または一部を資本準備金とする場合（会法447条）

④ 「その他資本剰余金」を減少させ，それを資本準備金とする場合（会法451条）

資本準備金が減少する場合は，株主総会の決議により，その資本準備金の額の範囲内で減少させる場合である（会法448条）。この場合，減少する資本準備金の全部または一部を資本金とすることができる（会法448条1項2号）。

その他資本剰余金とは，払込資本のうち，資本金，資本準備金以外のものをいう。「その他資本剰余金」が増加する場合は，以下のとおりである（計規27条1項）。

① 資本金の額を減少させて，それをその他資本剰余金とする場合

② 資本準備金の額を減少させて，それをその他資本剰余金とする場合

③ たとえば自己株式を処分するに際して，自己株式処分差益が生じた場合

「その他資本剰余金」が減少する場合は，以下のとおりである。

① その他資本剰余金の額を減少させ，それを資本金に組み入れる場合（会

法450条）

② その他資本剰余金の額を減少させ，それを資本準備金とする場合（会法
451条）

③ 剰余金の配当として，その他資本剰余金を配当する場合（計規23条 1 号イ）

④ その他資本剰余金の配当に伴い，その他資本剰余金から資本準備金を計
上する場合（計規23条 1 号ロ）

⑤ 自己株式を処分するに際して，自己株式処分差損が生じた場合

⑥ 自己株式を消却した場合

3　利益剰余金

　利益剰余金とは，株主資本のうち過年度の利益の累計を示す留保利益をいう。
利益剰余金は，「利益準備金」と「その他利益剰余金」に区分される。

（1）　利益準備金

　利益準備金とは，会社の稼得した利益のうち社内で留保すべきとして会社法
により規定されている法定準備金で，会社法の債権者保護の目的に従い，積立
てが強制されている。

　「剰余金の配当」を行う場合には，その配当の額に10分の 1 を乗じて得た額
を資本準備金または利益準備金として積立て・計上しなければならない。ただ
し，その積立てが資本金の 4 分の 1 に達した場合には，それ以上の積立ては不
要となる。

　「その他利益剰余金の配当」が「その他資本剰余金の配当」と併せて行われ
る場合の準備金の計上金額は，「準備金計上限度額」と剰余金の配当の合計額
の10分の 1 の額のうち，いずれか少ない額である。この場合，利益準備金とし
て計上すべき金額は，準備金計上額に剰余金の配当額に占める「その他利益剰
余金」の配当割合である利益剰余金配当割合を乗じた額である。

　利益準備金が増加する場合には，上記の剰余金の配当に伴い会社法の定めに
従い積立てを行う場合のほかに，「その他利益剰余金」の金額を減少させ，そ
れを利益準備金とする場合がある。それに対して，積み立てられている利益準
備金の金額の範囲内で，株主総会の決議により減少させることができる。

（2）　その他利益剰余金

　その他利益剰余金は，利益剰余金のうち会社法により積立てを強制されている利益準備金以外のもので，「任意積立金」と「繰越利益剰余金」に区分される。

　任意積立金とは，利益準備金とは異なり，株主総会または取締役会の決議に基づき設定される項目をいい，何らかの目的のために会社が自主的に備えて留保される利益である。すなわち，繰越利益剰余金は，留保利益のうち未だ処分されていない利益をいう。

①　任意積立金

　任意積立金は，貸借対照表上，その他利益剰余金の内訳科目として，設定目的等の内容を示す適当な科目を付して計上される。

　任意積立金には，設定目的が特定された任意積立金と特定していない任意積立金（別途積立金）がある。設定目的が特定された任意積立金の例として，新築積立金，減債積立金，配当平均積立金等がある。

②　繰越利益剰余金

　繰越利益剰余金とは，その他利益剰余金のうち任意積立金以外のものであり，未処分の状態で繰り越している剰余金である。

　「繰越利益剰余金」が増加する場合には，①当期純利益が生じた場合，②利益準備金の額を減少させて，それをその他利益剰余金にする場合がある。

　「繰越利益剰余金」が減少する場合には，①当期純損失が生じた場合，②その他利益剰余金（繰越利益剰余金）を減少させて，それを利益準備金にする場合，③剰余金の配当として，その他利益剰余金（繰越利益剰余金）を配当する場合，④その他利益剰余金の配当に伴い，その他利益剰余金（繰越利益剰余金）から利益準備金を計上する場合，⑤その他資本剰余金から自己株式処分差損を減額しきれない場合，⑥その他資本剰余金から自己株式の消却額を減額しきれない場合がある。

　③　剰余金の配当

　株式会社は，株主に対して「剰余金の配当」を行うことができる（会法453条）。剰余金の配当は，原則として金銭の支払いにより行うが，金銭以外の財産を配当財源とすること（現物配当）も認められる（会法454条4項）。ただし，純資産額が300万円未満の株式会社は，「剰余金の配当」が認められない（会法458条）。

　「剰余金の配当」における剰余金の金額は，おおよそ「その他資本剰余金」と「その他利益剰余金」の合計額である。具体的には，以下の算式により求められる（会法446条）。

　　剰余金＝{(資産＋自己株式の帳簿価額)－(負債＋資本金＋準備金＋評価・
　　　　　　換算差額等＋新株予約権)}
　　　　　＋自己株式処分差額＋資本金・準備金減少額
　　　　　－自己株式消却額－剰余金配当額－配当に伴う準備金積立額

　剰余金の配当は，配当の効力が生じる日における分配可能額を超えてはならない（会法461条1項8号）。
　分配可能額は，剰余金の額から一定額を控除して算定される（会法461条2項）。具体的には，次の算式のとおりである。

　　分配可能額＝剰余金の額
　　　　　　　　－自己株式の帳簿価額
　　　　　　　　－直近の決算日後に自己株式を処分した場合の自己株式の対価
　　　　　　　　－直近の決算日において，「のれん等調整額」が「資本等金
　　　　　　　　　額」を超えている場合の一定額
　　　　　　　　－直近の決算日における「その他有価証券評価差額金」のマ
　　　　　　　　　イナス残高
　　　　　　　　－直近の決算日における「土地再評価差額金」のマイナス残高

　上記式において，のれん等調整額とは，資産の部に計上したのれんの額の2分の1と繰延資産の額の合計額である。資本等金額とは，直近の決算日におけ

る資本金と準備金の合計額である。

　直近の決算日において，「のれん等調整額」が「資本等金額」以下である場合には，分配可能額の計算に際して控除する必要はないが，「のれん等調整額」が「資本等金額」を超えている場合には，次の額を控除しなければならない（計規158条１号）。

　㋐　のれん等調整額≦（資本等金額＋その他資本剰余金の額）の場合

　　　……のれん等調整額から資本等金額を控除した金額

　㋑　のれん等調整額＞（資本等金額＋その他資本剰余金の額）の場合

　　（a）　のれんの額の２分の１≦（資本等金額＋その他資本剰余金の額）のとき

　　　　……のれん等調整額から資本等金額を控除した金額

　　（b）　のれんの額の２分の１＞（資本等金額＋その他資本剰余金の額）のとき

　　　　……その他資本剰余金の額と繰延資産の額の合計額

Ⅲ　自己株式

1　自己株式の取得

　自己株式とは，会社がすでに発行した自社の株式を取得し，保有している場合の当該株式のことをいい，「金庫株」とも呼ばれる。

　かつては，商法上，自己株式の取得は原則として禁止されていたが，商法の改正により，定時株主総会の決議をもって，基本的に配当可能限度額の範囲内で，自己株式を取得することができるようになった。また，期間や数量の制限なく保有することができるようになった。

　「自己株式の取得」は，会社と株主との間の資本取引であり，実質的会社所有者に対する会社財産の払戻しの性格を有するので，株主資本の控除項目として取り扱われる。自己株式を取得した場合，直ちに株式の消却を行うわけではなく，自己株式は，それが処分または消却されるまで暫定的な状態に置かれる。会社が保有している「自己株式」は，取得原価をもって純資産の部の株主資本の末尾に自己株式として一括して控除する形式で表示することとされている。

2　自己株式の処分

　「自己株式の処分」は，自己株式の取得と同様に会社と株主との間の資本取引であり，自己株式の処分に伴う処分差額は損益計算書には計上せず，貸借対照表の純資産の部の「その他資本剰余金」に計上する。具体的には，プラスの自己株式処分差額である**自己株式処分差益**が生じた場合には，その額をその他資本剰余金に計上し，マイナスの自己株式処分差額である自己株式処分差損が生じた場合には，「その他資本剰余金」から減額する。

　自己株式処分差損が生じたことにより，その他資本剰余金の残高がマイナスとなった場合には，決算日において，「その他資本剰余金」のマイナスの残高を「その他利益剰余金」（繰越利益剰余金）から減額し，その他資本剰余金の残高をゼロとする。

設例9-2

　自己株式1,000株（帳簿価額：1株当たり500円）を1株当たり550円で処分し，受け取った代金は当座預金とした。

　（借）当 座 預 金　550,000[※1]　（貸）自 己 株 式　500,000[※2]
　　　　　　　　　　　　　　　　　　　　その他資本剰余金　 50,000

　　　　※1　550円×1,000株＝550,000円
　　　　※2　500円×1,000株＝500,000円

Ⅳ　評価・換算差額等（その他の包括利益累計額）

　評価・換算差額等とは，資産や負債を時価で評価することにより生じる評価差額等であり，まだ稼得されていないために当期の損益とはされず，貸借対照表の純資産の部に直接計上される項目をいう。なお，連結貸借対照表上では，その他の包括利益累計額と読み替えられる。

　個別貸借対照表において，評価・換算差額等は，その他有価証券評価差額金，繰延ヘッジ損益，土地再評価差額金等の項目から構成される。

① その他有価証券評価差額金

その他有価証券については期末で時価評価を行い，評価損益が生じた場合には，その評価損益を損益計算書には計上せず，貸借対照表の純資産の部の評価・換算差額等の項目として計上する。これをその他有価証券評価差額金という。

② 繰延ヘッジ損益

繰延ヘッジ損益は，ヘッジ取引を処理する繰延ヘッジ会計において生じる損益を損益計算書に計上せず，貸借対照表の純資産の部の評価・換算差額等の項目として計上する。

繰延ヘッジ会計とは，原価評価されているヘッジ対象または将来生じる予定のヘッジ対象に係る損益が認識されるまで，時価評価されているヘッジ手段に係る損益を損益計算書ではなく，貸借対照表の純資産の部において繰り延べておくという会計処理である。この繰延ヘッジ会計により生じるのが繰延ヘッジ損益である。

③ 土地再評価差額金

土地再評価差額金とは，「土地の再評価に関する法律」（平成10年法律第34号）により，事業用の土地を再評価することにより生じる再評価差額である。

以上の評価・換算差額等については，税効果会計の適用によって，これらに係る「繰延税金資産」または「繰延税金負債」の額を控除した金額をそれぞれの内容を示す科目をもって，貸借対照表の純資産の部の評価・換算差額等の項目に計上する。

V 新株予約権

新株予約権とは，株式会社に対して行使することにより，その会社の株式の交付を受けることができる権利をいう（会法2条21号）。

　「新株予約権」は，経済的義務としての負債には該当せず，また株主資本にも該当しないため，貸借対照表の純資産の部に株主資本以外の純資産として計上される項目である。

　新株予約権の会計処理に関しては，「新株予約権の発行」，「新株予約権の行使」および「新株予約権の失効」が問題となる。

　①　新株予約権の発行

　新株予約権を発行したときは，その発行に伴って払い込まれた金額がある場合には，その金額を**新株予約権**として計上する。

　②　新株予約権の行使

　新株予約権が行使され，新株が発行された場合，権利行使された新株予約権の帳簿価額と権利行使に伴って払い込まれた金額の合計額を新株の払込金額とみなし，これを「資本金」に振り替える。ただし，その金額の2分の1までの金額を「資本準備金」として計上することができる。

　新株予約権の行使の際に，新株を発行する代わりに自己株式を処分するときは，権利行使した新株予約権の帳簿価額と権利行使に伴って払い込まれた金額の合計額を自己株式の処分価額とみなして，自己株式の処分に係る会計処理を行う。具体的には，その合計額と自己株式の帳簿価額との差額が**自己株式処分差額**となり，「自己株式処分差益」または「自己株式処分差損」を計上する。

　③　新株予約権の失効

　新株予約権の権利が行使されず，その権利が失効したときは，その帳簿価額を損益計算書の特別利益に**新株予約権戻入益**として振り替える。

　権利が行使されていないが，その権利が失効していない「新株予約権」が決算日に存在する場合には，貸借対照表の純資産の部の末尾に新株予約権の区分を設けて，その帳簿価額を記載する。

第10章

財務諸表の作成と分析

I　財務諸表作成・報告の一般原則

1　真実性の原則

　「企業会計原則」でいう**一般原則**は，損益計算書・貸借対照表などの財務諸表を作成・報告するに際して，その会計方針（会計処理の原則と手続）および**表示方法**（表示の方法，注記による開示も含む）を適用するための判断指針であり，①真実性の原則，②正規の簿記の原則，③資本取引・損益取引区分の原則，④明瞭性の原則，⑤継続性の原則，⑥保守主義の原則および⑦単一性の原則から成る。

　「企業会計原則」（第一・一）は，「企業会計は，企業の財政状態及び経営成績に関して，真実な報告を提供するものでなければならない」と規定している。この一般原則が**真実性の原則**と呼ばれ，他の一般原則および損益計算書原則・貸借対照表原則を支配する包括的な「最高規範原則」として位置付けられている。

　真実性の原則は財務諸表に対して「真実な報告」を要求するが，ここでいう「真実性」とは，ある一定の条件下で担保される「相対的真実性」を意味する。資産・負債の計上にはその実在性と完全網羅性を要求し，その評価には客観的な市場価値で統一することによって，同一会計事象に対して単一の会計処理に基づく唯一・絶対的な会計数値しか認めない「絶対的真実性」を意味するものではない。真実な報告が相対的にならざるを得ない理由には，次のような事由が考えられる。

(a) 「会計期間の公準」により，人為的に期間を区画して期間損益計算を行
うことになるが，期間的・暫定的な区画計算には見積り，個人の主観的判
断，慣習等が介入する。

(b) 1つの会計事象に対して複数の会計方針が容認されている場合，多様な
会計処理・表示方法の中から1つを選択適用することになるため，唯一・
絶対的な会計数値を得ることはできない。

　相対的真実性は，経営者の個人的判断・見積りの介入，会計方針適用の選択
幅の容認を前提とした上での真実性である。そこから作成される財務諸表は，
「記録された事実と会計上の慣習と個人的判断との総合的表現」にほかならな
い。

2　正規の簿記の原則

　「企業会計原則」（第一・二）は，「企業会計は，すべての取引につき，正規
の簿記の原則に従って，正確な会計帳簿を作成しなければならない」と規定し
ている。この一般原則が正規の簿記の原則であり，企業の財務状況に関する
「真実な報告」を保証するための基礎資料として，正規の帳簿記録を要求する
記録原則である。「正規の簿記の原則」は，「真実性の原則」を具体的に支える
ために，次の要件を満たす必要がある。

(1) すべての経済的取引・事象を完全・網羅的に記録しなければならない
「記録の網羅性」

(2) 帳簿記録は内・外的証拠資料によって立証されなければならない「記録
の立証性」

(3) 帳簿記録は，一定の体系のもとに相互に関連性を持ち，組織的・秩序的
に行わなければならない「記録の秩序性」

　「正規の簿記の原則」は，「企業会計原則」の注解1に規定する「重要性の原
則」と密接に関係している。重要性の原則とは，金額または表示項目について
重要性の乏しいものについては，本来の厳密な会計処理に代えて簡便な方法を
容認する原則である。その結果，簿外資産・簿外負債（たとえば，消耗品等の

費用処理，引当金の未計上，棚卸資産の付随費用の原価不算入）が生じても，それが企業の状況に関する利害関係者の判断を誤らせない限り，「正規の簿記の原則」に従った処理として認められる。

3　資本取引・損益取引区分の原則

「企業会計原則」（第一・三）は，「資本取引と損益取引とを明瞭に区別し，特に資本剰余金と利益剰余金とを混同してはならない」と規定している。この一般原則は，**資本取引・損益取引区分の原則**と言われ，「資本・利益区分の原則」，「剰余金区分の原則」とも呼ばれている。

資本の増加または減少をもたらす**資本取引**，資本の運用によって生じる収益または費用をもたらす**損益取引**，つまり資本剰余金と利益剰余金を区別せずに混同すると，利益隠蔽や資本侵食を招き，適正な資本の維持計算や運用計算を把握することができない。この原則は，純資産内部の源泉別区分であり，維持拘束性と処分可能性の峻別に関わる一般原則である。

4　明瞭性の原則

「企業会計原則」（第一・四）は，「企業会計は，財務諸表によって，利害関係者に対し必要な会計事実を明瞭に表示し，企業の状況に関する判断を誤らせないようにしなければならない」と規定している。この一般原則は**明瞭性の原則**と言われ，利害関係者の適切な判断を可能ならしめるように，必要な会計事実を財務諸表によって開示することを要請する。

「明瞭性の原則」は，報告形式面を規律する原則であるが，会計事実を細大漏らさず表示する「完全性」と「詳細性」を要求する反面，詳細すぎてもかえって適切な判断を阻害しかねないので，「重要性の原則」を適用することにより概観性を保持することも要求している。明瞭性の原則は，「詳細性」と「概観性」という二律背反する性質を内包する原則である。明瞭性の具体的手段としては，たとえば，次のようなものが挙げられる。

(イ)　資産と負債，費用と収益を相互に相殺することなく，総額で表示しなければならない**総額主義の原則**

(ロ)　損益計算書を損益発生源泉別に対応表示し，貸借対照表を資産・負債・

純資産に大別表示する区分表示の原則

(ハ)　資産・負債を正常営業循環基準や一年基準によって流動資産・負債および固定資産・負債に分類し，原則として**流動性配列法**（資産と負債を流動・固定に分類する場合，まず流動項目，次に固定項目を記載する配列方法）によって配列する科目分類・配列の原則

(ニ)　重要な会計方針，重要な後発事象等の重要な科目に関する「脚注・付記による追加情報の開示」

(ホ)　特定の項目・科目については財務諸表の概観性を補完するために，その内訳明細や期中増減等を記載した「附属明細表の作成」

5　継続性の原則

「企業会計原則」（第一・五）は，「企業会計は，その処理の原則及び手続を毎期継続して適用し，みだりにこれを変更してはならない」と規定している。この一般原則が**継続性の原則**と呼ばれ，この原則のもとでは，いったん採用した会計処理の原則および手続は，毎期，できるだけ継続的に適用されなければならない。複数の会計方針の中から選択適用した1つの方針を継続的に利用することは，恣意的な利益操作を防止することになる。その結果，企業の財務状況に関する「真実な報告」が担保され，財務諸表の期間比較可能性も確保される。「継続性の原則」は，「利益操作の防止」と「財務諸表の比較可能性」を実現することにより「相対的真実性」を実質的に保証している。

ただし，企業外部的要因（法令等の改正，著しいインフレーション等の大きな経済変動等）や企業内部的要因（経営組織の改変，経営規模の縮小，企業合併等）による「正当な理由」がある場合には，継続性からの離脱は認められている。正当な理由によって，会計処理の原則または手続に変更を加えたときは，これを当該財務諸表に注記しなければならない（企原注解3）。

6　保守主義の原則

「企業会計原則」（第一・六）は，「企業の財政に不利な影響を及ぼす可能性がある場合には，これに備えて適当に健全な会計処理をしなければならない」と規定している。これは**保守主義の原則**と言われ，「慎重性の原則」，「安全性

の原則」とも呼ばれている。

　「保守主義の原則」は，企業の将来の不確実性に対する財務的配慮から，利益をなるべく控え目に計上し，将来のリスクに備える会計処理を要求する原則である。具体的には，費用計上の促進・収益計上の抑制ひいては資産の過少評価・負債の過大評価をもたらす会計方針が選好されることなる。保守主義の原則の適用例としては，貸倒引当金の設定，減価償却の定率法の採用（費用の早期計上），工事完成基準（収益計上の遅延）の採用等がある。

　しかし，保守主義が過度に濫用されると，会計数値の信憑性が阻害され，真実な報告が歪められる。超保守主義的な会計処理は，「真実性の原則」に抵触することになる。

7　単一性の原則

　「企業会計原則」（第一・七）は，「株主総会提出のため，信用目的のため，租税目的のため等種々の目的のために異なる形式の財務諸表を作成する必要がある場合，それらの内容は，信頼しうる会計記録に基づいて作成されたものであって，政策の考慮のために事実の真実な表示をゆがめてはならない」と規定している。これを単一性の原則という。

　　ここでいう「単一性」は，財務諸表の内容・形式ともに単一でなければならないとして，形式までも単一を強制する「絶対的単一性」ではない。企業をとりまく多様な利害関係者に対して，財務諸表の利用目的に応じ利害関係者の理解に資するように，財務諸表の多様な形式を容認するが，その内容は実質的に単一でなければならないとする「相対的単一性」である。「企業会計原則」でいう「単一性の原則」によれば，財務諸表の記載方法・形式は財務報告目的ごとに相違してもよいが，その内容は「正規の簿記の原則」に従って記録された単一の会計帳簿に基づかなければならない。つまり，財務諸表の様式には「形式的多様性」を認める一方，記載内容に関しては「実質的単一性」を要求する。

Ⅱ　財務諸表の作成

1　貸借対照表

　貸借対照表とは，企業の経営活動に必要な資金の調達源泉である負債と資本（純資産）およびその資金の具体的な運用形態である資産を表示し，企業の一定時点の「財政状態」を明らかにする財務諸表である。貸借対照表に資産，負債および純資産を記載する場合，各項目を無秩序に列挙したのでは，明瞭性を害することになる。企業の財政状態を正確かつ容易に判断できるようにするためには，科目・項目の性質に従って適宜・適切に区分・配列する必要がある。貸借対照表の区分・配列方法として，「流動性配列法」と「固定性配列法」がある。

　流動性配列法とは，流動性の高い科目を最初に記載し，順次低いものを配列する方法である。資産については，流動性つまり換金性の早い順序に記載し，負債については，支払期限の早い順序に記載する。「流動性配列法」では，流動資産と流動負債がそれぞれ最初に表示され，企業の支払能力の判定資料となる「流動性比率」をみるのに便利である。これに対して，固定性配列法は固定性の高い科目から順次配列する方法である。電気・ガス事業，鉄道業等のように，圧倒的に固定資産の割合が多い事業の場合には，当該企業の利害関係者の関心も設備資産そのものの保有状態に向けられているという観点から，「固定性配列法」が重視され，一般的慣行として認められてきた。

　会社法上の貸借対照表は，「資産の部」，「負債の部」および「純資産の部」に区分して表示される。資産の部は「流動資産」，「固定資産」と「繰延資産」に大区分され，固定資産は「有形固定資産」，「無形固定資産」と「投資その他の資産」に細区分される。負債の部は「流動負債」と「固定負債」に区分され，純資産の部は「株主資本」，「評価・換算差額等」と「新株予約権」に区分される。金融商品取引法上の貸借対照表でも，会社法と同様の区分が行われるが，流動性配列法の適用が要求されている（財規13条）。

　図表10-1では，借方側に資産，貸方側に負債と純資産を記載する勘定式による会社法上の貸借対照表が示されている。

［図表10-1］　会社法上の貸借対照表

貸借対照表

（令和○年○月○日現在）　　　　　　（単位：百万円）

科　　目	金　額	科　　目	金　額
（資産の部）		（負債の部）	
流動資産	×××	流動負債	×××
現金及び預金	×××	支払手形	×××
受取手形	×××	買掛金	×××
売掛金	×××	短期借入金	×××
有価証券	×××	リース債務	×××
商品及び製品	×××	未払金	×××
仕掛品	×××	未払費用	×××
原材料及び貯蔵品	×××	未払法人税等	×××
前払費用	×××	前受金	×××
その他	×××	預り金	×××
貸倒引当金	△×××	前受収益	×××
固定資産	×××	○○引当金	×××
有形固定資産	×××	その他	×××
建物	×××	固定負債	×××
構築物	×××	社債	×××
機械装置	×××	長期借入金	×××
車両運搬具	×××	リース債務	×××
工具器具備品	×××	○○引当金	×××
土地	×××	その他	×××
リース資産	×××	負債合計	×××
建設仮勘定	×××	（純資産の部）	×××
その他	×××	株主資本	×××
無形固定資産	×××	資本金	×××
ソフトウェア	×××	資本剰余金	×××
リース資産	×××	資本準備金	×××
のれん	×××	その他資本剰余金	×××
その他	×××	利益剰余金	×××
投資その他の資産	×××	利益準備金	×××
投資有価証券	×××	その他利益剰余金	×××
関係会社株式	×××	○○積立金	×××
長期貸付金	×××	繰越利益剰余金	×××
繰延税金資産	×××	自己株式	△×××
その他	×××	評価・換算差額等	×××
貸倒引当金	△×××	その他有価証券評価差額金	×××
繰延資産	×××	繰延ヘッジ損益	×××
社債発行費	×××	土地再評価差額金	×××
		新株予約権	×××
		純資産合計	×××
資産合計	×××	負債・純資産合計	×××

2　損益計算書

　前述したように，損益計算書を作成する場合には，「総額主義の原則」および「費用収益対応の原則」が適用される。これらの原則により，営業損益計算，経常損益計算および純損益計算の区分によりそれぞれの損益（営業損益，経常損益および当期純損益）が段階的に区分・計上される。

　会社法上の損益計算書は，「売上高」，「売上原価」，「販売費及び一般管理費」，「営業外収益」，「営業外費用」，「特別利益」および「特別損失」に区分・表示される。さらに，「売上総損益」，「営業損益」，「経常損益」，「税引前当期純損益」および「当期純損益」の額を表示する必要がある。金融商品取引法上の損益計算書も，会社法上の損益計算書とほぼ同一であるが，追加的に「売上原価」の内訳計算も要求される。

　「財務諸表等規則」が要求する損益計算書は，売上高から，順次，売上原価，売上総利益,営業利益，営業外利益，経常利益等を記載する報告式の損益計算書であり，図表10-2に示すとおりである。

[図表10-2]　「財務諸表等規則」（様式第6号）の損益計算書（一部省略）

損益計算書

Ⅰ	売上高		×××		Ⅵ	特別利益		
Ⅱ	売上原価					……	×××	×××
	1	商品期首たな卸高	×××		Ⅶ	特別損失		
	2	当期商品仕入高	×××			……	×××	×××
		合計	×××			税引前当期純利益		×××
	3	商品期末たな卸高	×××	×××		法人税,住民税及び事業税	×××	
		売上総利益		×××		法人税等調整額	×××	×××
Ⅲ	販売費及び一般管理費					当期純利益		×××
		……	×××					
		……	×××	×××				
		営業利益		×××				
Ⅳ	営業外収益							
		受取利息	×××					
		……	×××	×××				
Ⅴ	営業外費用							
		支払利息	×××					
		……	×××	×××				
		経常利益		×××				

3　キャッシュ・フロー計算書

　損益計算書上の費用と収益は発生主義会計で認識されるために，その差額である期間損益の額と一定期間の資金の増減額とは必ずしも一致しない。期間損益の額が，一定期間に利用可能な資金の額と密接な関係を有していないので，利益を計上しても，事業活動のなかで資金が滞留したための資金不足により，債務を返済できない黒字倒産に陥ることもある。このような欠陥を補完するために，資金フローに関する情報を提供する財務諸表として，「キャッシュ・フロー計算書」が作成・報告される。

　キャッシュ・フロー計算書とは，企業の一定期間におけるキャッシュ・フローの状況（資金の流れ）を明らかにすることを目的として，営業活動，投資活動および財務活動のキャッシュ・フローを表示し，期中の現金および現金同等物の変動に関する情報を提供する計算書である。つまり，「キャッシュ・フロー計算書」は，企業の現金および現金同等物の創出能力，資金調達の必要性等を評価・分析するために，一定期間の資金の流入と流出を明らかにする計算書である。

　ここに資金とは，現金および現金同等物であり，「現金」には手許現金と要求払預金が含まれ，現金同等物は，容易に換金することができ，かつ，価値変動について僅少なリスクしか負わない短期投資で構成される。「現金同等物」には，たとえば，取得日から満期日または償還日までの期間が3カ月以内の短期投資である定期預金，譲渡性預金，コマーシャル・ペーパー，売戻し条件付現先，公社債投資信託が含まれる（キャッシュ基準第二・一，注解1～2）。

　キャッシュ・フロー計算書において「キャッシュ・フロー」は，「営業活動によるキャッシュ・フロー」，「投資活動によるキャッシュ・フロー」および「財務活動によるキャッシュ・フロー」に分類される（キャッシュ基準第二・二・1～2）。

　営業活動によるキャッシュ・フローとは，本業である売上・仕入，経費関係のキャッシュ・フローであり，営業損益計算に算入される取引からもたらされる項目（商品の販売・購入による収入・支出，役員報酬の支出等）が含まれる（キャッシュ基準注解3）。また，法人税等支払額などの投資活動と財務活動に

含まれない項目も，「営業活動によるキャッシュ・フロー」の区分に記載される（キャッシュ基準第二・二・2）。

　投資活動によるキャッシュ・フローの区分には，有形固定資産や有価証券等への投資が含まれる（キャッシュ基準注解4）。

　また，財務活動によるキャッシュ・フローの区分には，資金の調達と返済に関連する活動が含まれる（キャッシュ基準注解5）。

4　株主資本等変動計算書

　現行の企業会計では，「その他有価証券の評価差額金」や「為替換算調整勘定」等の「評価・換算差額等」が純資産の部に直接計上されたり，自己株式の取得や処分等により純資産の部の変動要因が増加している。このため，貸借対照表と損益計算書だけでは，資本金，準備金および剰余金の額の連続性を把握することが困難になっている。

　貸借対照表の「純資産の部」の一会計期間中の変動のうち，主として，株主資本の各項目の変動の事由を明らかにする計算書として**株主資本等変動計算書**が作成される（基準6号1項）。「株主資本等変動計算書」では，「株主資本」の各項目（資本金，資本準備金，その他資本剰余金，利益準備金，任意積立金，繰越利益剰余金，自己株式）について，当期首残高，当期変動額および当期期末残高に区分し，当期変動額は変動事由ごとにその金額（総額）を表示する（基準6号6項）。また，「評価・換算差額等」と「新株予約権」については，当期変動額は純額で表示する（基準6号8項）。

5　附属明細表

　附属明細表は，財務諸表本体に記載された重要な項目の詳細を示す財務諸表である。「財務諸表等規則」によれば，提出会社が個別財務諸表を作成する場合には，有価証券明細表，有形固定資産等明細表，社債明細表，借入金等明細表および引当金明細表を作成する必要がある。なお，提出会社が連結財務諸表を作成する場合には，社債明細表と借入金等明細表は作成する必要がない（財規121）。

6　注記事項

　注記とは，財務諸表の重要な項目を補足的に説明するための事項である。注記事項には，**重要な会計方針**（たとえば，有価証券・棚卸資産の評価基準と評価方法，固定資産の減価償却方法，繰延資産の処理方法等），**後発事象**（決算日後から財務諸表の作成日までに発生し，次期以降の経営成績や財政状態に影響を与える事象，たとえば，会社の合併，重要な営業の譲渡または譲受け，重要な係争事件の発生または解決，主要な取引先の倒産等），**偶発事象**（利益または損失の発生可能性の不確実な状況が貸借対照表日現在に存在し，その不確実な状況は将来において事象が発生または発生しないことにより解消される事象，たとえば，手形の割引・裏書，債務保証，係争事件の損害賠償義務），**時価情報**（たとえば，金融商品の時価情報等），**継続企業情報**（継続企業としての存続能力について重大な疑問を生じさせる事象や状況が存在する場合の内容），**1株当たり情報**（1株当たり純資産額，1株当たり当期純利益，潜在株式調整後1株当たり当期純利益）のような事項がある。

Ⅲ　財務諸表の分析

1　財務諸表分析の意義・種類

　有価証券報告書，決算短信，決算公告等の伝達メディアにより公表された会計情報（貸借対照表，損益計算書等）を利用して，企業の将来性・財務状況を予測・分析することを**財務諸表分析**という。「財務諸表分析」を行う財務諸表利用者としては，投資家・債権者のほかに，従業員，取引先，消費者団体，監督官庁等の多様な利害関係者が考えられる。利用者によって財務諸表分析の目的は異なるが，その企業の将来性を予測するためには企業の「安全性」，「収益性」，「効率性」を分析・確認することが重要である。

　安全性とは，貸借対照表で示される財政状態に関して，企業が健全であり，債務不履行等により将来的に倒産することがないことをいう。安全性を知るためには，企業の支払能力（債務返済能力）を分析しなければならない。安全性の分析として，流動比率，自己資本比率，固定比率等が利用されている。

　収益性とは，貸借対照表で示される資本（純資産）と損益計算書に計上された売上・利益に基づいて，どれだけの資本または売上でどれだけの利益を生み出したかを示す利益稼得能力をいう。資本が同じならば利益は大きい方が効率的であり，逆に，利益が同じならば資本は少ない方が効率的である。また，売上が同じならば利益は大きい方が効率的であり，逆に，利益が同じならば売上は少ない方が効率的である。収益性の分析には，自己資本利益率，総資本利益率，売上利益率等が用いられる。

　効率性とは，貸借対照表の資産または総資本と損益計算書の売上高に基づいて，どれだけの資産または総資本でどれだけの売上高を生み出したかを示す売上稼得能力をいう。つまり，より少ない資産または総資本でより多くの売上高を稼得すれば効率性は高いということになる。総資本回転率（総資産回転率），資産回転率等が効率性の分析として使用されている。

2　安全性の分析

(a)　流動比率

　流動比率は，おおよそ1年以内で現金化できる流動資産がおおよそ1年以内に返済期限の到来する流動負債の何倍であるかを示す比率であり，短期的な支払能力をみる比率である。

　　　流動比率＝流動資産÷流動負債

　流動比率は高いほど望ましいが，一般に流動負債の2倍の流動資産を保有している状態が理想的である。流動比率は「2対1の原則」とも言われ，流動負債をすべて返済したとしても，それと同額の流動資産が確保できるからである。

(b)　当座比率

　流動比率による支払能力判定にも，欠陥がある。たとえば，商品等の棚卸資産は，営業循環基準によって無条件で流動資産に分類されているが，すぐに販売できて換金できるとは限らない。棚卸資産までも流動負債の返済原資に含めることは，短期的な支払能力の判定基準として安心できない。

　そこで，流動資産のなかでも換金性の高い当座資産（たとえば，現金・預金，受取手形・売掛金，いつでも売却できる売買目的有価証券）を用いて，より厳しい

安全性・支払能力を確認する比率として「当座比率」が使われる。当座比率は,当座資産を流動負債で割った比率であり,「酸性試験比率」とも言われている。

　　当座比率＝当座資産÷流動負債

　当座比率は,通常,1倍以上であることが望ましいと言われている。

(c)　自己資本比率

　自己資本比率は,総資本（自己資本＋他人資本）のうちの自己資本（純資産）の割合を示す比率である。自己資本比率が高ければ,利子を支払う負債（他人資本）もそれだけ少なくなり,経営の安定性も高まる。

　　自己資本比率＝自己資本÷総資本

　自己資本比率の一般な目標値は40％以上であるが,業種によって異なる。多額の設備を必要とする建設業・造船業・製鉄業・鉄道業・化学業等の業界では低く,逆に,多額の設備を必要としないサービス業・情報処理業・消費者金融業等の業界では高くする必要がある。

(d)　固定比率

　固定比率は,固定資産の購入（調達）が返済義務のない自己資本の範囲内で行われているかをみる比率であり,企業の長期的安全性を判断する指標である。

　　固定比率＝固定資産÷自己資本

　設備投資のような固定資産の調達には,自己資本の範囲内であれば安全であるとされる。自己資本は返済する必要がないので,固定資産購入のための資金としては,返済義務のない自己資本で調達するのが無理のない設備投資ということになる。したがって,固定比率が低いほど長期的安全性は高く,100％以下の比率が理想的であると言われている。ただし,自己資本比率と同様に,業種によって異なる。

(e)　固定長期適合率

　固定長期適合率とは,固定資産に投資された資金が,返済義務のない自己資本と返済期限の長い固定負債の合計によってどれだけ調達されたかを示す指標である。

固定長期適合率＝固定資産÷（自己資本＋固定負債）

　自己資本には返済義務がなく，固定負債の返済期限は1年を超えるので，固定資産の資金調達が両者の合計額の範囲内であれば比較的安全であり，100%以下の比率が望ましいと言われている。もし100%を超えるならば，流動負債の一部が設備投資に流用されたことになるので，無謀な設備投資が確認される。

3　収益性の分析

(a)　自己資本利益率

　自己資本利益率（return on equity：ROE）とは，株主拠出の自己資本に対する株主帰属の当期純利益の比率であり，株主の立場から判断する利益率である。

自己資本利益率＝当期純利益÷自己資本

　自己資本については期首・期末の期中平均自己資本が利用されるが，簡便化のために期末自己資本を用いる場合もある。

(b)　総資本利益率

　総資本利益率（return on assets：ROA）とは，企業に提供された資金の合計（総資本）に対する事業利益（営業利益と受取利息・配当金の合計）の比率であり，本業・財務活動による利益を総資本の利用から判断する利益率である。

総資本利益率＝事業利益÷総資本

　自己資本利益率と同様に，総資本については期首・期末の期中平均総資本が用いられる。

(c)　売上利益率

(イ)　売上総利益率（粗利益率）

　売上総利益率（粗利益率ともいう）は，売上高に対する売上総利益の比率であり，販売能率の判定基準として役に立つ。

売上総利益率＝売上総利益÷売上高

　売上総利益は売上高から売上原価を差し引いて計算されるので，売上高を増

やすか売上原価を下げれば，売上総利益の金額は増加する。たとえば，現金一括購入によって仕入原価を低く抑え，利益幅の厚い商品・人気商品等を取り扱ったり，サービスを良くして顧客を確保できれば，同業他社よりも高い売上総利益率を維持できるはずである。「売上総利益率」は，このような経営努力などの総合的な競争力を示す指標である。ただし，業種の違いによって平均的な売上総利益率は異なる。製造業と流通業を比べると，売上原価に労務費・経費が算入されるので，製造業の売上総利益率は低くなる。

　　(ロ)　営業利益率

　営業利益率は，売上高に対する営業利益の比率であり，営業活動の成績（すなわち営業能率）の判定基準として役に立つ。

　　　営業利益率＝営業利益÷売上高

　売上総利益から「営業経費」（販売費・一般管理費）を差し引いて算定された営業利益は，本業から生じた利益を意味するが，売上高の促進と「営業費用」（売上原価と営業経費）の削減による成果である。売上高が伸びるほど，また売上原価と販売費・一般管理費が下がるほど，営業利益率は上昇する。営業利益率は，このような営業努力を示す指標である。ただし，営業利益率も業種の違いによって異なる。

　　(ハ)　経常利益率

　経常利益は，営業利益に営業外収益を加算し，営業外費用を差し引いた利益であり，本業の成果と財務活動の成果を合わせた収益力を表している。たとえ本業が不調であっても，財テクで儲けることもできる。経常利益率は，売上高に対する経常利益の比率であり，本業の実力・財テク力などの総合力を示す指標である。

　　　経常利益率＝経常利益÷売上高

　「経常利益率」は，本業と本業外活動（すなわち営業活動と営業外活動）の結果として生じた利益率であり，主として財務活動が当期の収益力にいかなる影響を及ぼしたかを示す比率である。

　　(ニ)　当期純利益率

　経常利益に特別利益を加算し，特別損失を差し引けば税引前当期純利益が算定され，税引前当期純利益から法人税等と法人税等調整額を加減して「当期純利益」が計算される。法人税等を支払って残る当期純利益は，企業が自由にできる最終的な利益であり，株主配当金などの原資に一部となる。当期純利益率は，売上高に対する当期純利益の比率であり，株主に帰属する当期純利益の売上高に対する割合を示している。

　　当期純利益率＝当期純利益÷売上高

　なお，当期純利益を発行済株式総数で除した1株当たり当期純利益（earnings per share：EPS）は，株式価値を測るバロメーターであり，当期純利益の増減を見るのに参考となる。株価をEPSで除した株価収益率（price earnings ratio：PER）は，現在の株価が割安か割高であるかを見る判断指標として使われている。

4　効率性の分析

(a)　売上債権回転率

　「売上債権」は，得意先との信用取引によって生じた売掛金と受取手形であるが，売上代金の未回収分である。売上債権が多すぎれば，それだけ不渡り・支払延期等のリスクが大きくなる可能性も高い。商品を販売しても代金を回収できなければ，本当に儲けたとは言えない。売上債権の比率が適正であるか（つまり，売上債権が多すぎないか）を見極めるには，1年の売上高が売上債権の何倍になっているかを示す売上債権回転率でチェックする必要がある。

　　売上債権回転率＝売上高÷売上債権（回）

　売上債権回転率が高ければ高いほど，売上債権の回収効率が良いことになる。業種によって異なるが，年6回転以上が理想的であり，年3回転以下になると危険であるとみなされる。

　なお，回収した現金も多ければ良いというものではない。活用されずに現金・預金として残すのは，資金を寝かせていることになる。現金・預金の運用効率をチェックする指標として現金・預金回転率が利用されている。

現金・預金回転率＝売上高÷現金・預金（倍）

現金・預金の理想的保有高としては，月商の1.5倍が目安となっている。

(b)　在庫回転率

商品・製品等の棚卸資産は，最終的に販売されて現金を回収するために所有されているが，在庫品には現金が滞留するばかりではなく，在庫のための倉庫料・保険料（在庫維持コスト）もかかる。そこで適正在庫を把握する指標として，売上高を在庫額で割った在庫回転率が用いられている。

在庫回転率＝売上高÷在庫額（倍）

在庫回転率は，１年の売上高が在庫額の何倍に相当するかを示す比率であり，売上高が在庫の何回転分であったかを見る指標である。商品在庫の回転を見る比率が商品回転率であり，棚卸資産全体であれば棚卸資産回転率と呼ばれている。商品回転率の回転数が多いほど，商品の売行きがよく，利益をあげていると推定されるが，業種によって商品回転率の標準は異なる。製造業では12回転以上，流通業では20回転以上が理想的であると言われている。

(c)　固定資産回転率

過剰な設備投資による未稼働機械・遊休土地等は，売上に貢献できず，資産リストラ・売却処分の対象となる。過剰・無駄な設備投資をチェックする指標として，固定資産回転率（有形固定資産回転率，無形固定資産回転率等）が利用されている。

固定資産回転率＝売上高÷固定資産（回）

固定資産回転率が大きければ大きいほど，固定資産の利用効率が良く，少ない固定資産で売上（したがって利益）を多く稼いでいることになる。固定資産回転率の標準値としては，製造業では2.5回転以上，流通業では５回転以上が望ましいと言われている。

第2部

財務会計論
の応用

第11章

現代会計の特徴

Ⅰ　概念フレームワークによる体系

1　経済の発展と会計の機能の変容

　会計とは，経済主体の経済活動とそれに関連する経済事象を貨幣金額で測定し，それを利害関係者に伝達する一連の手続である。

　従来，会社の株主の利害と債権者の利害が対立する状況の下で，債権者の経済的利益の保護（債権者保護）を図りながら，配当として株主に分配することのできる利益（分配可能利益）の金額を決定することが会計の基本目的とされていた。その基本目的を達成するために会計のメカニズムが利用され，それにより会社をめぐる関係経済主体間の利害を調整しようとすることが会計の利害調整機能として重視されていた。

　「利害調整機能」を通じて決定される利益は配当の原資となるので，資金の裏付けを伴った利益（実現利益）でなければならない。したがって，会計の利害調整機能において利用される会計情報は，誰もが安心して依拠できる「信頼性」の高いものであることが必要である。特に，「検証可能性」が会計情報の重要な特性となる。

　そこから，利益の算定プロセスについてのルールの必要性が意識され，ある企業から自然発生的に行われるようになったある会計実務が，次第に他の企業にも広がり，社会的ルールとして受容されるようになり，それが「一般に認められた会計原則」として認められるようになった。

　過去の慣習から会計ルールが抽出されて「一般に認められた会計原則」とし

て定着したルールは，経済の発展が漸進的な社会であれば，社会・経済の変化に対応して，経済実態に即応しながら変化を続けていき，会計原則としての合理性を維持し続けることができるかもしれない。

　しかし，第二次大戦後の世界的な経済の発展の速度は目まぐるしく，経済社会に急激な変化が生じた。このような状況の下で，企業を巡る状況はそれ以前と比較して大きく変貌を遂げ，企業を取り巻く利害関係者の中で投資者の存在が極めて大きいものとなった。

　そのため，会計の機能が利害調整機能もさることながら，それよりも外部の利害関係者に有用な情報を提供することに主眼が置かれることになった。そこで，会計のルールを考えるにも，企業の利害関係者とりわけ投資者に対していかに有用な情報を提供するかという観点から，より有用なルールを立てるという考え方に変化していった。これが意思決定有用性アプローチである。

2　帰納的アプローチから演繹的アプローチへ

　「意思決定有用性アプローチ」の下では，投資者にいかに有用な情報を提供するかが最も重要であるが，経済が急速に発展し，新しい経済取引や経済事象が次々と現れてくる社会では，従来のような慣習から「帰納的アプローチ」により抽出されたルールでは，新しい経済現象に対して対応ができない。

　たしかに，帰納的アプローチであれば，会計的実務として受け入れやすい。したがって，既存の支配的な会計実務を枠組みとして微調整的な会計規制を行うのには適していると言える。

　しかし，帰納的アプローチでは，現状肯定的にならざるを得ず，また先例となる会計実務が十分に普及していない場合，取り扱うべき会計問題に的確に対応することができない。また，自然発生的な会計実務をベースにしてできあがってきたルールであるので，全体として首尾一貫性を欠く点もあるといった問題点がある。

　特に，現代のような経済の変化が早い時代においては，新しい経済事象に対して迅速に適切な会計ルールが設定されていく必要性が極めて大きい。

　そこで，今までの帰納的アプローチから「演繹的アプローチ」が採用されるようになってきた。演繹的アプローチとは，先験的な規範概念を基礎に置き，

そこから会計規制の指針となるようなルールを導き出すという方法である。

　このような観点から，各国会計基準や国際会計基準において，会計基準の基礎をなす理論的な枠組みである**概念フレームワーク**が設定され，それを踏まえて首尾一貫した内容で会計基準が設定される傾向が強くなっている。

　このような概念フレームワークの下で，新しい経済事象に適切に対応できる会計基準が各国や国際基準において設定されている。

　このような会計基準の設定主体は，何と言っても，本来は，会計情報を開示する側の企業，それを利用する投資者，その中間に立つ公認会計士（会計監査人）という市場を形成する主要三者である。ただ，これら三者は民間団体であり，それらにより設定されたルール自体には，法的強制力がない。そこで，そのルールの実効性を担保するために，実質的な権威ある指示すなわち公権力による正統性の保証が必要になる。

　公権力による保証が得られると，当該会計ルールに一般的な承認が得られたものとみなされる。

Ⅱ　収益費用アプローチから資産負債アプローチへ

　前述した会計ルールの設定の仕方についての「帰納的アプローチ」から「演繹的アプローチ」への変化に歩調を合わせるように，会計をどのように考えるか，とりわけ利益の内容をどのように考えるかについての考え方として従来は「収益費用アプローチ」という会計観が主流だったものが，次第に「資産負債アプローチ」という会計観に変化している。

1　収益費用アプローチ

　収益費用アプローチとは，収益と費用を財務諸表要素の鍵概念とする会計観をいう。

　収益とは，企業の経営活動の成果を表す。費用とは，収益を得るために費やされた努力を表す。

　「収益費用アプローチ」においては，収益・費用を測定したうえで，両者の適正な対応を通じて「収益・費用の期間帰属」を決定することが，会計におけ

る基本的な測定プロセスとされる。したがって，「収益費用アプローチ」においては，収益と費用の適正な対応をどのように識別するかが，一会計期間の収益・費用の認識にとって重要な手続となる。ゆえに，収益費用アプローチにおける利益は，収益と費用の期間差額として定義される。

収益費用アプローチにおける財務諸表要素の概念的な関係性は，利益（収益・費用）→資産・負債となる。

収益費用アプローチとは，伝統的な「かくある会計観」をモデル化したものということができる。

2　資産負債アプローチ

資産負債アプローチとは，資産と負債を財務諸表要素の鍵概念とする会計観をいう。

資産とは，企業によって取得または支配されている経済的資源を表す。**負債**とは，経済的資源を将来，他の企業等に引き渡す義務を表す。

「資産負債アプローチ」においては，資産・負債の属性とその変動を測定することが会計における基本的な測定プロセスとされる。したがって，資産負債アプローチにおいては，ある項目が経済的資源またはその引渡義務を表しているかどうかを識別することが，基本概念である資産・負債の認識にとって重要な手続となる。

「資産負債アプローチ」における利益は，資産と負債の差額である純資産の一期間における増加の測定値として定義される。よって，財務諸表要素の概念的な規定関係は，資産・負債→利益（収益・費用）となる。

3　概念フレームワークの体系

概念フレームワークとして最も著名な米国のSFAC（財務会計概念書）第6号における「資産負債アプローチ」に依拠した定義の特徴を概観する。

資産とは，①過去の取引または事象の結果として，②特定の実体によって取得または支配され，③発生の可能性の高い将来の経済的便益とされる。

上記①は，将来の資産が有する将来の経済的便益を現在の資産から排除する意味を持ち，②は，特定の企業の支配が及ばない将来の経済的資源を当該企業

の資産から排除するという意味を持つ。そして，③は，資産の本質が「将来の経済的便益」であることを明確化する意味を持つ。

　要するに，この資産の定義は，③によって資産の本質を将来の経済的便益と規定し，①・②によって将来の経済的便益を特定の企業の現在の資産として限定するための要件を明らかにしたものといえる。

　負債とは，(a)過去の取引または事象の結果として，(b)特定の実体が将来他の実体に資産を引き渡し，あるいは用役を提供する現在の義務から生じ，(c)発生の可能性の高い経済的便益の犠牲とされる。

　この定義において，上記(c)は負債の本質が将来の経済的便益の犠牲であることを明らかにしたものであり，(a)・(b)は将来の経済的便益の犠牲を特定の企業の現在の負債として限定するための要件を明らかにしたものということができる。

　「資産負債アプローチ」のもとでは，資産→負債（マイナスの資産）→純資産（資産と負債の差額）→包括利益（純資産の期間変動）→収益・費用（包括利益の内訳要素）という財務諸表要素の定義の連鎖的体系が，将来の経済的便益を概念的基礎として演繹的に導き出される。

　「収益費用アプローチ」においては，どの要素にも概念的基礎を認めることができない。したがって，資産負債アプローチにあるような定義の連鎖的体系を導くことができない。なぜなら，収益費用アプローチによる場合，利益測定において計算擬制的項目の発生を防御できないからである。

　わが国の会計制度でいう**繰延資産**は，「すでに対価の支払いが完了し又は支払義務が確定し，これに対応する役務の提供を受けたにもかかわらず，その効果が将来にわたって発現するものと期待される費用」であり，その効果が及ぶ将来期間に合理的に配分するために，「経過的に貸借対照表の資産の部に記載することができる」とされた項目である。

　これらの項目は換金能力を持たず，会計学上の費用収益対応の原則の適用によって初めてその資産計上が正当化されるという観点に立てば，「繰延資産」は会計的資産，擬制資産とみなされている。

4　新しい概念フレームワークの体系

その後，改訂された概念フレームワークでは，**資産負債アプローチ**は，経済的実質の忠実な表現を得るために，公正価値を原則的測定として要請する会計観となっている。

「資産負債アプローチ」と「収益費用アプローチ」の相違は，計算擬制的項目の貸借対照表計上を認めるか否かの相違にとどまらず，測定において歴史的原価と公正価値のいずれを優先するべきかの相違にも及ぶことになる。

新しい「資産負債アプローチ」の公正価値測定への指向性は，「資産負債アプローチ」それ自体の変質をもたらす要因として作用している。

新資産負債アプローチのもとでは，基準設定に当たって公正価値測定の導入が原則的に志向され，そこで，情報の有用性の観点が優先されると，純資産の当期変動額と当期の収益費用差額の間に不一致が生じる。たとえば，「その他有価証券評価差額金」等がその典型例である。

情報の有用性から開示される公正価値情報であり，純資産の当期変動額を構成するが，リスクから解放された投資の成果とはみなされないために，当期の収益・費用には算入されない。

「資産負債アプローチ」と「収益費用アプローチ」に基づく利益概念の相違は，金額の相違に及び，利益概念が二元化する。「資産負債アプローチ」における利益は，貸借対照表において純資産の当期変動額である包括利益を表し，「収益費用アプローチ」における利益は，損益計算書において収益費用の当期差額である純利益を表す。

第12章

資産に関する個別会計基準

I　金融資産に関する会計処理

1　金融資産の種類と貸借対照表価額

　金融資産とは，現金，預金・受取手形・売掛金・貸付金などの「金銭債権」，株式その他の出資証券・公社債等の「有価証券」および先物取引，先渡取引，オプション取引，スワップ取引およびこれらに類似する取引（デリバティブ取引という）により生じる「正味の債権」等をいう（基準10号4項）。

　有価証券の範囲には，金融商品取引法（2条）に規定される有価証券（出資証券と公社債）のほかに，それに類似する企業会計上の有価証券として取り扱うことが適当であるものも含まれる（基準10号注解1－2）。

　「デリバティブ取引」は，その契約を構成する権利と義務の双方を有しているが，その決済の純額（差金）で決済されることから，そのネット（差金決済額）がプラス（借方残）の場合には「正味の債権」となる（基準10号52項）。したがって，そのようなデリバティブ取引により生じる債権は，その性格上，金融資産として計上される。

　金銭債権（受取手形，売掛金，貸付金，その他の債権）の貸借対照表価額は，取得価額から貸倒見積高に基づいて算定された貸倒引当金を控除した金額とする。

　ただし，金銭債権の取得には債権金額と取得価額とが異なる場合がある。この差額の性格が金利の調整と認められるときは，「償却原価法」に基づいて算定された価額から貸倒見積高に基づいて算定された貸倒引当金を控除した金額

としなければならない（基準10号14項）。

　償却原価法とは，取得価額と債権金額との差額に相当する金利調整額を弁済期までに毎期一定の方法で取得価額に加減し，当該加減額を受取利息に含める方法である（基準10号注解 5 ）。なお，加減した額を償却額，加減した結果の債権の金額を償却原価という。

　「償却原価法」における償却額の計算方法には，原則的な計算方法である「利息法」と簡便法として容認される「定額法」がある。

　利息法とは，債権の契約利息（＝額面金額×名目利子率）と金利調整差額の合計額（実効利子額）を債権の帳簿価額に対し一定率（実効利子率）となるように，複利をもって各期の損益に配分する方法である。つまり，帳簿価額に実効利子率を乗じた実効利子額（名目利子率による契約利息額と金利調整差額の利息総額）から契約利息額を差し引いた金額を，その期の「償却額」として帳簿価額に加減する方法である。

　　償却額＝期首簿価×実効利子率－額面金額×名目利子率

　定額法とは，金利調整差額を取得日から償還日までの期間で除して各期の損益に配分し，当該償却額を帳簿価額に加減する方法をいう。

　　償却額＝（額面価額－取得価額）÷償還期間

設例12- 1

　×1年4月1日（期首）に貸付金（額面金額：150,000千円，利払日：期末，決済日：×4年3月31日，名目利子率： 6 ％，実効利子率：8.3％）を14,100千円で行った。この場合における償却額を利息法により求め，仕訳しなさい（単位：千円）。

　×1年4月1日（貸付日）：

　　（借）貸　　付　　金　14,100　　（貸）現　金　預　金　14,100

　×2年3月31日（第1回利払日・決算日）：

　　（借）現　金　預　金　9,000　　（貸）受　取　利　息　9,000
　　　　　貸　　付　　金　2,703　　　　受　取　利　息　2,703[※1]

※1　14,100×8.3％－9,000＝2,703

×3年3月31日（第2回利払日・決算日）：

（借）現 金 預 金　　9,000　　（貸）受 取 利 息　　9,000
　　　貸 付 金　　2,923　　　　　受 取 利 息　　2,923※2

※2　(14,100＋2,703)×8.3％－9,000＝2,923

×4年3月31日（第3回利払日・決算日・満期日）：

（借）現 金 預 金　　9,000　　（貸）受 取 利 息　　9,000
　　　貸 付 金　　3,370　　　　　受 取 利 息　　3,370※3
　　　現 金 預 金　　150,000　　貸 付 金　　150,000

※3　150,000－(14,100＋2,703＋2,923)＝3,370

2　金銭債権の区分と貸倒引当金の設定方法

　貸倒引当金は，金銭債権の期末残高に対して次期以降の貸倒れを予測し，その回収可能額を明示するために計上される評価性引当金である。当該貸倒見積高の算定にあたっては，金銭債権を「一般債権」，「貸倒懸念債権」，「破産更生債権等」の3つに分類し，その分類ごとに下記の方法をもって計算する（基準10号27〜28項）。

（1）　一般債権（経営状態に重大な問題が生じていない債務者に対する債権）

　一般債権については，債権全体または同種・同類の債権ごとに，債権の状況に応じて求めた過去の貸倒実績率等，合理的な基準により貸倒見積高を算定する。

　貸倒実績率は，分母に期末債権金額，分子に翌期以降の貸倒損失額を用いて計算される。実務上（法人税法上），過去3年間の貸倒れの実績額に基づいて計算した平均値（貸倒実績率）により，貸倒引当金は設定される。

設例12-2

　下記資料により，一般債権における当期の貸倒引当金繰入額を求めなさい（単位：千円）。計算上の小数点4位未満の端数は切り上げる。

年度 金　　額	×1年度	×2年度	×3年度	当期
期末債権額	22,000千円	18,000千円	24,000千円	30,000千円
貸倒実績額	—	120千円	140千円	100千円

　（借）　貸倒引当金繰入　　　87　　　（貸）　貸 倒 引 当 金　　　87[※1]

　　　※1　$30,000 \times 0.0058^{*a} = 87$

　　　＊a　$(120 \div 22,000 + 140 \div 18,000 + 100 \div 24,000) \div 3 年 ≒ 0.0058$

（2）　**貸倒懸念債権**（経営破綻の状態には至っていないが，債務の弁済に重大な問題が生じているか，または生じる可能性の高い債務者に対する債権）

　貸倒懸念債権については，債権の状況に応じて，「キャッシュ・フロー見積法」または「財務内容評価法」のいずれかの方法によって貸倒見積高が算定される。債権の元本の回収・利息の受取りが合理的に見込まれる債権については，当該見込時から当期末までの期間にわたり「当初の約定利子率」で割り引いた金額の総額と債権の帳簿価額との差額を貸倒見積高とするキャッシュ・フロー見積法が適用される。

$$貸倒見積高＝債権金額 － \frac{条件緩和後の将来キャッシュ・フロー}{の割引現在価値}$$

設例12-3

　期末（×1年3月31日）において，A社に対する貸付金2,000,000円（年利率：10％，利払日：3月31日，返済日：×3年3月31日）を有しているが，A社の経営状態が悪化したので，次期以降の利息を半額免除することにした。キャッシュ・フロー見積法により貸倒引当金繰入額を求めた場合の仕訳を示しなさい。

　（借）　貸倒引当金繰入　173,554　　　（貸）　貸 倒 引 当 金　173,554[※]

　　　※　$2,000,000 - (100,000 \div 1.1 + 2,100,000 \div 1.1^2) = 173,554$

　他方，財務内容評価法とは，債権額から担保の処分見込額および保証による回収見込額を減額し，その残額について債務者の財政状態および経営成績を考慮して一定額を貸倒見積高として算定する方法である。

　　貸倒見積高＝（債権金額－担保・保証回収見込額）×貸倒設定率

設例12-4

　設例12-3の貸付金に対して，担保の処分見込額を1,000,000円，債務保証見込額を500,000円と見込み，残額に対して50%の貸倒設定率で引き当てることにした場合，貸倒引当金繰入額を求めて仕訳しなさい。

　　（借）　貸倒引当金繰入　250,000　　　（貸）　貸 倒 引 当 金　250,000※
　　　　※　（2,000,000－1,000,000－500,000）×50%＝250,000

（3）　**破産更生債権等**（経営破綻または実質的に経営破綻に陥っている債務者に
　　　　　対する金銭債権）

　破産更生債権等の貸倒見積高の算定に対しては，「財務内容評価法」が適用されるが，貸倒懸念債権の場合と異なり，貸倒見積高として全額を計上する（基準10号注解10）。

設例12-5

　設例12-4において，貸付金が破産更生債権等に分類された場合，当期の貸倒引当金繰入額を求めて，仕訳を示しなさい。

　　（借）　破産更生債権等　2,000,000　　　（貸）　貸　付　　金　2,000,000
　　　　　　貸倒引当金繰入　　500,000　　　　　　　貸 倒 引 当 金　　500,000

　なお，破産更生債権等の貸倒見積高は，原則として，貸倒引当金で処理するが，債権金額または取得価額から直接減額することもできる（基準10号注解10）。

3　有価証券の期末評価（再測定）

　有価証券は，「所有目的基準」に従って「売買目的有価証券」，「満期保有目

的の債券」，「子会社株式および関連会社株式」および「その他有価証券」に分類され，それぞれの有価証券の評価方法が異なる。

（1）　売買目的有価証券

　売買目的有価証券とは，時価の変動により利益を得ることを目的として保有する有価証券をいう。通常，トレーディング目的で保有し，売却することについて事業上の制約がない「売買目的有価証券」については，時価変動に伴って発生する評価損益を損益計算書上に認識・計上することが企業の期末時点での財務活動の成果を示し，投資者にとって有用な情報となるとの判断から時価法が適用される。評価差額は当期の損益として処理する（基準10号15項）。

　ちなみに，金融商品に係る時価とは，算定日において市場参加者間で秩序ある取引が行われると想定した場合，当該取引における資産の売却によって受け取る価格または負債の移転のために支払う価格である（基準30号5項）。

設例12-6

　500,000円で購入していた売買目的有価証券の時価が，決算日に650,000円に上昇した。

　　（借）　売買目的有価証券　150,000　　　　（貸）　有価証券運用損益　150,000

（2）　満期保有目的の債券

　満期保有目的の債券とは，売買を目的とせず，満期まで保有する意図で取得した社債等の債券をいう。時価が算定できるものであっても，満期まで保有し，満期までの約定利息の受取りと元本の回収を目的としている債券であるので，その間の価格変動リスクがないという理由から，「満期保有目的の債券」は取得原価をもって貸借対照表価額とされる。

　ただし，取得価額と債券金額との差額の性格が金利の調整と認められるときは，償却原価法に基づいて算定された価額をもって貸借対照表価額としなければならない（基準10号16項）。

設例12 - 7

　×1年4月1日（期首）にB社社債（額面金額：100,000千円，期間：5年，利払日：期末，券面利子率：5％，実効利子率：7.3％）を94,000千円で取得した。この場合における償却額を利息法により求め，仕訳しなさい（単位：千円）。

　　×1年4月1日（取得日）：

　　（借）満期保有目的の債券　94,000　　　（貸）現　金　預　金　94,000

　　×2年3月31日（第1回利払日・決算日）：

　　（借）現　金　預　金　5,000　　　（貸）有 価 証 券 利 息　5,000
　　　　　満期保有目的の債券　1,862　　　　　有 価 証 券 利 息　1,862[※1]

　　　　※1　94,000×7.3％−5,000＝1,862

　　×3年3月31日（第2回利払日・決算日）：

　　（借）現　金　預　金　5,000　　　（貸）有 価 証 券 利 息　5,000
　　　　　満期保有目的の債券　1,998　　　　　有 価 証 券 利 息　1,998[※2]

　　　　※2　（94,000＋1,862）×7.3％−5,000＝1,998

（以下，省略）

（3）　子会社株式および関連会社株式

　子会社株式とは，財務および営業または事業の方針を決定する意思決定機関（株主総会その他これに準ずる機関）を支配するために他の会社の株式を保有する場合の当該株式をいう。関連会社株式とは，出資，人事，資金，技術，取引等の関係を通じて，子会社以外の他の会社の財務および営業または事業の方針の決定に対して「重要な影響」を与えることができるようにするために他の会社の株式を保有する場合の当該株式をいう。

　「子会社株式」および「関連会社株式」は，取得原価をもって貸借対照表価額とされる（基準10号17項）。取得原価で評価する理由は，その保有意図が時価の上昇を期待し，売却することによって利益を得ようとするものではなく，事業の遂行上不可欠な関係を維持するために保有するものであり，有形固定資産等と同じ「事業投資」と考えられるからである（基準10号73〜74項）。

（4）　その他有価証券

　その他有価証券とは，上記(1)〜(3)のいずれにも分類できない有価証券をいう。「その他有価証券」には，事業上の関係を有する会社の株式，いわゆる「持合株式」から，市場の動向によっては売却を想定している有価証券まで，多様な有価証券が含まれる。

　「その他有価証券」は，「売買目的有価証券」と同様に，時価をもって貸借対照表価額とし，評価差額は「洗替え方式」に基づき，次のいずれかの方法により処理する（基準10号18項）。

　①　評価差額の合計額を純資産の部に計上する全部純資産直入法

　②　時価が取得原価を上回る銘柄に係る評価差額は純資産の部に計上し，時価が取得原価を下回る銘柄に係る評価差額は当期の損失として処理する部分純資産直入法

　「その他有価証券」は，事業遂行上の必要性からただちに売買を行うことには制約を伴うので，評価差額を当期の損益に算入することは適切でない。上記①全部純資産直入法では，評価差額は，原則として，損益計算書に計上せずに，貸借の純額で貸借対照表の純資産の部の「評価・換算差額等」にその他有価証券評価差額金として計上される。

　評価差額の取扱いについては，原則として「全部純資産直入法」が適用されるが，継続適用を条件として②部分純資産直入法」によることもでき，「保守主義の原則」の観点から，評価差額が損益計算書に当期の損失として計上されている。

設例12-8

　その他有価証券に関する下記資料に基づいて，期末評価に基づく株式等評価差額金を，①全部純資産直入法と②部分純資産直入法により仕訳処理をしなさい。

銘　柄	簿　価	時　価
C社株式	390,000円	410,000円
D社株式	800,000円	780,000円

　①　全部純資産直入法

　　Ｃ社株式：

　　（借）投資有価証券　　20,000　　（貸）その他有価証券　　20,000
　　　　　　　　　　　　　　　　　　　　　評 価 差 額 金

　　Ｄ社株式：

　　（借）その他有価証券　　20,000　　（貸）投 資 有 価 証 券　　20,000
　　　　　評 価 差 額 金

　②　部分純資産直入法

　　Ｃ社株式：全部純資産直入法と同じ。

　　Ｄ社株式：

　　（借）投資有価証券評価損　20,000　　（貸）投 資 有 価 証 券　　20,000

　　翌期首の会計処理として，前期末の仕訳処理を元に戻す洗替え方式を適用
する必要がある。たとえば，上記設例におけるＣ社株式を「洗替え方式」で
処理すれば，以下のようになる。

　　（借）その他有価証券　　20,000　　（貸）投 資 有 価 証 券　　20,000
　　　　　評 価 差 額 金

（5）　時価を把握することが極めて困難と認められる有価証券

　　時価を把握することが極めて困難と認められる有価証券の貸借対照表価額に
ついては，社債その他の債券は債権の貸借対照表価額に準じて評価し，社債そ
の他の債券以外の有価証券は取得原価をもって貸借対照表価額とする（基準10
号19項）。

　　なお，「満期保有目的の債券」，「子会社株式および関連会社株式」および
「その他有価証券」のうち，時価を把握することが極めて困難と認められる金
融商品以外について，時価が著しく（取得原価の50％以下に）下落したときは，
回復する見込があると認められる場合を除き，時価をもって貸借対照表価額と
し，評価差額は当期の損失として処理しなければならない（基準10号20項）。い
わゆる「強制評価減」の適用が要求されている。

　　発行会社の財政状態の悪化により「実質価額」が著しく低下したときは，相
当の減額をなし，評価差額は当期の損失として処理しなければならない（基準
10号21項）。いわゆる「相当の減額」（実価法ともいう）が採用されている。

Ⅱ　賃貸等不動産の時価評価に関する開示

1　賃貸等不動産の意義と範囲

　賃貸等不動産とは，棚卸資産に分類されている不動産以外のもので，賃貸収益またはキャピタル・ゲインの獲得を目的として保有されている不動産をいう（基準20号4項(2)）。

　「賃貸等不動産」には，次の不動産が含まれる（基準20号5～7項）。

①　貸借対照表に投資不動産として区分されている不動産

②　将来の使用が見込まれていない遊休不動産

③　上記①，②以外で賃貸されている不動産

④　賃貸等不動産として使用される予定で開発中の不動産

⑤　一時的に借り手が存在していない賃貸目的の不動産

　なお，下記不動産は賃貸等不動産に含まれない。

①　ファイナンス・リース取引の貸手における不動産

②　物品の製造や販売，サービスの提供，経営管理に使用されている不動産

2　賃貸等不動産に関する開示内容

　賃貸等不動産を保有している場合は，次の事項を注記する。ただし，賃貸等不動産の総額に重要性が乏しい場合には，注記を省略することができる。また，管理状況等に応じて，注記事項を用途別，地域別等に区分して開示することができる。

①　賃貸等不動産の概要

②　賃貸等不動産の貸借対照表計上額および期中における主な変動

③　賃貸等不動産の当期末における時価およびその算定方法

④　賃貸等不動産に関する損益

　上記①「賃貸等不動産の概要」として，賃貸等不動産の内容，種類，場所を

記載する。管理状況等に応じて開示する場合には，その区分に関連付けて記載
する。

　「賃貸等不動産の貸借対照表計上額および期中における主な変動」として，
貸借対照表には，賃貸等不動産について，原則として取得原価から減価償却累
計額および減損損失累計額を計上するが，当期末の減価償却累計額および減損
損失累計額を別途記載する場合には，取得原価を計上する。貸借対照表計上額
の変動額に重要性がある場合に，その内容および金額を記載する。期中におけ
る変動には，取得，処分，償却，減損損失による変動のほかに，販売不動産と
の間の振替による変動も含まれる。

　「賃貸等不動産の当期末における時価およびその算定方法」における時価と
は，公正な評価額をいう。通常，それは観察可能な市場価格に基づく価額をい
い，市場価格が観察できない場合には合理的に算定された価額をいう（基準20
号4項(1)）。賃貸等不動産に関する合理的に算定された価額は，「不動産鑑定評
価基準」（国土交通省）による方法または類似の方法に基づいて算定する。

　「賃貸等不動産に関する損益」とは，賃貸に関する損益，売却損益，減損損
失およびその他の損益等をいい，これらを適切に区分して記載する。賃貸等不
動産に関する損益については，収益と費用を総額で記載することができる。ま
た，賃貸費用は，主な費目に区分して記載することができる。

　賃貸等不動産に関する情報の注記が要求される理由は，賃貸等不動産の貸借
対照表計上額と当期末における時価のみならず，当該賃貸等不動産の期中にお
ける主な変動や損益も併せて注記することによって，財務諸表利用者が賃貸等
不動産の収益性や投資効率などを総合的に把握することに役立つ情報を提供で
きるからである。

Ⅲ　リース資産に関する会計処理

1　リース取引の意義・種類

　リース取引とは，特定の物件（以下，リース物件という）の所有者である貸手
が，リース物件の借手に対し合意したリース期間にわたり，リース物件を使用

収益する権利を与え，借手は，合意した使用料であるリース料を貸手に支払う取引をいう（基準13号4項）。リース取引は，借手がリース料を支払うことにより，リース期間中にリース物件を独占的に使用できる取引である。

　リース取引は，売買取引とみなされる（すなわち，リース資産を計上できる）「ファイナンス・リース取引」と賃貸借取引として処理される（すなわち，損益処理される）「オペレーティング・リース取引」に分類される。

　ファイナンス・リース取引とは，①リース契約に基づくリース期間の中途に当該契約を解除できないリース取引またはこれに準ずるリース取引（解約不能（ノンキャンセラブル）のリース）であり，②借手がリース物件からもたらされる経済的利益を実質的に享受でき，かつ，リース物件の使用に伴って生じるコストを実質的に負担するリース取引（フルペイアウトのリース）をいう（基準13号5項）。

　「ノンキャンセラブル」とは，リース期間の中途に契約を解約できないこと，または法的形式上は解約可能であるとしても，解約に際し相当の違約金を支払わなければならない等の理由から事実上解約不能と認められることをいう（基準13号36項）。

　フルペイアウトの要件である「リース物件からもたらされる経済的利益を実質的に享受できる」とは，当該リース物件を自己所有するとするならば得られると期待されるほとんどすべての経済的利益を享受することをいう。また，「当該リース物件の使用に伴って生じるコストを実質的に負担する」とは，当該リース物件の取得価額相当額，維持管理等の費用，陳腐化によるリスク等のほとんどすべてのコストを負担することをいう（基準13号36項）。

　これらの2つの要件は，ファイナンス・リース取引を決定する必要要件であり，ファイナンス・リース取引における経済的実質に基づく判定要件である。

　さらに，ファイナンス・リース取引に該当するか否かの具体的な計数的判定基準として「現在価値基準」と「経済的耐用年数基準」があり，いずれかに該当する場合には「ファイナンス・リース取引」と判定される（適用指針16号9項）。

① 現在価値基準

　解約不能なリース期間中のリース料総額の現在価値が，当該リース物件を

借手が現金で購入するものと仮定した場合の合理的見積金額（以下，見積現金購入価額という）の概ね90％以上であること

② 経済的耐用年数基準

　解約不能のリース期間が，当該リース物件の経済的耐用年数の概ね75％以上であること

　さらに，ファイナンス・リース取引は，「所有権移転ファイナンス・リース取引」および「所有権移転外ファイナンス・リース取引」に区分される（基準13号８項）。

　所有権移転ファイナンス・リース取引は，下記の㈎所有権移転条項付リース，㈏割安購入選択権付リースおよび㈐特別仕様のリース物件を対象とするリースのように，リース物件に伴う利益と危険が貸手から借手に移転され，実質的には当該物件の売買取引とみなされる。

　㈎　所有権移転条項付ファイナンス・リースとは，リース契約上リース期間終了後またはリース期間の中途でリース物件の所有権が借手に移転するリース取引をいう。

　㈏　割安購入選択権付リースとは，リース契約上，リース期間終了後またはリース期間の中途で名目的価額またはその行使時点のリース物件の価額に比して著しく有利な価額で買い取る「割安購入選択権」が借手に与えられ，その行使が確実に予想されるリース取引をいう。

　㈐　特別仕様のリース物件を対象とするリースとは，リース物件が，借手の用途等に合わせて特別の仕様により製作または建設されたものであり，当該リース物件の返還後，貸手が第三者に再びリースまたは売却することが困難であるため，その使用可能期間を通じて借手によってのみ使用されることが明らかなリース取引をいう。

　これに対して，ファイナンス・リース取引の中には，リース物件の実質的所有権が借手に移転するとはいえないものがある。これを所有権移転外ファイナンス・リース取引という。この場合には，当該リース取引は，法的には賃貸借の性格を有しているが，経済的にはリース物件を使用する権利の売買および融

資と類似の性格を有していることから，経済的実態を優先して「売買取引」として取り扱われる。「所有権移転外ファイナンス・リース取引」の具体例として，「賃貸借契約付売却（セール・アンド・リースバック取引）」がある。賃貸借契約付売却とは，借手が所有している資産をいったん貸手に売却した後，借手が貸手から当該資産をリース物件としてリースを受ける取引をいう。

　「所有権移転ファイナンス・リース取引」と「所有権移転外ファイナンス・リース取引」では，売買処理を具体的に適用するに当たり，リース資産の減価償却費の算定等において異なる点が生じる。

2　所有権移転ファイナンス・リース取引の会計処理

　ファイナンス・リース取引については，原則として，通常の売買取引に係る方法に準じた会計処理を行う（基準13号9項）。

　ファイナンス・リースの借手は，「リース取引開始日」（借手がリース物件を使用収益する権利を行使できることとなった日）に売買処理により，リース物件を「リース資産」，リース物件に係る債務を「リース債務」として計上する（基準13号10項）。

　借手は，リース取引によりリース物件の実質的所有権を取得するので，これをリース資産として計上すると同時に，リース期間中のリース料支払義務を負うので，これをリース債務として計上する。リース物件の取得原価は，下記の場合によって異なる（適用指針16号37項）。

　①　貸手の購入価額が判明している場合，貸手の購入価額
　②　貸手の購入価額が判明しない場合，「リース料総額の現在価値」と「借手による見積現金購入価額」との低い金額

　リース物件の取得原価の算定方法としては，原則として，リース取引開始時に合意されたリース料総額からこれに含まれている利息相当額の合理的な見積額を控除する方法による。当該利息相当額については，原則として，リース期間にわたり「利息法」により配分する（基準13号11項）。

　利息法とは，各期の支払利息相当額をリース債務の未返済元本残高に一定の利率を乗じて算定する方法をいう。当該利率は，リース料総額の現在価値が，

リース取引開始日におけるリース資産（リース債務）の計上価額と等しくなる利率として求められる（適用指針16号24項）。つまり，リース料の支払日には，その支払額を利息相当額とリース債務返済額に区分して処理しなければならない。

　決算日には，リース資産の減価償却費は，自己所有の固定資産に適用する減価償却方法と同一の方法により算定される（基準13号12項）。償却期間としては，リース物件の経済的耐用年数と解約不能なリース期間のいずれか長い期間が利用される。

　たとえば，所有権移転条項付きのリース物件（機械）について，下記のような条件が付されている場合，(1)リース取引開始日，(2)リース料支払日および(3)決算日における仕訳処理は次のとおりである。

(ア)　リース料：年額10,000（総額30,000）

(イ)　解約不能なリース期間：3年（×1年4月1日契約・取引開始）

(ウ)　リース料の支払日：契約1年後から3回均等払い

(エ)　借手による見積現金購入価額：27,500（貸手の購入価額不明）

(オ)　追加借入利子率：6％

(カ)　リース物件の経済的耐用年数：4年

(キ)　減価償却：定額法（残存価額：1割）

(1)　リース取引開始日（×1年4月1日）：

　　　（借）リース資産　26,730*1　（貸）リース債務　26,730

　　　　　*1　$10,000 / 1.06 + 10,000 / 1.06^2 + 10,000 / 1.06^3 = 26,730 < 27,500$

(2)　リース料支払日

第1回リース料支払日（×2年3月31日）：

　　　（借）リース債務　8,396*2　（貸）現金預金　10,000
　　　　　　支払利息　1,604

　　　　　*2　$10,000 / 1.06^3 = 8,396$

第2回リース料支払日（×3年3月31日）：

　　　（借）リース債務　8,900*3　（貸）現金預金　10,000
　　　　　　支払利息　1,100

　　　　　*3　$10,000 / 1.06^2 = 8,900$

第3回リース料支払日（×4年3月31日）：

（借）リ ー ス 債 務　　9,434^{*4}　　　（貸）現 金 預 金　　10,000

支 払 利 息　　566

　　　＊4　10,000／1.06＝9,434

(3)　決算日（×2年・×3年・×4年・×5年3月31日）：

（借）減 価 償 却 費　　6,014^{*5}　　　（貸）リ ー ス 資 産
減価償却累計額　　6,014

　　　＊5　（26,730－2,673）÷4＝6,014（×5年には端数処理により6,015）

3　所有権移転外ファイナンス・リース取引

　所有権移転外ファイナンス・リース取引についても，所有権移転ファイナンス・リース取引と同様に，リース取引開始日にリース物件とこれに係る債務を「リース資産」および「リース債務」として売買処理で計上する（基準16号10項）。

　ただし，「リース資産」および「リース債務」として計上する価額は，次のとおりに求める（適用指針16号2項）。

①　貸手の購入価額が判明している場合，「リース料総額の現在価値」と「貸手の購入価額」との低い金額

②　貸手の購入価額が判明しない場合，「リース料総額の現在価値」と「借手による見積現金購入価額」との低い金額

　「所有権移転外ファイナンス・リース取引」においても，利息相当額の総額は，原則として，リース期間にわたり利息法により配分するが，リース資産総額に重要性が乏しいと認められる場合には，次のいずれかの方法を採用することができる（適用指針16号31項）。

①　リース料総額から利息相当額の合理的な見積額を控除しない方法（この方法では，リース資産およびリース債務はリース料総額で計上され，支払利息は計上されず，減価償却費のみが計上される）

②　利息相当額の総額をリース期間にわたり定額法で配分する方法

　また，「所有権移転外ファイナンス・リース取引」に係るリース資産の減価償却は，原則として，リース期間を耐用年数とし，残存価額をゼロとして算定

する（基準13号12項）。すなわち，「所有権移転外ファイナンス・リース」の減価償却法としてはリース期間定額法が適用される。

　リース期間が1年以内である「短期のリース取引」，企業の事業内容に照らして重要性の乏しい取引であり，かつ，リース契約1件当たりのリース料総額が300万円以下である「少額のリース取引」のように，個々のリース資産に重要性が乏しいと認められる場合には，簡便的な取扱いとして，「オペレーティング・リース取引」の会計処理に準じて賃貸借処理を行うことができる（適用指針16号34～35項）。すなわち，支払時にリース料として費用処理される。

Ⅳ　固定資産の減損に関する会計処理

1　減損会計の意義・手順

　固定資産の収益性の低下により投資額の回収が見込めなくなり，物理的な理由または経済環境の変化によって固定資産の帳簿価額が回収可能価額を上回り，その回復が不可能になった状態を減損という。減損会計とは，固定資産の収益性の低下が認められる場合に，その帳簿価額を回収可能価額まで減額し，両者の差額を減損損失として計上する会計処理である。

　　減損損失＝帳簿価額－回収可能価額

　減損損失の認識・測定は，次のような減損会計の手順を経て行われる。
① 第1段階：減損の兆候の判定
② 第2段階：減損損失の認識
③ 第3段階：減損損失の測定
④ 第4段階：減損損失の配分（資産グループの場合）

　減損の可能性を示す事象が生じていることを減損の兆候といい，減損の兆候の判定は，原則として，個々の資産ごとに行われる。ただし，保有資産のすべてが個々の資産ごとに判定できるものとは限らないので，それらの資産を識別された現金生成単位ごとにまとめて把握する場合もある。「識別された現金生

成単位」（資産グループ）とは，当該資産が他の資産と密接不可分に結びついて利用され，個々には回収可能価額を見積もることができない場合に，それらを1群の資産グループとしてまとめ，おおむね独立したキャッシュ・フローを生み出す最小の単位をいう（減損基準二・6・⑴）。

　本来，毎決算期に資産の回収可能価額を見積もるべきであるが，見積計算に要するコスト等を考慮し，これに代えて「減損の兆候」を毎決算期（期末でなくともよい）に調査すればよい（適用指針6号11項）。したがって，第1段階である「減損の兆候」がないと判定された場合には，第2段階以降の手続を行う必要はない。

　「減損の兆候」がある場合には，当該資産または資産グループについて，「減損損失」を認識するかどうかの判定を行うが，減損の兆候としては，たとえば，(イ)資産または資産グループを使用する営業活動から生ずる損益またはキャッシュ・フローが継続してマイナスになっている事象，(ロ)資産または資産グループを使用する事業に関連して経営環境が著しく悪化した事象，(ハ)資産または資産グループの市場価格が著しく下落した事象等が考えられる（減損基準二・1）。

2　減損損失の認識・測定

　第1段階の判定において「減損の兆候」があると判断された資産については，当該資産から得られる「割引前将来キャッシュ・フローの総額」と「帳簿価額」を比較し，前者が後者を下回る場合には，減損損失の認識を行う（減損基準二・2・⑴）。

　減損損失を認識するために「割引前将来キャッシュ・フロー」を見積もる期間は，資産の経済的残存使用年数または資産グループ中の主要な資産の経済的残存使用年数と20年のいずれか短い方とする（減損基準二・2・⑵）

　「減損の兆候」があり，かつ，「減損損失の認識」をクリアーした固定資産については，第3段階として減損損失の測定が行われる。つまり，減損損失を認識すべきであると判定された資産について，帳簿価額を回収可能価額まで減額し，当該減少額を減損損失として当期の損失とする（減損基準二・3）。

　ここでいう回収可能価額とは，当該資産の①正味売却価額と②使用価値のいずれか高い金額である（減損基準注解1）。正味売却価額は，資産の時価から処

分費用見込額を控除した金額であり，使用価値とは，資産の「継続的使用」と使用後の「処分」によって生ずると見込まれる将来キャッシュ・フローの現在価値である（減損基準注解１・２，１・４）。使用価値の算定において見積もられる将来キャッシュ・フローは，企業の固有の事情を反映した合理的で説明可能な仮定および予測に基づいて見積もる（減損基準二・４・(1)）。

　たとえば，減損の兆候が確認された機械装置（帳簿価額：300,000，残存耐用年数：３年）の正味売却価額が150,000であり，売却せずに３年間の使用により毎年85,000と使用後の処分による45,000のキャッシュ・フロー（割引率：５％）が見込まれる場合，使用価値は270,349（＝85,000／1.05＋85,000／1.05^2＋130,000／1.05^3）と算定され，正味売却価額（150,000）より高いので，使用価値が回収可能価額となる。したがって，減損損失は29,651（＝300,000－270,349）と計算され，次のような仕訳が必要である。

　　（借）　減　損　損　失　　29,651　　　（貸）　機　械　装　置　　29,651
　　　　　　　　　　　　　　　　　　　　　　　　　　（または減損損失累計額）

3　資産グループの減損処理（減損損失の配分）

　資産グループについて「減損損失」が認識された場合には，当該資産グループの帳簿価額と回収可能価額との差額により減損損失の総額は把握できる。その減損損失の計上に際しては，各資産の帳簿価額を減額する必要があるため，資産グループについて認識された「減損損失の配分」の問題が生じる。

　資産グループについて認識された減損損失は，帳簿価額に基づく比例配分等の合理的な方法により，当該資産グループの各構成資産に配分する（減損基準二・6(2)）。したがって，帳簿価額に基づく比例配分を原則とするが，たとえば時価に基づく比例配分などの合理的な配分方法があれば，当該方法を採用することも認められている（減損基準前文四・２・(6)・②）。

　たとえば，A製品を製造するために土地（帳簿価額：500,000），工場（帳簿価額：300,000）と機械装置（帳簿価額：200,000）を利用し，当該資産グループの回収可能価額を900,000と測定した場合，減損損失100,000を帳簿価額に基づいて比例配分すれば，次のような仕訳が必要である。

（借）　減　損　損　失　　100,000　　　　（貸）　土　　　　　　　地　　50,000

建　　　　　　物　　30,000

機　械　装　置　　20,000

4　減損処理後の会計処理

　減損損失の測定によって減額された資産または資産グループの減損処理後の「減価償却」は，減損損失を控除した帳簿価額を「基礎価額」として行われる（減損基準三・1）。すなわち，減損処理後の資産については，切下げ後の帳簿価額を基礎として，毎期，計画的・規則的に減価償却を行う。

　耐用年数については，従来使用していた耐用年数の残存年数を用いるのが通常であるが，経営環境の変化などに応じて耐用年数を見直す場合も考えられる。つまり，減損処理後における減価償却の基礎価額は減損処理後の当該資産の帳簿価額，耐用年数は当該資産の残存耐用年数（または改訂耐用年数）となる。

　過去に減損処理を行った資産または資産グループについて，その回収可能価額が回復した場合，帳簿価額を引き上げる会計処理を減損損失の戻入れというが，わが国の「減損基準」（三・2）では，減損損失の戻入れは行わない。これは，減損の存在が相当程度確実な場合に限って減損損失を認識することが主たる理由であり，ここでいう「相当程度確実な場合」とは，減損損失の認識が「割引前の将来キャッシュ・フロー」を基礎としていることが根拠となっている。つまり，「割引前の将来キャッシュ・フロー」に基づいて算定された「回収可能価額」を上回る事実が生じることは，判定後においてもまず有り得ないことを前提としている。したがって，減損損失の戻入れを認める理由が存在しない。

　一方，国際会計基準（36号）では，事業用固定資産について一定の条件を充足した場合に限り，「減損損失の戻入れ」が認められている。戻し入れできる金額は，当該資産の回収可能価額の増加額のすべてではなく，過去に減損処理することなく計画どおりの減価償却を実施していたと想定した戻入時点での帳簿価額までに限定されている。もし減損損失の戻入れが可能となった場合，下記の仕訳が必要である。

　　　（借）　固　定　資　産　　×××　　　（貸）　減損損失戻入益　　×××

5　財務諸表における表示

　減損損失は損益計算書に表示されるが，固定資産に係る臨時的な損失であるので，原則として，「特別損失」として計上する（減損基準四・2）。

　減損処理を行った資産の貸借対照表における表示は，原則として，減損処理前の取得原価から減損損失を直接控除し，控除後の金額をその後の帳簿価額とする形式で行う。ただし，減損損失累計額を取得原価から間接控除する形式で表示することもできる。この場合，減損損失累計額を減価償却累計額に合算して表示することができる（減損基準四・1）。つまり，「直接控除方式」を原則とするが，「間接控除方式」も認められている。さらに，間接控除方式では，減損損失累計額を減価償却累計額と合算表示する「合算間接控除方式」が適用可能である。

　たとえば，機械装置（取得原価100,000，減価償却累計額45,000）について減損損失15,000を計上した場合，(a)直接控除方式，(b)独立間接控除方式，(c)合算間接控除方式による貸借対照表表示を示せば，下記のとおりである。

(a)　直接控除方式

機　械　装　置	85,000	
減価償却累計額	<u>45,000</u>	40,000

(b)　独立間接控除方式

機　械　装　置	100,000	
減価償却累計額	45,000	
減損損失累計額	<u>15,000</u>	40,000

(c)　合算間接控除方式

機　械　装　置	100,000	
減価償却累計額	<u>60,000</u>	40,000

第13章

負債に関する個別会計基準

Ⅰ　金融負債に関する会計処理

1　金融負債の意義・種類

　金融負債とは，支払手形，買掛金，借入金，社債等の「金銭債務」およびデリバティブ取引により生じる正味の債務等をいう。金銭負債は，主として「金銭債務」および「デリバティブ債務」から成る。このほかに，新株予約権付社債のように，払込資本を増加させる可能性のある部分を含む金融商品（複合金融商品）がある。

　金銭債務とは，金銭によって支払うべき債務をいう。金銭債務は，主として企業の主目的である営業循環過程内で生じるか否かによって2つに大別される。営業循環過程内で生じる金銭債務は営業債務と呼ばれ，仕入取引から生じるので「仕入債務」とも呼ばれる。これには，買掛金，支払手形，前受金等が該当する。営業循環過程外で生じる金銭債務は営業外債務と呼ばれ，これには借入金，社債，手形借入金，未払金，預り金等が該当する。

　社債は，市場を通して資金を外部より借り入れるために，社債券という有価証券を発行したときに生じる債務をいう。株式の発行および銀行からの長期借入とともに，企業が長期資金を調達する1つの手段として「社債」は発行される。社債は，残余財産分配権の優先順位によって「普通社債」と「劣後社債」に分類され，また，新株予約権が付加される「新株予約権付社債」がある。一般に，「普通社債」が社債と呼ばれている。

2   社債の発行方法および償却原価法による社債の評価

　社債は，取締役会の決議によって，発行内容（社債総額，払込金額，利子率，償還期限，償還方法等）が決定され，発行される。社債の発行方法には，①額面価額で社債を発行する**平価発行**，②額面価額よりも高い価額で発行する**打歩発行**，③額面価額よりも低い価額で発行する**割引発行**がある。「打歩発行」は，社債の利子率が市場の平均利子率よりも高い場合の調整であり，発行会社の信用度が高い場合に行われる。逆に，「割引発行」は，社債の利子率が市場の平均子利率よりも低い場合の調整であり，発行会社の信用度が低い場合に行われる。通常，割引発行が一般的である。

　社債を発行した場合，額面金額ではなく払込金額によって負債（社債勘定）を計上する。また，額面金額と払込金額が異なる打歩発行と割引発行の場合には，社債発行差額が金利の調整であると認められるときは，金利相当額を適切に各期の財務諸表に反映させるために，償却原価法を適用して当該差額を弁済期に至るまで社債の貸借対照表価額に加減する必要がある。

設例13-1

　×1年4月1日（期首）にF社社債（額面金額：200,000千円，期間：5年，利払日：9月末と3月末，券面利子率：5％，実効利子率：6.2%）を額面100円につき95円で発行した。この場合における償却額を利息法により求め，仕訳しなさい（単位：千円）。

　×1年4月1日（社債発行日）：

　（借）現　金　預　金　190,000　　（貸）社　　　　債　190,000

　×1年9月30日（第1回利払日）：

　（借）社　債　利　息　5,000　　（貸）現　金　預　金　5,000
　　　　社　債　利　息　890　　　　　社　　　　債　890[※1]

　　　　※1　190,000×6.2%÷2－200,000×5％÷2＝890

　×2年3月31日（第2回利払日・決算日）：

　（借）社　債　利　息　5,000　　（貸）現　金　預　金　5,000
　　　　社　債　利　息　918　　　　　社　　　　債　918[※2]

※ 2　$(190,000 + 890) \times 6.2\% \div 2 - 200,000 \times 5\% \div 2 = 918$

(以下，省略)

3　社債発行費の会計処理

　社債発行費は，会社設立後，社債を新しく発行するために直接必要とされる資金調達費用であり，社債募集のための広告宣伝費，社債券の印刷費，社債の登記の登録税，証券会社の取扱手数料，その他社債発行のために要した費用である。

　社債発行費は，原則として支出時に費用処理される。ただし，繰延資産として例外処理する場合には，社債の償還までの期間にわたり，原則として，利息法により償却しなければならない。この場合，継続適用を条件として，**定額法**により償却することもできる。

　①　**利息法による償却額**

$$償却額 = \{利息配分額(=(帳簿価額 - 社債発行費) \times 実効利子率) - 利札支払額\} \times \frac{社債発行費}{社債発行差額 + 社債発行費}$$

　②　**定額法による償却額**

$$償却額 = 社債発行費 \times \frac{当期の利用期間}{発行日から満期日までの期間}$$

設例13-2

　× 1 年 4 月 1 日（期首）に G 社社債（額面金額：1,000,000円，期間： 3 年，利払日： 9 月末と 3 月末，券面利子率：年 3 ％）を額面100円につき95円で発行し，社債発行費30,000円を支払い，繰延資産として処理した。社債発行差額と社債発行費に対して利息法（実効利子率：年 6 ％）を採用した場合，(a)発行時，(b)利息計上時，(c)決算時の仕訳処理を行いなさい。

　(a)　× 1 年 4 月 1 日（社債発行日）：

（借）	現　金　預　金	920,000	（貸）	社　　　　　債	950,000
	社 債 発 行 費	30,000			

　(b)　×1年9月30日（第1回利払日）：

　　(借)　社 債 利 息　　　15,000　　　　(貸)　現 金 預 金　　15,000
　　　　　社 債 利 息　　　7,875$^{※1}$　　　　社　　　　　債　　　7,875
　　　　　社債発行費償却　　4,725$^{※2}$　　　　社 債 発 行 費　　4,725

　　　　　※1　$(950,000 - 30,000) \times 6\% \div 2 - 1,000,000 \times 3\% \div 2 = 12,600$

　　　　　　　　$12,600 \times 50,000 \div (50,000 + 30,000) = 7,875$

　　　　　※2　$12,600 \times 30,000 \div (50,000 + 30,000) = 4,725$

　(c)　×2年3月31日（第2回利払日・決算日）：

　　(借)　社 債 利 息　　　15,000　　　　(貸)　現 金 預 金　　15,000
　　　　　社 債 利 息　　　8,111$^{※3}$　　　　社　　　　　債　　　8,111
　　　　　社債発行費償却　　4,867$^{※4}$　　　　社 債 発 行 費　　4,867

　　　　　※3　$(95,000 - 30,000 + 12,600) \times 6\% \div 2 - 15,000 = 12,978$

　　　　　　　　$12,978 \times 50,000 \div (50,000 + 30,000) = 8,111$

　　　　　※4　$12,978 \times 30,000 \div (50,000 + 30,000) = 4,867$

（以下，省略）

4　社債の償還

（1）　社債償還の種類

　社債の償還とは，社債権者に額面金額を返済することをいう。償還方法は，「定時償還」と「随時償還」に分類される。

　定時償還は，償還期日に全額一括して償還する満期償還と定時に一部を抽選で償還する分割償還に分けられる。随時償還は償還期日前に随時に一部ずつ償還する方法であり，抽選償還と市場から買い入れて消去する買入償還がある。

　資金に余裕があり，市場価格が下落した場合に行われる「買入償還」の場合には，買入価額（時価）により償還される。買入償還では，帳簿価額と償還価額（買入価額）に差額が生じ，社債償還損益として計上される。

　「満期償還」および「抽選償還」の場合には，社債は額面金額で償還（返済）される。満期償還では，償還する社債の帳簿価額と額面価額は一致するので，「社債償還損益」は生じない。「抽選償還」は，社債発行時点で償還計画が定められているので，分割償還額・利息支払額により変わる将来支出額があらかじ

め定まっており，償還する社債の帳簿価額と額面価額は一致するので，「社債償還損益」は生しない。ただし，抽選償還の社債を期日前に繰上償還を行った場合には，市場から買い入れて償還するため，「社債償還損益」が生じる。

（2）　社債の満期償還と抽選償還

　たとえば，×1年4月1日に額面金額1,000,000円の社債（償還期限：5年，利子率：年5％，利払日：3月末）を額面100円につき94円の条件で発行したとする。満期償還を行う場合の仕訳処理は，下記のとおりである。

　×1年4月1日（社債発行日）：

　（借）現 金 預 金　940,000　　　（貸）社　　　　　債　940,000

　×2年・×3年・×4年・×5年・×6年3月31日（利払日・決算日）：

　（借）社 債 利 息　50,000　　　（貸）現 金 預 金　50,000

　　　　社 債 利 息　12,000　　　　　　社　　　　　債　12,000※

　　　　　　※　(1,000,000 − 940,000) ÷ 5年 = 12,000

　×6年3月31日（満期償還日）：

　（借）社　　　　　債　1,000,000　　　（貸）現 金 預 金　1,000,000

　上記社債につき，毎年3月31日に200,000円ずつ抽選償還を行い，償却原価法（定額法）により社債の利用金額割合に応じて償却した場合，仕訳処理は下記のとおりである（**図表13−1**参照）。

　×1年4月1日（社債発行日）：

　（借）現 金 預 金　940,000　　　（貸）社　　　　　債　940,000

　×2年3月31日（第1回利払日・第1回償還日・決算日）：

　（借）社　　　　　債　200,000　　　（貸）現 金 預 金　200,000

　　　　社 債 利 息　50,000　　　　　　現 金 預 金　50,000

　　　　社 債 利 息　20,000※1　　　　　社　　　　　債　20,000

　　　　　　※1　(1,000,000 − 940,000) ÷ 15 × 5 ((a)〜(e)) = 20,000

×３年３月31日（第２回利払日・第２回償還日・決算日）：

（借）	社　　　　債	200,000	（貸）	現 金 預 金	200,000
	社 債 利 息	40,000※2		現 金 預 金	40,000
	社 債 利 息	16,000※3		社　　　　債	16,000

　　　※2　$(1,000,000 - 200,000) \times 5\% = 40,000$

　　　※3　$(1,000,000 - 940,000) \div 15 \times 4\ ((f)\sim(i)) = 16,000$

×４年３月31日（第３回利払日・第３回償還日・決算日）：

（借）	社　　　　債	200,000	（貸）	現 金 預 金	200,000
	社 債 利 息	30,000※4		現 金 預 金	30,000
	社 債 利 息	12,000※5		社　　　　債	12,000

　　　※4　$(1,000,000 - 200,000 - 200,000) \times 5\% = 30,000$

　　　※5　$(1,000,000 - 940,000) \div 15 \times 3\ ((j)\sim(l)) = 12,000$

（以下，省略）

[図表13－1]　社債の利用金額割合による社債利息の償却額

1年目
| 4,000(a) | | | | |

2年目
| 4,000(b) | 4,000(f) | | | |

3年目
| 4,000(c) | 4,000(g) | 4,000(j) | | |

4年目
| 4,000(d) | 4,000(h) | 4,000(k) | 4,000(m) | |

5年目
| 4,000(e) | 4,000(i) | 4,000(l) | 4,000(n) | 4,000(o) |

　　×2年3月31日　　　　　　　　×5年3月31日

20,000　＋　16,000　＋　12,000　＋　8,000　＋　4,000　＝60,000

（3）　社債の抽選償還（繰上償還）

　抽選償還を行っている上記社債（×１年４月１日発行，額面金額1,000,000円の社債）につき，×５年３月31日に抽選償還予定の社債200,000円を×２年３月31日に買入価額@96円（裸相場）で繰上償還した場合の仕訳処理は，下記のとおりである（**図表13－1**参照）。

×2年3月31日（第1回利払・第1回分償還・決算日）：

（借）社　　　　　債　200,000　　（貸）現　金　預　金　200,000
　　　社　債　利　息　　50,000　　　　　現　金　預　金　　50,000
　　　社　債　利　息　　20,000　　　　　社　　　　　債　　20,000

×2年3月31日（繰上償還分）：

（借）社　　　　　債　180,000※7　（貸）現　金　預　金　192,000※6
　　　社　債　償　還　損　12,000

　　　　　　　※6　200,000×96÷100＝192,000
　　　　　　　※7　60,000÷15×3（2～4年度分(h)・(k)・(m)）＝12,000
　　　　　　　　　　192,000－12,000＝180,000

　したがって，第1回償還時，決算日および繰上償還時が重なる×2年3月31日の合計仕訳は，次のとおりである。

（借）社　　　　　債　360,000　　（貸）現　金　預　金　442,000
　　　社　債　利　息　　70,000
　　　社　債　償　還　損　12,000

5　新株予約権付社債

（1）転換社債型新株予約権付社債の会計処理

　転換社債型新株予約権付社債とは，新株予約権行使時に現金等の代わりに社債を払込に用いること（代用払込）が強制されているものをいう。「転換社債型新株予約権付社債」には，「一括法」と「区分法」の選択適用が容認されている。一括法とは，新株予約権と社債を一括して処理する方法であり，区分法とは，新株予約権と社債を区分して処理する方法である。

　たとえば，×1年4月1日に額面金額6,000,000円の転換社債型新株予約権付社債（利率：年5％，利払日：3月末，償還期間：5年）を額面100円につき90円の条件で発行したとする。新株予約権は1個につき100円で6,000個発行し，×2年9月30日に新株予約権の60％が行使され，社債券1口につき新株予約権1個を付与し，新株予約権1個につき2株発行した。行使価額は@500円であり，資本金の計上は会社法規定の最低限度額とする。新株予約権の30％が行使

されずに，権利行使期限を迎えた場合における(a)区分法，(b)一括法の仕訳処理は，下記のとおりである。なお，償却原価法として定額法を採用している。

(a) 区 分 法

×1年4月1日（社債発行時）：

（借）	現 金 預 金	6,000,000	（貸）	社　　　　　債	5,400,000[※1]
				新 株 予 約 権	600,000[※2]

　　　　　※1　$6{,}000{,}000 \times 90 / 100 = 5{,}400{,}000$

　　　　　※2　@100円 × 6,000個 = 600,000

×2年3月31日（第1回利払日・決算日）：

（借）	社 債 利 息	300,000[※3]	（貸）	現 金 預 金	300,000
	社 債 利 息	120,000		新 株 予 約 権	120,000[※4]

　　　　　※3　$6{,}000{,}000 \times 5\% = 300{,}000$

　　　　　※4　$(6{,}000{,}000 - 5{,}400{,}000) \div 5 = 120{,}000$

×2年9月30日（権利行使日）：

（借）	社 債 利 息	36,000[※5]	（貸）	現 金 預 金	300,000
	社　　　　　債	3,261,600[※6]		資　　本　　金	1,810,800
	新 株 予 約 権	360,000[※7]		資 本 準 備 金	1,810,800

　　　　　※5　$(6{,}000{,}000 - 5{,}400{,}000) \times 60\% \div 5 \times 6 / 12 = 36{,}000$

　　　　　※6　$(6{,}000{,}000 - 5{,}400{,}000) \times 60\% \div 5 \times 18 / 60 = 21{,}600$

　　　　　　　$5{,}400{,}000 \times 60\% + 21{,}600 = 3{,}261{,}600$

　　　　　※7　$600{,}000 \times 60\% = 360{,}000$

×6年3月31日（権利行使期限到来時・権利喪失時）：

（借）	新 株 予 約 権	240,000[※8]	（貸）	新株予約権戻入益	240,000

　　　　　※8　$600{,}000 \times 40\% = 240{,}000$

(b) 一 括 法

×1年4月1日（社債発行時）：

（借）	現 金 預 金	6,000,000	（貸）	新株予約権付社債	6,000,000

×2年3月31日（第1回利払日・決算日）：

（借）	社 債 利 息	300,000[※3]	（貸）	現 金 預 金	300,000

×2年9月30日（権利行使日）：

（借）　新株予約権付社債　3,600,000※9　　（貸）　資　　本　　金　1,800,000

　　　　　　　　　　　　　　　　　　　　　　資 本 準 備 金　1,800,000

　　　　※9　6,000,000×60％＝36,000,000

×6年3月31日（権利行使期限到来時・権利喪失時）：仕訳なし

（2）　転換社債型以外の新株予約権付社債の会計処理

　転換社債型以外の新株予約権付社債には，代用払込があったとみなすものと，代用払込が認められるものとがある。「転換社債型新株予約権付社債」には，一括法と区分法の選択適用が容認されているが，「転換社債型以外の新株予約権付社債」には区分法のみが適用される。

　前記例における「転換社債型新株予約権付社債」が「転換社債型以外の新株予約権付社債」であったと仮定した場合，①代用払込があったとみなすもの（区分法：代用払込），②代用払込が認められるもの（区分法：現金等払込）による仕訳処理は下記のとおりである。

　①　代用払込があったとみなすもの（区分法：代用払込）

　前記例における転換社債型新株予約権付社債の(a)区分法の仕訳と同じ。

　②　代用払込が認められるもの（区分法：現金等払込）

×1年4月1日（社債発行時）：

（借）現 金 預 金　6,000,000　　（貸）社　　　　　債　5,400,000

　　　　　　　　　　　　　　　　　　新 株 予 約 権　600,000

×2年3月31日（第1回利払日・決算日）：

（借）社 債 利 息　300,000　　（貸）現 金 預 金　300,000

　　　社 債 利 息　120,000　　　　新 株 予 約 権　120,000

×2年9月30日（権利行使日）：

（借）現 金 預 金　3,600,000※10　（貸）資　　本　　金　1,980,000

　　　新 株 予 約 権　360,000※11　　資 本 準 備 金　1,980,000

　　　　　※10　＠500×（2株×6,000個×60％）＝3,600,000

　　　　　※11　600,000×60％＝360,000

×6年3月31日（権利行使期限到来時・権利喪失時）：

（借）新株予約権　240,000　　　（貸）新株予約権戻入益　240,000

Ⅱ　資産除去債務に関する会計処理

1　資産除去債務の意義・範囲

　資産除去債務とは，有形固定資産の取得，建設，開発または通常の使用によって生じ，当該資産の除去に関して法令または契約で要求される法律上の義務およびそれに準ずるものをいう。「法律上の義務に準ずるもの」には，有形固定資産の除去そのものは義務でなくとも，有形固定資産を除去する際に当該資産に使用されている有害物質等を法律等の要求による特別の方法で除去するという義務も含まれる（基準18号3項(1)）。

　ここに「通常の使用」とは，有形固定資産を意図した目的のために正常に稼働させることをいう。たとえば，当該資産の除去義務が不適切な操業等の「異常な使用」によって発生した場合には，資産除去債務に該当しない。土地の汚染除去の義務が「通常の使用」によって生じ，その汚染原因が当該土地に建てられている建物・構築物等の資産除去債務であると考えられるときには，資産除去債務に該当する（基準18号26項）。

　「除去」とは，有形固定資産を用役提供から除外することをいう。具体的な態様としては，売却，廃棄，リサイクルその他の方法による処分等は含まれるが，転用や用途変更は企業が企業自らの使用を継続し，当該資産を用役提供から除外していないので，含まれない（基準18号3項(2)，30項）。

　「法律上の義務に準ずるもの」とは，債務の履行を免れることがほぼ不可能な義務であり，法律上の義務とほぼ同等の不可避的な義務を指す。具体的には，法律上の解釈により当事者間での清算が要請される債務，過去の判例・通達等のうち法律上の義務とほぼ同等の不可避的な支出が義務付けられているものが該当する。したがって，企業の自発的な計画のみによって行われる資産除去は，「法律上の義務に準ずるもの」には該当しない（基準18号28項）。

　資産除去債務の典型例としては，原子力発電施設の解体に伴う債務が考えら

れる。有形固定資産を除去する義務として，たとえば鉱山等の原状回復義務，定期借地権契約で賃借した土地の上に建設した建物・構築物を除去する義務，賃借建物の原状回復義務などがある。有害物質等を特別の方法で除去する義務としては，アスベスト・PCBを除去する義務などが考えられる。資産除去債務は有形固定資産の除去に関連するものに限定されているため，有形固定資産の使用期間中に実施する環境修復や修繕は資産除去債務の対象とはならない（基準18号24項）。

2　資産除去債務の当初認識・当初測定時における会計処理

　資産除去債務が発生した場合，まず，有形固定資産の除去に要する「割引前の将来キャッシュ・フロー」を見積もり，次に，これを適切な「割引率」によって割り引いた割引後金額（割引価値）で資産除去債務の負債計上額が算定される（基準18号6項）。

　合理的で説明可能な仮定および予測に基づいて「割引前の将来キャッシュ・フロー」が見積もられた後，当初認識される資産除去債務は割引率を用いて計算されるが，割引率は，貨幣の時間価値を反映した無リスクの税引前の割引率とする（基準18号6項(2)）。

　有利子負債やリース債務と異なり，明示的な金利キャッシュ・フローを含まない資産除去債務については，(1)退職給付債務と同様に無リスクの割引率を用いることが現在の会計基準全体の体系と整合的であること，(2)同一内容の資産除去債務について信用リスクの高い企業の方が高い割引率を用いることにより，負債計上額が少なく結果は財政状態を適切に示さないこと，(3)資産除去債務の性格上，自己の不履行の可能性を前提とする会計処理は適当でないことなどの理由により，無リスクの割引率が用いられる（基準18号40項）。

　この無リスク割引率によって「割引前の将来キャッシュ・フロー」を割り引いた金額が，当初認識された資産除去債務として計上される。たとえば，×1年4月1日にアスベスト含有の構築物を300,000で取得したが，3年間の耐用年数の終了時に解体・撤去費用として20,000を支出すると見積もり，利付国債（残存期間3年）の流通利回りを3％と仮定した場合，×1年4月1日現在において当初認識される資産除去債務は18,303（＝20,000÷1.03³）と計算される。

　無リスク・レートにより算定された資産除去債務に対応する資産除去費用は，資産除去債務を負債として計上したときに，当該負債と同額を関連資産の帳簿価額に加える。したがって，× 1 年 4 月 1 日（資産取得時，資産除去債務発生時）における仕訳処理は下記のとおりである。

　　（借）構　　築　　物　318,303　　　　（貸）現 金 預 金　300,000
　　　　　　　　　　　　　　　　　　　　　　　　資 産 除 去 債 務　　18,303

　資産除去債務を負債として計上し，同額を有形固定資産の取得原価（または帳簿価額）に加算する会計処理は，**資産負債の両建処理**と呼ばれている。この両建処理により，有形固定資産の取得に付随して生じる資産除去費用の未払いの債務を負債として計上すると同時に，対応する資産除去費用が当該有形固定資産の取得原価に含められるので，当該資産への投資について回収すべき額が引き上げられている。有形固定資産の除去時に不可避的に生じる支出額を「付随費用」と同様に取得原価に加えた上で，費用配分が行われる。さらに，負債資産の両建処理は，資産効率の観点からも有用な情報を提供するものと考えられる（基準18号41項）。

3　資産除去債務の再測定時における会計処理

　資産計上された資産除去費用は，減価償却を通じて，当該有形固定資産の残存耐用年数にわたり，各期に費用配分される（基準18号 7 項）。
　前記例における当初認識時の取得原価（318,303）は，耐用年数（ 3 年）にわたり減価償却されるので，毎決算期の仕訳処理は次のとおりになる。

　　（借）減 価 償 却 費　106,101　　　　（貸）減価償却累計額　106,101

　時の経過による資産除去債務の調整額は，その発生時の費用として処理する。当該調整額は，期首の負債の帳簿価額に当初負債計上時の割引率を乗じて算定する（基準18号 9 項，48項）。この調整額は，退職給付会計における**利息費用**と同様の性格を有する（基準18号48項）。
　前記例（資産除去債務：18,303）の毎決算時における資産除去債務の調整額に関する仕訳処理は下記のとおりであり，資産除去時における資産除去費用の実際支出額を21,000であると仮定する。

×２年３月31日（第１回決算日）：

（借）利　息　費　用　　　549^{※1}　　（貸）資 産 除 去 債 務　　　549

　　　　　※１　18,303×３％＝549

×３年３月31日（第２回決算日）：

（借）利　息　費　用　　　566^{※2}　　（貸）資 産 除 去 債 務　　　566

　　　　　※２　（18,303＋549）×３％＝566

×４年３月31日（第３回決算日，資産除去日）：

（借）利　息　費　用　　　582^{※3}　　（貸）資 産 除 去 債 務　　　582

　　　　　※３　（18,303＋549＋566）×３％＝583（端数処理のため，582とする）

（借）資 産 除 去 債 務　　20,000　　（貸）現 金 預 金　　21,000
　　　資産除去債務履行差損　　1,000

4　財務諸表における表示

　資産除去債務は，決算日後１年以内にその履行が見込まれる場合を除き，固定負債の区分に「資産除去債務」等の適切な科目名で表示する。決算日後１年以内に資産除去債務の履行が見込まれる場合には，流動負債の区分に表示する（基準18号12項）。

　資産計上された資産除去債務に対応する資産除去費用（資産価額）に係る費用配分額は，損益計算書上，当該債務に関連する有形固定資産の「減価償却費」と同じ区分に含めて計上する。時の経過による資産除去債務の調整額（利息費用）は，損益計算書上，当該債務に関連する有形固定資産の「減価償却費」と同じ区分に含めて計上する（基準18号13〜14項）。

　資産除去債務の履行時に認識される資産除去債務残高と債務決済のために実際に支払われた額との差額（**資産除去債務履行差額**という）は，損益計算書上，原則として，当該債務に対応する資産除去費用に係る費用配分額（減価償却費）と同じ区分に含めて計上する（基準18号15項）。

Ⅲ　退職給付に関する会計処理

1　退職給付制度の意義と種類

　「退職給付制度」とは，一定の期間にわたり労働を提供したこと等の事由に基づいて，退職以後に支給される給付を制度化したものをいう（基準26号3項）。
　退職給付制度には，確定拠出制度と確定給付制度があり，その支払方式として「退職一時金方式」（退職時に退職金として一括支給する方式）と「退職年金方式」（退職後に年金として分割支給する方式）がある。

①　確定拠出制度——一定の掛金を外部に積み立て，事業主である企業が，当該掛金以外に退職給付に係る追加的な拠出義務を負わない退職給付制度をいう（基準26号4項）。

②　確定給付制度——従業員の勤務期間や給与などに基づいて受け取る退職金の計算方法があらかじめ確定している退職給付制度をいう。

　「確定拠出制度」においては，当該制度に基づく要拠出額をもって費用処理する（基準26号31項）。この費用は，退職給付費用に含めて計上し，確定拠出制度に係る退職給付費用として注記する。また，当該制度に基づく要拠出額をもって費用処理するため，未拠出の額は未払金として計上する。

2　確定給付制度における会計処理

（1）　退職給付債務に係る負債の計上

　退職給付債務から年金資産の額を控除した額（積立状況を示す額）を負債（個別貸借対照表では「退職給付引当金」，連結貸借対照表では「退職給付に係る負債」）として計上する。ただし，年金資産の額が退職給付債務を超える場合には，資産として計上する（基準26号13項）。

①　退職給付債務

　退職給付債務は，退職により見込まれる退職給付の総額である退職給付見込

額のうち，期末までに発生していると認められる額を割引計算により算定する（基準26号16項）。退職給付債務は，①退職給付見込額の計算，②割引率の決定，③退職給付見込額から期末までに発生していると認められる額の割引計算の計算手順により算定する。

(a)　退職給付見込額の計算

退職給付見込額は，予想される昇給等の合理的変動要因を考慮して，予想退職時期ごとに従業員に支給されると見込まれる退職給付額に退職率および死亡率を加味して見積もる（基準26号18項）。

退職給付見込額のうち，期末までに発生したと認められる額は，「期間定額基準」または「給付算定式基準」のいずれかを選択適用して計算し，継続適用しなければならない。

(ⅰ)　期間定額基準とは，退職給付見込額について全勤務期間で割った額を各期の発生額とする方法をいう。

(ⅱ)　給付算定式基準とは，退職給付制度の給付算定式に従って各勤務期間に帰属させた給付に基づき見積もった額を退職給付見込額の各期の発生額とする方法をいう。

なお，この方法による場合，勤務期間の後期における給付算定式に従った給付が，初期よりも著しく高い水準となるときには，当該期間の給付が均等に生じるとみなして補正した給付算定式に従わなければならない。

(b)　割引率の決定

退職給付債務の計算における割引率は，国債，政府機関債，優良社債（直近の格付けがダブルＡ格相当以上を得ている社債）などの安全性の高い債券の利回りを基礎として決定する（基準26号20項）。

(c)　退職給付見込額から期末までに発生していると認められる額の割引計算

予想退職時期ごとの退職給付見込額のうち期末までに発生したと認められる額を，退職給付の支払見込日までの期間（支払見込期間）を反映した割引率を用いて割り引く。当該割引額を合計して，退職給付債務を計算する。

②　年金資産

年金資産とは，特定の退職給付制度のために，その制度について企業と従業

員との契約（退職金規程等）等に基づき積み立てられた，次のすべてを満たす
特定の資産をいう（基準26号 7 項）。

① 退職給付以外に使用できないこと

② 事業主および事業主の債権者から法的に分離されていること

③ 積立超過分を除き，事業主への返還，事業主からの解約・目的外の払出
し等が禁止されていること

④ 資産を事業主の資産と交換できないこと

（2） 損益計算書への退職給付費用の計上

損益計算書に計上される**退職給付費用**は，下記で算定される（基準26号14項）。

$$退職給付費用＝①勤務費用＋②利息費用－③期待運用収益$$
$$＋④数理計算上の差異に係る当期の費用処理額$$
$$＋⑤過去勤務費用に係る当期の費用処理額$$

数理計算上の差異の当期発生額および過去勤務費用の当期発生額のうち，費
用処理されない部分（「未認識数理計算上の差異」および「未認識過去勤務費用」）
については，「その他の包括利益」に含めて計上する。「その他の包括利益累計
額」に計上されている「未認識数理計算上の差異」および「未認識過去勤務費
用」のうち，当期に費用処理された部分については，その他の包括利益の調整
（組替調整）を行う（基準26号15項）。

① 勤務費用

勤務費用とは，1 期間の労働の対価として発生したと認められる退職給付を
いう（基準26号 8 項）。「勤務費用」は，退職給付見込額のうち当期に発生した
と認められる額を割り引いて計算する（基準26号17項）。

② 利息費用

利息費用とは，割引計算により算定された期首時点における退職給付債務に
ついて，期末までの時の経過により発生する計算上の利息をいう（基準26号 9
項）。

③ 期待運用収益

期待運用収益とは，年金資産の運用により生じると合理的に期待される計算

上の収益をいう（基準26号10項）。

④ 数理計算上の差異

数理計算上の差異とは，年金資産の期待運用収益と実際の運用成果との差異，退職給付債務の数理計算に用いた見積数値と実績との差異及び見積数値の変更等により発生した差異をいう。なお，このうち当期純利益を構成する項目として費用処理（費用の減額処理または費用を超過して減額した場合の利益処理を含む）されていないものを未認識数理計算上の差異という（基準26号11項）。

⑤ 過去勤務費用

過去勤務費用とは，退職給付水準の改訂等に起因して発生した退職給付債務の増加または減少部分をいう。このうち当期純利益を構成する項目として費用処理されていないものを未認識過去勤務費用という（基準26号12項）。

3 確定給付制度における開示

「積立状況を示す額」（退職給付債務から年金資産の額を控除した額）について，負債となる場合には個別貸借対照表では退職給付引当金，連結貸借対照表では退職給付に係る負債等の適当な科目をもって固定負債に計上し，資産となる場合は退職給付に係る資産等の適当な科目をもって固定資産に計上する。「未認識数理計算上の差異」および「未認識過去勤務費用」については，税効果を調整した上で，「純資産の部」における「その他の包括利益累計額」（個別貸借対照表では「評価・換算差額等」）に「退職給付に係る調整累計額」等の適当な科目をもって計上する（基準26号27項）。

退職給付費用については，原則として売上原価または「販売費及び一般管理費」に計上する。ただし，新たに退職給付制度を採用したときまたは給付水準の重要な改訂を行ったときに発生する過去勤務費用を発生時に全額費用処理する場合などにおいて，その金額が重要であると認められるときには，当該金額を特別損益として計上することができる（基準26号28項）。当期に発生した「未認識数理計算上の差異」および「未認識過去勤務費用」ならびに当期に費用処理された組替調整額については，その他の包括利益に「退職給付に係る調整額」等の適当な科目をもって，一括して計上する（基準26号29項）。

第14章

純資産に関する個別会計基準

I　自己株式および準備金の額の減少に関する会計処理

1　自己株式の会計処理

（1）　自己株式の取得事由と取扱い

　会社法では，取得する株式の数，株式を取得するのと引き換えに交付する金銭等の内容および総額，株式を取得することができる期間（1年以内）をあらかじめ株主総会の決議によって定め，分配可能額の範囲内で株主との合意による自己株式の取得ができる（会法156条）。

　そのほかに，取得条項付株式に係る取得事由の発生，譲渡制限株式の買取請求，単元未満株式の買取請求，組織再編に際しての取得など，一定の場合において自己株式の取得が行われる。

　自己株式については，(a)自己株式を取得したのみでは株式は失効しておらず，他の有価証券と同様に換金性のある会社財産とみられることから資産として扱う**資産説**と，(b)自己株式の取得は株主との間の資本取引であり，会社所有者に対する会社財産の払戻しの性格を有することから資本の控除として扱う**資本控除説**があった。「基準1号」では，従来から会計上は資本の控除とする考え方が多かったことや，連結財務諸表では資本の控除とされていたこと，国際的な会計基準でも資本の控除とされていることから，「資本の控除」として扱うこととされた。

　このため，自己株式は，取得原価をもって純資産の部の株主資本から控除し，期末に保有する**自己株式**は，純資産の部の「株主資本」の末尾に「自己株式」

として一括して控除する形式で表示される（基準1号7項，8項）。

（2）　自己株式の取得および保有に係る会計処理

　自己株式を取得し，保有した場合には，取得原価で一括して純資産の部の株主資本から控除する。自己株式の取得原価は，①金銭で取得した場合，②金銭以外で取得した場合，③無償で引き受けた場合で異なる。

- (a)　対価が金銭の場合——自己株式の取得については，対価が金銭の場合には，取得原価は支払われた金銭の額となる。この場合，対価を支払うべき日に認識する。
- (b)　対価が金銭以外の場合——金銭以外の財産をもって自己株式を取得する取引は，自己株式の取得（株主資本の減少）と現物資産の減少（資産の減少）が行われる。このため，対価となる財と取得した自己株式のいずれかのうち，より高い信頼性を持って測定可能な時価で算定する。なお，自己株式に市場価格がある場合には，その価格を用いて自己株式の取得原価を算定する。一方，取得の対価となる財および取得した自己株式に市場価格がないこと等により，公正な評価額を合理的に算定することが困難であると認められる場合には，移転された資産および負債の適正な帳簿価額により自己株式の取得原価を算定する。また，自己株式の取得原価と対価としての財の帳簿価額との差額は，取得の対価となる財の種類等に応じた表示区分の損益に計上する。

（3）　自己株式の処分の会計処理

　会社が保有する自己株式は，これを他社などに対し売却することができる。これを自己株式の処分という。

　会社が自己株式を処分したとき，処分した自己株式の帳簿価額を減額し，会社が対価として受け取った金額と処分した自己株式の帳簿価額との差額について，対価の金額の方が帳簿価額より大きい場合には自己株式処分差益，逆に対価の金額が帳簿価額より小さいときには自己株式処分差損として処理する。処分差益と処分差損とを合わせて「自己株式処分差額」という。

　期中に計上された自己株式処分差益・自己株式処分差損の貸借対照表におけ

る表示については，「自己株式処分差益」は純資産の部においてその他資本剰余金に計上し，「自己株式処分差損」はその他資本剰余金から減額する。

　自己株式処分差損の金額が大きく，これをその他資本剰余金から減額した結果，その他資本剰余金の残高がマイナスとなった場合には，会計期間末において，その他資本剰余金を0円とし，マイナスの金額を「その他利益剰余金」（繰越利益剰余金）から減額する。

　自己株式処分する際に発生した手数料については「支払手数料」などの勘定を使い，営業外費用として処理する。

（4） 自己株式の消却の会計処理

　買い戻した自己株式を消滅させることを自己株式の消却という。自己株式の消却手続が完了したときに，消却の対象となった自己株式の帳簿価額を「その他資本剰余金」から減額する。

　消却した自己株式の帳簿価額についても，会社の定めた移動平均法などの計算方法に従って，株式の種類ごとに算定する。

　自己株式の消却により，その他資本剰余金の残高がマイナスとなった場合にも，決算日において，その他資本剰余金のマイナス残高をその他利益剰余金（繰越利益剰余金）から減額し，その他資本剰余金の残高をゼロとする。

　自己株式の消却に関する付随費用は，損益計算書の営業外費用に計上する。

2　資本金および準備金の額の減少の会計処理

　資本剰余金の各項目は，利益剰余金の各項目と混同してはならない。したがって，資本剰余金の利益剰余金への振替は原則として認められない（基準1号19項）。

　資本金および資本準備金の額の減少によって生ずる剰余金は，減少の法的効力が発生したとき（会法447〜449条）に，「その他資本剰余金」に計上する（基準1号20項）。

　利益準備金の額の減少によって生ずる剰余金は，減少の法的効力が発生したとき（会法448〜449条）に，「その他利益剰余金」（繰越利益剰余金）に計上する（基準1号21項）。

3　開　　示

　取締役会等による会社の意思決定によって自己株式を消却する場合に，決議後消却手続を完了していない自己株式が貸借対照表日にあり，当該自己株式の帳簿価額または株式数に重要性があるときであり，かつ，連結株主資本等変動計算書または個別株主資本等変動計算書の注記事項として自己株式の種類および株式数に関する事項を記載する場合（基準6号9項(1)②，(2)）には，決議後消却手続を完了していない自己株式の帳簿価額，種類および株式数を当該事項に併せて注記する（基準1号22項）。

Ⅱ　ストック・オプション等に関する会計処理

1　ストック・オプションの会計処理

(1)　権利確定日以前の会計処理

　ストック・オプションとは，一定の金額の支払いにより，自社の株式を取得する権利のうち，特に企業がその従業員等に，報酬として付与するものをいう。ここに「従業員等」とは，企業と雇用関係にある使用人のほか，企業の取締役，会計参与，監査役および執行役ならびにこれに準ずるものをいう。また，報酬とは，企業が従業員等から受けた労働や業務執行等のサービスの対価として，従業員等に給付されるものをいう（基準8号2項）。

　ストック・オプションを付与し，これに応じて企業が従業員等から取得するサービスは，その取得に応じて費用として計上し，対応する金額を，ストック・オプションの権利の行使または失効が確定するまでの間，貸借対照表の「純資産の部」に新株予約権として計上する（基準8号4項）。

　各会計期間における費用計上額は，ストック・オプションの公正な評価額のうち，対象勤務期間を基礎とする方法その他の合理的な方法に基づき当期に発生したと認められる額である。ストック・オプションの公正な評価額は，公正な評価単価にストック・オプション数を乗じて算定する（基準8号5項）。

　ストック・オプションの公正な評価単価の算定は，次のように行う（基準8

号 6 項)。

① 付与日現在で算定し，下記の条件変更の場合を除き，その後は見直さない。

② ストック・オプションは，通常，市場価格を観察することができないため，株式オプションの合理的な価額の見積りに広く受け入れられている算定技法を利用することとなる。算定技法の利用にあたっては，付与するストック・オプションの特性や条件等を適切に反映するよう必要に応じて調整を加える。ただし，失効の見込みについてはストック・オプション数に反映させるため，公正な評価単価の算定上は考慮しない。

ストック・オプション数の算定およびその見直しによる会計処理は，次のように行う（基準 8 号 7 項)。

① 付与されたストック・オプション数（以下，付与数という）から権利不確定による失効の見積数を控除して算定する。

② 付与日から権利確定日の直前までの間に，権利不確定による失効の見積数に重要な変動が生じた場合には，これに応じてストック・オプション数を見直す。

　　これによりストック・オプション数を見直した場合には，見直し後のストック・オプション数に基づくストック・オプションの公正な評価額に基づき，その期までに費用として計上すべき額と，これまでに計上した額との差額を見直した期の損益として計上する。

③ 権利確定日には，ストック・オプション数を権利の確定したストック・オプション数（以下，権利確定数という）と一致させる。

　　これによりストック・オプション数を修正した場合には，修正後のストック・オプション数に基づくストック・オプションの公正な評価額に基づき，権利確定日までに費用として計上すべき額と，これまでに計上した額との差額を権利確定日の属する期の損益として計上する。

（2）　権利確定後の会計処理

ストック・オプションが権利行使され，これに対して新株を発行した場合には，「新株予約権」として計上した額（基準 8 号 4 項）のうち，当該権利行使に

対応する部分を払込資本に振り替える。

　なお，「新株予約権の行使」に伴い，当該企業が自己株式を処分した場合には，自己株式の取得原価と，新株予約権の帳簿価額および権利行使に伴う払込金額の合計額との差額は，自己株式処分差額であり，その他資本剰余金に加算または減算する会計処理を行う（基準8号8項）。

　権利不行使による失効が生じた場合には，「新株予約権」として計上した額（基準8号4項）のうち，当該失効に対応する部分を利益として計上する。この会計処理は，当該失効が確定した期に行う（基準8号9項）。

（3）　条件変更の会計処理

　ストック・オプションに係る「条件変更」とは，付与したストック・オプションに係る条件を事後的に変更し，ストック・オプションの公正な評価単価，ストック・オプション数または合理的な費用の計上期間のいずれか1つ以上を意図して変動させることをいう（基準8号2項(15)）。

　ストック・オプションにつき，行使価格を変更する等の条件変更により，公正な評価単価を変動させた場合には，次のように会計処理する。

① 条件変更日（条件変更が行われた日のうち，特に条件変更以後をいう）におけるストック・オプションの公正な評価単価が，付与日における公正な評価単価を上回る場合には，付与日におけるストック・オプションの公正な評価単価に基づく公正な評価額による費用計上を継続して行うことに加え，条件変更日におけるストック・オプションの公正な評価単価が付与日における公正な評価単価を上回る部分に見合うストック・オプションの公正な評価額の増加額につき，以後，追加的に費用計上を行う。

② 条件変更日におけるストック・オプションの公正な評価単価が付与日における公正な評価単価以下となる場合には，条件変更日以後においても，ストック・オプションの付与日における公正な評価単価に基づく公正な評価額による費用計上を継続する。なお，新たな条件のストック・オプションの付与と引換えに，当初付与したストック・オプションを取り消す場合には，実質的に当初付与したストック・オプションの条件変更と同じ経済実態を有すると考えられる限り，ストック・オプションの条件変更とみな

して会計処理を行う。

2　ストック・オプションの開示

ストック・オプションについては，次の事項を注記する（基準8号17項）。

① 　基準適用による財務諸表への影響額

② 　各会計期間において存在したストック・オプションの内容，規模（付与数等）およびその変動状況（行使数や失効数等）（なお，対象となるストック・オプションには，適用開始より前に付与されたものを含む）。

③ 　ストック・オプションの公正な評価単価の見積方法

④ 　ストック・オプションの権利確定数の見積方法

⑤ 　ストック・オプションの単位当たりの本源的価値による算定を行う場合（基準8号13項）には，当該ストック・オプションの各期末における本源的価値の合計額及び各会計期間中に権利行使されたストック・オプションの権利行使日における本源的価値の合計額（基準8号60項〜63項）

⑥ 　ストック・オプションの条件変更の状況

⑦ 　自社株式オプションまたは自社の株式に対価性がない場合には，その旨およびそのように判断した根拠（基準8号29項）財貨またはサービスの対価として自社株式オプションまたは自社の株式を用いる取引（ストック・オプションを付与する取引を除く）についても，ストック・オプションを付与する取引に準じて，該当する事項を注記する。

Ⅲ　貸借対照表の純資産の部に関する表示

1　純資産の部における株主資本の表示

　貸借対照表における純資産の部は，「株主資本」と「株主資本以外の各項目」に区分される（基準5号4項）。

　株主資本は，「資本金」，「資本剰余金」および「利益剰余金」に区分される（基準5号5項）。

　個別貸借対照表上，資本剰余金および利益剰余金は，さらに次のとおり区分

する（基準5号6項）。

 ⑴ 　資本剰余金は，「資本準備金」および「資本準備金以外の資本剰余金」（以下，その他資本剰余金という）に区分する。

 ⑵ 　利益剰余金は，「利益準備金」および「利益準備金以外の利益剰余金」（以下，その他利益剰余金という）に区分し，その他利益剰余金のうち，任意積立金のように，株主総会または取締役会の決議に基づき設定される項目については，その内容を示す科目をもって表示し，それ以外については繰越利益剰余金にて表示する。

2　純資産の部における株主資本以外の各項目の表示

株主資本以外の各項目は，次の区分とする（基準5号7項）。

 ⑴ 　個別貸借対照表上，評価・換算差額等および新株予約権に区分する。

 ⑵ 　連結貸借対照表上，その他の包括利益累計額，新株予約権および非支配株主持分に区分する。

なお，連結貸借対照表において，連結子会社の個別貸借対照表上，純資産の部に計上されている「評価・換算差額等」は，「その他の包括利益累計額」と読み替えられ，持分比率に基づき親会社持分割合と非支配株主持分割合とに按分し，親会社持分割合は当該区分において記載し，非支配株主持分割合は非支配株主持分に含めて記載する。

「評価・換算差額等」（または「その他の包括利益累計額」）には，その他有価証券評価差額金や繰延ヘッジ損益のように，資産または負債は時価をもって貸借対照表価額としているが，当該資産または負債に係る評価差額を当期の損益としていない場合の当該評価差額や，為替換算調整勘定，退職給付に係る調整累計額等が含まれる。当該評価・換算差額等は，その他有価証券評価差額金，繰延ヘッジ損益，退職給付に係る調整累計額等その内容を示す科目をもって表示する。

なお，当該評価・換算差額等については，これらに係る繰延税金資産または繰延税金負債の額を控除した金額を記載することとなる。

第15章

損益計算に関する個別会計基準

Ⅰ　収益認識に関する会計処理

1　収益認識の基本原則

「基準29号」(16項)は，収益認識の「基本となる原則」として，「約束した財又はサービスの顧客への移転を当該財又はサービスと交換に企業が権利を得ると見込む対価の額で描写するように，収益を認識することである。」と定めた上で，この基本原則に従って収益を認識するために，次の(1)から(5)のステップが適用される（基準29号17項）。

(1)　顧客との契約を識別する。

「定め」は，顧客と合意し，かつ，所定の要件を満たす契約に適用することである。

(2)　契約における履行義務を識別する。

契約において顧客への移転を約束した財またはサービスが，所定の要件を満たす場合には別個のものであるとして，当該約束を**履行義務**として区分して識別する。

(3)　取引価格を算定する。

変動対価または現金以外の対価の存在を考慮し，金利相当分の影響および顧客に支払われる対価について調整を行い，取引価格を算定する。

(4)　契約における履行義務に取引価格を配分する。

契約において約束した別個の財またはサービスの独立販売価格の比率に基づき，それぞれの履行義務に取引価格を配分する。独立販売価格を直接

観察できない場合には，独立販売価格を見積もる。

(5)　履行義務を充足した時にまたは充足するにつれて収益を認識する。

　　　約束した財またはサービスを顧客に移転することにより履行義務を充足した時にまたは充足するにつれて，充足した履行義務に配分された額で収益を認識する。履行義務は，所定の要件を満たす場合には一定期間にわたり充足され，所定の要件を満たさない場合には一時点で充足される。

　「基準29号」では，顧客との契約から生じる収益およびキャッシュ・フローの性質，金額，時期および不確実性に関する有用な情報を財務諸表利用者に報告するために「基本となる原則」を提示し，市場関係者の理解に資するために，「基本となる原則」に従って収益を認識するための5つのステップを示している（基準29号115項）。

　「適用指針30号」（基本となる原則に関する設例［設例1］）では，商品の販売と保守サービスの提供の具体例（当期首にA社とB社（顧客）が商品Xの販売と2年間の保守サービスを提供する契約（対価の額：12,000千円）を締結し，A社は当期首に商品XをB社に引き渡し，当期首から翌期末まで保守サービスを行う取引例）を題材として，「基本となる原則」に従って収益を認識するための5つのステップを示している。

　ステップ1：顧客との契約を識別する。

　ステップ2：商品Xの販売と保守サービスの提供を履行義務として識別し，それぞれを収益認識の単位とする。

　ステップ3：商品Xの販売および保守サービスの提供に対する取引価格を12,000千円と算定する。

　ステップ4：商品Xおよび保守サービスの独立販売価格に基づいて，取引価格12,000千円をそれぞれの履行義務に配分し，商品Xの取引価格は10,000千円，保守サービスの取引価格は2,000千円とする。

　ステップ5：履行義務の性質に基づいて，商品Xの販売は一時点で履行義務を充足すると判断し，商品Xの引渡時に収益を認識するが，保守サービスの提供は一定の期間にわたり履行義務を充足すると判断し，当期と翌期の2年間にわたり収益を認識する。

[図表15 - 1]　収益認識のための５つのステップフロー

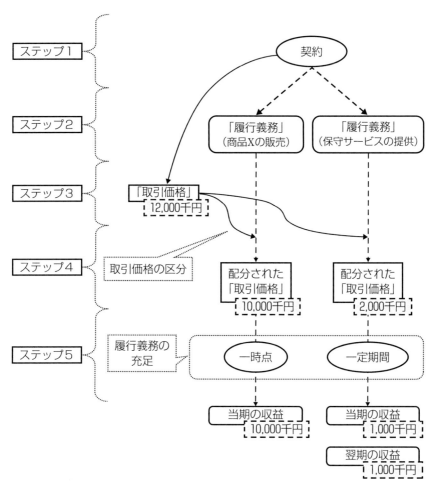

出所：企業会計基準委員会『企業会計基準適用指針第30号　収益認識
　　　に関する会計基準の適用指針』［設例１］。

　「企業会計原則」等が収益認識に関して抽象的規定に止まっていたのに対し，
「基準29号」は収益認識のステップを細かく規定し，企業の裁量的適用を制約
している。図表15 - 1 では，当該契約に５つのステップを適用した場合におけ
るフローが図形化されている。

2　顧客との契約の識別（ステップ１）

「基準29号」でいう契約とは，法的な強制力のある権利・義務を生じさせる複数の当事者間における取決め，顧客とは，対価と交換に企業の通常の営業活動により生じたアウトプットである財またはサービスを得るために当該企業と契約した当事者をいう（基準29号５〜６項）。

契約における権利・義務の強制力は法的概念に基づくので，契約は書面，口頭，取引慣行等により成立する。顧客との契約締結に関する慣行・手続は，国，業種または企業（たとえば，顧客の属性，約束した財・サービスの性質）により異なり，同一企業内でも異なる場合があるため，それらを考慮して，顧客との合意が強制力のある権利・義務を生じさせるのかどうか，いつ生じさせるのかを判断する必要がある（基準29号20項）。

「基準29号」を適用するに際しては，下記(1)から(5)の要件のすべてを満たす顧客との契約を識別しなければならない（基準29号19項）。

(1)　当事者が書面・口頭・取引慣行等により契約を承認し，その義務履行を約束している。

(2)　移転される財またはサービスに関する各当事者の権利を識別できる。

(3)　移転される財またはサービスの支払条件を識別できる。

(4)　契約に経済的実質がある。すなわち，契約の結果として，企業の将来キャッシュ・フローのリスク，時期または金額が変動すると見込まれる。

(5)　顧客に移転する財またはサービスと交換に企業が権利を得ることとなる対価を回収する可能性が高い。当該対価を回収する可能性の評価に当たっては，対価の支払期限到来時における顧客が支払う意思と能力を考慮する。

同一の顧客（当該顧客の関連当事者を含む）と同時またはほぼ同時に締結した複数の契約について，(i)当該複数の契約が同一の商業的目的を有するものとして交渉された場合，(ii)１つの契約において支払われる対価の額が，他の契約の価格または履行により影響を受ける場合等には，「契約の結合」として当該複数の契約を単一の契約とみなして処理することができる（基準29号27項）。たとえば，前記［設例１］（商品10,000千円の販売と２年間の保守サービス提供2,000千

円の契約）において，(ii)のように，商品価格に影響を受けて保守サービス価格を半額にする契約を締結した場合には，商品販売契約とサービス提供契約は単一の契約とみなして処理される。

3　履行義務の識別（ステップ2）

　履行義務とは，顧客との契約において，(a)別個の財またはサービス（あるいは別個の財またはサービスの束）または(b)一連の別個の財またはサービス（特性が実質的に同じであり，顧客への移転のパターンが同じである複数の財またはサービス）のいずれかを顧客に移転する約束をいう（基準29号7項）。

　顧客との契約で約束した財またはサービスを契約の取引開始日に評価し，上記(a)または(b)のいずれかを顧客に移転する約束のそれぞれについて「履行義務」として識別する（基準29号32項）。たとえば，前記［設例1］では，契約が単一の契約とみなされようが，複数の契約として処理されようが，商品の譲渡義務とサービス提供義務の2つの「履行義務」が識別されている。

　このように，「基準29号」は，履行義務の認識には顧客との契約を前提条件とし，「履行義務」の識別における収益認識単位の区分を厳格化する。履行義務を識別した後に，次のステップである「取引価格の算定」および「取引価格の履行義務への配分」に進めることになる。

4　取引価格の算定（ステップ3）

　第3ステップは，収益として認識する金額である「取引価格」を算定する段階となる。ここに取引価格とは，財またはサービスの顧客への移転と交換に企業が権利を得ると見込む対価の額（ただし，第三者のために回収する額を除く）をいう（基準29号8項）。収益の測定額として「見積現在出口価格」ではなく，「取引価格」が採用されている。

　第三者のために回収する額は除かれるので，消費税の納税義務者として国・地方公共団体のために納税する課税売上高に係る消費税は「取引価格」に含まれないことになる。つまり，税込方式は「基準29号」では認められない。5,000千円の商品を販売した場合，下記のような税抜方式（消費税率10%）による仕訳が必要である（単位：千円）。

（借）現 金 預 金　5,500　（貸）売 上 高　5,000

　　　　　　　　　　　　　　　仮 受 消 費 税　　500

　さらに，顧客により約束された対価の性質・時期・金額は「取引価格」の見積りに影響を与えるので，「取引価格の算定」に当たっては，下記のような契約条件・取引慣行等を考慮する必要がある（基準29号48項）。

(A)　変動対価

(B)　契約における重要な金融要素

(C)　現金以外の対価

(D)　顧客に支払われる対価

　上記(A)の**変動対価**とは，顧客と約束した対価のうち変動する可能性のある部分をいう。契約において顧客と約束した対価に変動対価が含まれる場合には，財またはサービスの顧客への移転と交換に企業が権利を得ることとなる対価の額を「最頻値法」（発生し得る対価の額における最も可能性の高い単一の金額による方法）または「期待値法」（発生し得る対価の額を確率で加重平均した金額による方法）のいずれかのうち，より適切に予測できる方法で見積もる（基準29号50～51項）。

　顧客から受け取る対価の一部あるいは全部を顧客に返金すると見込む場合，当該対価の額のうち企業が権利を得ると見込まない額について，**返金負債**（財またはサービスを顧客に移転する企業の義務に対して，企業が顧客から対価を受け取ったものまたは対価を受け取る期限が到来しているもの）を認識し，各決算日に見直す（基準29号11項，53項）。

　たとえば，返品権付きの販売において，対価の総額20,000千円（仕入原価12,000千円）のうち，過去のデータに基づく期待値として返品額600千円が見込まれる場合，顧客への商品に対する支配の移転に関する仕訳は次のとおりである（「適用指針30号」［設例 11]）。なお，参考のために，売上原価に関する仕訳も行う（単位：千円）。

収益の計上：（借）現 金 預 金　20,000　（貸）売 上 高　19,400

　　　　　　　　　　　　　　　　　　　　　返 金 負 債　　600

原価の計上：（借）売 上 原 価　11,640　（貸）棚 卸 資 産　12,000

　　　　　　　　返 品 資 産　　360

　従来，返品見込みを返品調整引当金として設定し，売上高とこれに対応する費用（返品調整引当金繰入）を両建処理で（総額で）損益計算が行われてきた。上記設例では，下記のような仕訳が行われてきた（単位：千円）。

　（借）現　金　預　金　20,000　　　（貸）売　　上　　高　20,000
　　　　　返品調整引当金繰入　　600　　　　　　返品調整引当金　　600

　「基準29号」では，対価として得た資産とこれに付随して生じた履行義務を相殺した額（純額）で売上高は計上され，返金負債に対応する原価が返品資産に計上されている。したがって，返品見込み分を収益から控除することになったので，返品調整引当金を設定する会計処理は認められなくなった。

　返品権付きの販売のほかに，「変動対価」が含まれる取引例として，値引き，リベート，返金，インセンティブ，業績に基づく割増金，ペナルティー等が例示列挙されている（適用指針30号23項）。

　取引価格に基づく収益の額の算定において，対価のうち値引き，返品等によって将来変動する可能性がある「変動対価」を含む場合には，その影響を見積もり，取引価格から減額されることになる。したがって，従来の売上高よりも少なく計上されることになり，売上利益率等の財務諸表分析にも影響を与えることになる。

　上記(B)「契約における重要な金融要素」としては，たとえば，契約の当事者が合意した支払時期により，財またはサービスの顧客への移転に係る信用供与についての重要な便益が顧客または企業に提供される契約は，重要な金融要素を含むものとする。顧客との契約に重要な金融要素が含まれる場合，取引価格の算定に当たっては，約束した対価の額に含まれる金利相当分の影響を調整する。収益は，約束した財またはサービスが顧客に移転した時点で（または移転するにつれて），当該財またはサービスに対して顧客が支払うと見込まれる現金販売価格を反映する金額で認識する（基準29号56〜57項）。

　たとえば，顧客と商品の販売契約を締結し，契約締結時に商品を引き渡したが，顧客は商品の対価30,000千円を契約締結時から2年後に支払う契約であった場合には，次のような仕訳を行う（単位：千円）。なお，対価を調整する金利を4％とする。

商品引渡時：（借）売　掛　金 27,737　　（貸）売　上　高 27,737^{*1}

1　年　後：（借）売　掛　金 1,109　　（貸）受　取　利　息 1,109^{*2}

2　年　後：（借）売　掛　金 1,154　　（貸）受　取　利　息 1,154^{*3}

対価受領時：（借）現　金　預　金 30,000　　（貸）売　掛　金 30,000

$*1$：30,000千円÷1.04^2≒27,737千円

$*2$：30,000千円÷1.04－30,000千円÷1.04^2≒1,109千円

$*3$：30,000千円－30,000千円÷1.04≒1,154千円

　上記(C)「現金以外の対価」である場合に取引価格を算定するに当たっては，当該対価を時価により算定する。現金以外の対価の時価を合理的に見積もることができない場合には，当該対価と交換に顧客に約束した財またはサービスの「独立販売価格」を基礎として当該対価を算定する（基準29号59〜60項）。

　上記(D)の「顧客に支払われる対価」とは，企業が顧客（あるいは顧客から企業の財またはサービスを購入する他の当事者）に対して支払うまたは支払うと見込まれる現金の額，顧客が企業（あるいは顧客から企業の財またはサービスを購入する他の当事者）に対する債務額に充当できるもの（たとえば，クーポン）の額を含む。顧客に支払われる対価は，顧客から受領する別個の財またはサービスと交換に支払われるものである場合を除き，取引価格から減額する。顧客に支払われる対価を取引価格から減額する場合には，(イ)関連する財またはサービスの移転に対する収益を認識する時，(ロ)企業が対価を支払うかまたは支払いを約束する時のいずれか遅い方が発生した時点で（または発生するにつれて），収益を減額する（基準29号63〜64項）。

　たとえば，顧客との間で1年間に30,000千円の商品を販売し，取引開始時に返金不要の3,000千円の支払いを行う契約を締結し，第1回の販売時に商品4,000千円を引き渡した場合には，次のような仕訳を行う（適用指針30号［設例14］）。

取引開始時：（借）前　払　金 3,000　　（貸）現　金　預　金 3,000

第1回販売時：（借）売　掛　金 4,000　　（貸）売　上　高 3,600

　　　　　　　　　　　　　　　　　　　　　　前　払　金　400*

$*$ 4,000千円÷（3,000千円÷30,000千円）＝400千円

　顧客に支払われる対価は売上高から減額されるので，売上高（収益）は純額で計上されることになる。

5　履行義務への取引価格の配分（ステップ４）

　取引価格が算定されると，当該取引価格はそれぞれの履行義務（あるいは別個の財またはサービス）に配分される。取引価格の配分は，財またはサービスの顧客への移転と交換に企業が権利を得ると見込む対価の額を描写するように行う。具体的には，財またはサービスの「独立販売価格」の比率に基づいて，契約において識別したそれぞれの履行義務に取引価格を配分する（基準29号65〜66項）。履行義務の測定には，**配分後取引価格アプローチ**が採用されることになる。

　ここに**独立販売価格**とは，財またはサービスを独立して企業が顧客に販売する場合の価格をいう（基準29号８項）。「独立販売価格」の比率に基づき取引価格を配分する際には，契約におけるそれぞれの履行義務の基礎となる別個の財またはサービスについて，契約における取引開始日の「独立販売価格」を算定し，取引価格を当該独立販売価格の比率に基づいて配分する。「独立販売価格」を直接的に観察できない場合には，市場の状況・企業固有の要因・顧客に関する情報等，合理的に入手できる情報を考慮し，観察可能な入力数値を最大限に利用し，「独立販売価格」を見積もる（基準29号68〜69項）。

　たとえば，製品Ｙの独立販売価格を110千円，製品Ｚの独立販売価格を90千円と見積もり，顧客に製品Ｙと製品Ｚを組み合わせて120千円で販売する契約を締結し，異なる時点で引き渡した場合，配分された金額120千円は製品Ｙと製品Ｚを移転する約束に次のとおり配分される（適用指針30号［設例 15−１］）。

　製品Ｙ：66千円（＝110千円÷独立販売価格合計200千円×120千円）

　製品Ｚ：54千円（＝90千円÷独立販売価格合計200千円×120千円）

6　履行義務充足による収益認識（ステップ５）

（1）　履行義務の分類

　約束した財またはサービス（以下，資産ともいう）を顧客に移転することにより履行義務を充足した時にまたは充足するにつれて，取引価格のうち，当該履行義務に配分した額について収益を認識する。資産が移転するのは，顧客が当該資産に対する支配を獲得した時または獲得するにつれてである（基準29号

35項)。つまり，識別された**履行義務**は，「一時点で充足される履行義務」と「一定期間に充足される履行義務」に分類される。

　なお，資産に対する「支配」とは，当該資産の使用を指図し，当該資産からの残りの便益のほとんどすべてを享受する能力（他の企業が資産の使用を指図して資産から便益を享受することを妨げる能力を含む）をいう（基準29号37項)。つまり，顧客が財またはサービスに対する支配を獲得した時点で，履行義務が充足したとみなされ，収益の測定額は「配分後取引価格」により算定される。

（2）　一定期間に充足される履行義務に係る収益認識

　履行義務の判定・分類は，まず「一定期間に充足される履行義務」から始める。つまり，下記の⑴から⑶の要件のいずれかを満たす場合，資産に対する支配が顧客に一定期間にわたり移転されるので，履行義務は一定期間にわたり充足し，収益が認識される（基準29号38項)。

　⑴　企業が顧客との契約における義務を履行するにつれて，顧客が便益を享受する。

　⑵　企業が顧客との契約における義務を履行することにより，資産が生じるまたは資産の価値が増加し，当該資産が生じるまたは当該資産の価値が増加するにつれて，顧客が当該資産を支配する。

　⑶　次の要件のいずれも満たす。

　　①　企業が顧客との契約における義務を履行することにより，別の用途に転用することができない資産が生じる。

　　②　企業が顧客との契約における義務の履行を完了した部分について，対価を収受する強制力のある権利を有している。

　「一定期間に充足される履行義務」の具体例としては，一定期間にわたって継続的にサービスを提供する契約（たとえば，管理・事務代行等のサービス提供，輸送サービス提供等)，一定期間に製品を製造する契約（たとえば，建物・船舶・橋梁等の建設工事，ソフトウェア開発等の長期の個別受注取引）が列挙されるであろう。

　「一定期間に充足される履行義務」については，履行義務の充足に係る進捗

度を見積もり，当該進捗度に基づき収益を一定期間にわたり認識しなければならない。ただし，履行義務の充足に係る進捗度を合理的に見積もることができる場合にのみ，一定期間に充足される履行義務について収益を認識することができる（基準29号41項，44項）。進捗度の合理的見積りを条件として，**工事進行基準**が採用されることになる。

　履行義務の充足に係る進捗度を合理的に見積もることができないが，当該履行義務を充足する際に発生する費用を回収することが見込まれる場合には，履行義務の充足に係る進捗度を合理的に見積もることができる時まで，一定期間にわたり充足される履行義務について「原価回収基準」により処理される（基準29号45項）。

　原価回収基準とは，履行義務を充足する際に発生する費用のうち，回収することが見込まれる費用の金額で収益を認識する方法である（基準29号15項）。進捗度の合理的な見積りが可能となった場合には，「原価回収基準」から「工事進行基準」に変更することができる。

（3）　一時点で充足される履行義務に係る収益認識

　「一定期間に充足される履行義務」に係る上記（1）から（3）の要件のいずれも満たさず，履行義務が一定期間にわたって充足されるものではない場合には，「一時点で充足される履行義務」として，資産に対する支配を顧客に移転することにより当該履行義務が充足される時に，収益を認識する（基準29号39項）。

　資産に対する支配を顧客に移転した時点を決定するに当たっては，資産に対する支配を考慮する必要があるが，「支配」の移転を検討する際には，たとえば，次のような指標を斟酌しなければならない（基準29号40項）。

　(イ)　企業が顧客に提供した資産に関する対価を収受する現在の権利を有している。

　(ロ)　顧客が資産に対する法的所有権を有している。

　(ハ)　企業が資産の物理的占有を移転した。

　(ニ)　顧客が資産の所有に伴う重大なリスクを負い，経済価値を享受している。

　(ホ)　顧客が資産を検収した。

「一時点で充足される履行義務」の具体例としては，物品を販売する契約，輸出契約等のように，出荷から顧客による検収までの期間がある取引が挙げられるであろう。「基準29号」では，資産に対する支配の移転時点の条件としては，法的所有権・物理的占有の移転，顧客による検収等が必要である。したがって，割賦販売において商品を販売した場合，商品を引き渡した時点で支配は移転しているので，「基準29号」では「割賦基準」は認められないことになった。

原則として，収益が認識される時点は顧客による検収時であるが，検収時までの期間が通常の期間である場合（当該期間が国内における出荷・配送に要する日数に照らして取引慣行ごとに合理的と考えられる日数である場合）には，出荷時から商品・製品の支配が顧客に移転される時までの間の一時点（たとえば，出荷時や着荷時）に収益を認識する会計処理も代替的処理として認められている（適用指針30号98項）。

「基準29号」は 基本的に検収基準を原則とするが，代替的処理として出荷・荷積み・搬入時に収益を認識することも容認している。

Ⅱ　研究開発費等に関する会計処理

1　研究・開発の意義および研究開発費の会計処理

研究開発は，企業の将来の収益性を左右する重要な要素であり，近年，研究開発のための支出も相当の規模となっている。このように企業活動における研究開発の重要性が一層増大している状況を踏まえ，企業の研究開発に関する適切な情報提供，企業間の比較可能性および国際的調和の観点から，研究開発費に係る会計基準を整備することが必要となった。

研究とは，新しい知識の発見を目的とした計画的な調査および探究をいう。開発とは，新しい製品・サービス・生産方法（以下，製品等という）についての計画もしくは設計または既存の製品等を著しく改良するための計画もしくは設計として，研究の成果その他の知識を具体化することをいう（研究費基準一・1）。

　たとえば，製造現場で行われる改良研究であっても，それが明確なプロジェクトとして行われている場合には，開発の意義における著しい改良に該当するものと考えられる。なお，製造現場で行われる品質管理活動やクレーム処理のための活動は，研究開発には含まれないと解される。

　「研究開発費」には，人件費，原材料費，固定資産の減価償却費および間接費の配賦額等，研究開発のために費消されたすべての原価が含まれる。特定の研究開発目的にのみ使用され，他の目的に使用できない機械装置や特許権等を取得した場合の原価は，取得時の「研究開発費」とする（研究費基準二（注１））。

　研究開発費は，すべて発生時に費用として処理しなければならない。費用として処理する方法には，一般管理費として処理する方法と当期製造費用として処理する方法がある（研究費基準三（注２））。

　一般管理費および当期製造費用に含まれる研究開発費の総額は，財務諸表に注記しなければならない（研究費基準五）。

　市場販売目的のソフトウェアについては，最初に製品化された製品マスターの完成までの費用および製品マスターは購入したソフトウェアに対する著しい改良に要した費用が「研究開発費」に該当する。

　研究開発費は，発生時には将来の収益を獲得できるか否か不明であり，また，研究開発計画が進行し，将来の収益の獲得期待が高まったとしても，依然としてその獲得が確実であるとは言えない。そのため，研究開発費を資産として貸借対照表に計上することは適当でない。また，仮に，一定の要件を満たすものについて資産計上を強制する処理を採用する場合には，資産計上の要件を定める必要がある。

　しかし，実務上，客観的に判断可能な要件を規定することは困難であり，抽象的な要件のもとで資産計上を求めることとした場合，企業間の比較可能性が損なわれるおそれがあると考えられる。そこで，「研究開発費」は発生時に費用処理することとされた。

2　ソフトウェア制作費の会計処理

　企業活動におけるソフトウェアの果たす役割が急速に重要性を増し，その制作のために支出する額も次第に多額になってきている。このため，ソフトウェ

ア制作過程における研究開発の範囲を明らかにするとともに，ソフトウェア製作費に係る会計処理全体の整合性の観点から，研究開発費に該当しないソフトウェア製作費に係る会計処理についても明確にすることが必要である。

　ソフトウェアとは，コンピュータを機能させるように指令を組み合わせて表現したプログラム等をいう（研究費基準二）。

　ソフトウェアの制作費は，その制作目的により，将来の収益との対応関係が異なること等から，ソフトウェア制作費に係る会計処理は，自社制作，外部購入といった取得形態別ではなく，制作目的別に設定する必要がある。具体的には，(a)販売目的のソフトウェアと(b)自社利用のソフトウェアとに区分し，(a)販売目的のソフトウェアについては，さらに(i)受注制作のソフトウェアと(ii)市場販売目的のソフトウェアに区分して会計処理が設定されている。

(a)　販売目的のソフトウェア

　(i)　「受注制作のソフトウェア」に係る会計処理——受注制作のソフトウェアの制作費は，請負工事の会計処理基準に準じて処理する（研究費基準四・1）。

　(ii)　「市場販売目的のソフトウェア」に係る会計処理——市場販売目的のソフトウェアである製品マスターの制作費は，研究開発費に該当する部分を除き，資産として計上しなければならない。ただし，製品マスターの機能維持に要した費用は，資産として計上してはならない（研究費基準四・2）。

(b)　自社利用のソフトウェアに係る会計処理

　ソフトウェアを用いて外部へ業務処理等のサービスを提供する契約等が締結されている場合のように，その提供により将来の収益獲得が確実であると認められる場合には，適正な原価を集計した上，当該ソフトウェアの制作費を資産として計上しなければならない。

　「自社利用のソフトウェア」については，完成品を購入した場合のように，その利用により将来の収益獲得または費用削減が確実であると認められる場合には，当該ソフトウェアの取得に要した費用を資産として計上しなければならない。

　機械装置等に組み込まれているソフトウェアについては，当該機械装置等に含めて処理する（研究費基準四・3）。

資産として計上する場合には，無形固定資産の区分に計上しなければならない（研究費基準四・4）。なお，「制作途中のソフトウェア」の制作費については，無形固定資産の仮勘定として計上する（研究費基準注解4）。

無形固定資産として計上したソフトウェアの取得原価は，当該ソフトウェアの性格に応じて，見込販売数量に基づく償却方法（見込販売数量法）その他合理的な方法により償却しなければならない。ただし，毎期の償却額は，残存有効期間に基づく均等配分額を下回ってはならない（研究費基準四・5）。いずれの減価償却方法による場合にも，毎期見込販売数量等の見直しを行い，減少が見込まれる販売数量等に相当する取得原価は，費用または損失として処理しなければならない（研究費基準注解5）。

なお，ソフトウェアに係る研究開発費については，研究開発費の総額に含めて財務諸表に注記する（研究費基準注解6）。

Ⅲ　役員賞与に関する会計処理

1　役員賞与の意義

役員とは，取締役，会計参与，監査役および執行役であり，役員に対する賞与を役員賞与という（基準4号1項）。

なお，役員に対する金銭以外による支給や退職慰労金については，適用範囲外とされる（基準4号2項）。

2　役員賞与の会計処理

役員賞与は，発生した会計期間の費用として処理される（基準4号3項）。

従来，わが国においては，取締役や監査役に対するいわゆる報酬（役員報酬）は発生時に費用として会計処理し，取締役や監査役に対する役員賞与は，利益処分により未処分利益の減少とする会計処理を行うことが一般的であった。

しかし，会社法の施行に伴い，「役員賞与」は，「役員報酬」とともに職務執行の対価として株式会社から受ける財産上の利益として整理され，定款に報酬等に関する一定の事項を定めていない場合には，株主総会の決議等によって定

めることとされた（会法361条）。

　そこで，「役員賞与」と「役員報酬」の類似性により，役員賞与についても職務執行の対価として，会計上は費用として処理されることとなった。

Ⅳ　包括利益の表示

1　包括利益およびその他の包括利益の意義

　包括利益とは，ある企業の特定期間の財務諸表において認識された純資産の変動額のうち，当該企業の純資産に対する持分所有者との直接的な取引によらない部分をいう。当該企業の純資産に対する持分所有者には，当該企業の株主のほか当該企業の発行する新株予約権の所有者が含まれ，連結財務諸表においては，当該企業の子会社の非支配株主も含まれる（基準25号4項）。

　その他の包括利益とは，包括利益のうち当期純利益に含まれない部分をいう。連結財務諸表における「その他の包括利益」には，親会社株主に係る部分と非支配株主に係る部分が含まれる（基準25号5項）。

　包括利益は，当期純利益に「その他の包括利益」の内訳項目を加減して包括利益を表示する（基準25号6項）。

　「その他の包括利益」の内訳項目は，その内容に基づいて，「その他有価証券評価差額金」，「繰延ヘッジ損益」，「為替換算調整勘定」，「退職給付に係る調整額」等に区分して表示する。持分法を適用する被投資会社のその他の包括利益に対する投資会社の持分相当額は，一括して区分表示する（基準25号7項）。

　「その他の包括利益」の内訳項目は，税効果を控除した後の金額で表示する。ただし，各内訳項目について税効果を控除する前の金額で表示して，それらに関連する税効果の金額を一括して加減する方法で記載することができる。いずれの場合も，「その他の包括利益」の各内訳項目別の税効果の金額を注記する（基準25号8項）。

　当期純利益を構成する項目のうち，当期または過去の期間に「その他の包括利益」に含まれていた部分は，組替調整額として，「その他の包括利益」の内訳項目ごとに注記する。この注記は，前項による注記と併せて記載することが

できる（基準25号9項）。前2項の注記は，個別財務諸表（連結財務諸表を作成する場合に限る）および四半期財務諸表においては，省略することができる（基準25号10項）。

2　包括利益を表示する計算書

　包括利益を表示する計算書は，当期純利益を表示する「損益計算書」および包括利益を表示する「包括利益計算書」から成る2計算書方式，当期純利益の表示と包括利益の表示を1つの「損益及び包括利益計算書」で行う1計算書方式のいずれかの形式による（図表19-2，図表19-3，図表19-4参照）。

　連結財務諸表においては，包括利益のうち親会社株主に係る金額および非支配株主に係る金額を付記する。

Ⅴ　法人税，住民税および事業税等に関する会計処理

1　法人税，住民税および事業税等の意義

　法人税とは，「法人税法」（昭和40年法律第34号）の規定に基づく税金をいう。地方法人税とは，「地方法人税法」（平成26年法律第11号）の規定に基づく税金をいう。

　住民税とは，「地方税法」（昭和25年法律第226号）の規定に基づく税金のうち，「道府県民税及び市町村民税」をいう。なお，道府県に関する規定は都に，市町村に関する規定は特別区に準用することとされている（地方税法1条2項）。

　事業税とは，「地方税法」の規定に基づく税金であり，法人の行う事業に対して都道府県が課すものをいう。「事業税」には，付加価値額によって課す付加価値割，資本金等の額によって課す資本割，所得によって課す所得割がある。

　「受取利息及び受取配当金等に課される源泉所得税」とは，「所得税法」（昭和40年法律第33号）第174条各号に規定する利子等，配当等，給付補てん金，利息，利益，差益，利益の分配または賞金の支払を受ける場合に課される所得税をいう。

　外国法人税とは，外国の法令により課される法人税に相当する税金で政令に

定めるもの（法法69条，法人税法施行令（昭和40年政令第97号）141条）をいう。
「外国法人税」には，法人税法等に基づき税額控除の適用を受けるものと税額
控除の適用を受けないものがある。

　所得とは，法人税の関係法令または事業税の関係法令の規定に基づき算定し
た各事業年度の益金の額から当該事業年度の損金の額を控除した金額をいう。

　更正とは，法人税，住民税および事業税等について，提出した納税申告書に
記載された課税標準または税額の計算が法令に従っていなかった場合やその他
当該課税標準または税額が税務署長または地方公共団体の長の調査したところ
と異なる場合に，その調査により，当該納税申告書に係る課税標準または税額
を変更することをいう。

　修正申告とは，法人税，住民税および事業税等について，提出した納税申告
書に納付すべきものとして記載した税額に不足額がある場合や提出した納税申
告書に記載した純損失の金額が過大であった場合に，当該納税申告書に記載さ
れた課税標準または税額を修正する納税申告書を税務署長または地方公共団体
の長に提出することにより，提出した納税申告書に係る課税標準または税額を
変更することをいう。なお，更正および修正申告を「更正等」という（基準27
号4項）。

2　法人税，住民税および事業税等の会計処理

　「基準27号」は，特に明示しない限り，個別財務諸表における会計処理・開
示を想定して定めている。連結財務諸表における会計処理・開示は，個別財務
諸表における会計処理・開示に準じて行う（基準27号2項）。

　当事業年度の所得等に対する法人税，住民税および事業税等については，法
令に従い算定した額（税務上の欠損金の繰戻しにより還付を請求する法人税額およ
び地方法人税額を含む）を損益に計上する（基準27号5項）。

　過年度の所得等に対する法人税，住民税および事業税等について，更正等に
より追加で徴収される可能性が高く，当該追徴税額を合理的に見積もることが
できる場合，「会計上の変更及び誤謬の訂正」に関する「基準24号」（4項(8)）
に定める誤謬に該当するときを除き，原則として，当該追徴税額を損益に計上
する。なお，更正等による追徴に伴う延滞税，加算税，延滞金および加算金に

ついては，当該追徴税額に含めて処理する（基準27号6項）。

　過年度の所得等に対する法人税，住民税および事業税等について，更正等により還付されることが確実に見込まれ，当該還付税額を合理的に見積もることができる場合，「基準24号」（4項(8)）に定める誤謬に該当するときを除き，当該還付税額を損益に計上する（基準27号7項）。

　過年度の所得等に対する法人税，住民税および事業税等について，更正等により追徴税額を納付したが，当該追徴の内容を不服として法的手段を取る場合において，還付されることが確実に見込まれ，当該還付税額を合理的に見積もることができる場合，「基準27号」（7項）と同様に，「基準4号」（4項(8)）に定める誤謬に該当するときを除き，当該還付税額を損益に計上する（基準27号8項）。

3　法人税，住民税および事業税等の開示

　法人税，地方法人税，住民税および事業税（所得割）は，損益計算書の税引前当期純利益（または損失）の次に，「法人税，地方法人税，住民税及び事業税（所得割）」など，その内容を示す科目をもって表示する。事業税（付加価値割および資本割）は，原則として，損益計算書の「販売費及び一般管理費」として表示する。ただし，合理的な配分方法に基づいてその一部を売上原価として表示することができる。法人税，住民税および事業税等のうち納付されていない税額は，貸借対照表の流動負債の区分に「未払法人税等」など，その内容を示す科目をもって表示する。法人税，住民税および事業税等の税額が，中間申告により納付された税額を下回る場合等により還付されるとき，当該還付税額のうち受領されていない税額は，貸借対照表の流動資産の区分に「未収還付法人税等」など，その内容を示す科目をもって表示する（基準27号9～12項）。

　受取利息および受取配当金等に課される源泉所得税のうち，法人税法等に基づき税額控除の適用を受けない税額は，損益計算書の「営業外費用」として表示する。ただし，当該金額の重要性が乏しい場合，「法人税，地方法人税，住民税及び事業税（所得割）」に含めて表示することができる（基準27号13項）。

　「外国法人税」のうち法人税法等に基づき税額控除の適用を受けない税額は，その内容に応じて適切な科目に表示する。なお，外国子会社（法法23条の2）

からの受取配当金等に課される外国源泉所得税のうち法人税法等に基づき税額控除の適用を受けない税額は，「法人税，地方法人税，住民税及び事業税（所得割）」に含めて表示する（基準27号14項）。

　法人税，地方法人税，住民税および事業税（所得割）の「更正等」による追徴税額および還付税額は，「法人税，地方法人税，住民税及び事業税（所得割）」を表示した科目の次に，その内容を示す科目をもって表示する。ただし，これらの金額の重要性が乏しい場合，「法人税，地方法人税，住民税及び事業税（所得割）」に含めて表示することができる。事業税（付加価値割および資本割）の更正等による追徴税額および還付税額は，原則として，損益計算書の「販売費及び一般管理費」として表示する。ただし，合理的な配分方法に基づきその一部を売上原価として表示することができる。法人税，住民税および事業税等の更正等による追徴税額のうち納付されていない税額は，当事業年度の所得等に対する法人税，住民税および事業税等のうち納付されていない税額に含めて表示する。「法人税，住民税及び事業税等」の更正等による還付税額のうち受領されていない税額は，当事業年度の所得等に対する「法人税，住民税及び事業税等」の還付税額のうち受領されていない税額に含めて表示する（基準27号15～18項）。

第16章

税効果会計に関する会計基準

Ⅰ　税効果会計の意義・目的および必要性

　法人税法上の課税所得は「別段の定めのある事項」を除き，会社法上で確定した決算利益に基づいて算定される。すなわち，企業会計上の収益・費用と税法上の益金・損金と一致しない「別段の定めのある事項」（益金算入項目，益金不算入項目，損金算入項目，損金不算入項目）を加減・調整すること（税務調整という）により，課税所得は算出される。

　しかし，企業会計と法人税法との間に会計処理の相違が存在するならば，税引前当期純利益と課税所得は一致せず，納付すべき税額は，税引前当期純利益に対して課される法人税等（法人税，都道府県民税，市町村民税，利益額を課税標準とする事業税）の金額を示しているとは言い難い。

　このことは，企業会計と法人税法との間で企業会計上の収益・費用と税法上の益金・損金の認識時点の相違，企業会計上と法人税法上の資産または負債の金額の相違がある場合，その相違の存在を起因とする法人税等支払額への影響が潜在していることを意味する。このような法人税等支払額への潜在的影響を税効果という。この税効果を考慮して，税引前当期純利益と法人税等との対応を達成しようとする会計処理が，税効果会計である。

　「税効果会計」は，貸借対照表上に計上されている資産・負債の金額と課税所得の計算の結果に算定された資産・負債の金額との間に差異がある場合，当該差異に係る法人税等の金額を適切に期間配分することにより，法人税等を控除する前の当期純利益の金額と法人税等の金額を合理的に対応させることを目的とする手続きである（税効果基準第一）。

　税効果会計を適用しない場合には，課税所得を基礎とした法人税等の額が費用として計上され，法人税等を控除する前の企業会計上の利益と課税所得とに差異があるときは，法人税等の額が法人税等を控除する前の当期純利益と期間的に対応せず，また，将来の法人税等の支払額に対する影響が表示されないことになる。したがって，財務諸表の作成上，税効果会計を全面的に適用することが必要とされた（「税効果会計に係る会計基準の設定について」二）。

Ⅱ　税効果会計の対象および方法

1　税効果会計の対象

　企業会計・法人税法の計算目的，租税政策等により，確定した決算に基づく損益計算上の当期利益と法人税法上の所得金額は一致しない。当該差異が生じる原因を形態的に分類すると，「永久差異」と「一時差異」がある。永久差異は税効果会計の対象とならないが，一時差異は対象となる。

（1）　永久差異
　法人の本質は株主の集合体であるから，法人税は個人所得税の前払分であると考える「法人擬制説」が法人税法により採用されている。企業会計上，受取配当金は営業外収益として計上されるが，税務計算上では，法人擬制説の観点からは，配当金を支払った法人はすでに法人税を納付しているので，受け取った法人にも課税を行うと二重に課税することになるので，二重課税排除の措置として，受取配当金は益金不算入となる。
　交際費は企業会計では販売費として処理されるが，法人税法上，冗費節約・財政収入確保等の理由により，原則として，損金の額に算入されない。制裁的な罰科金等も，損金に算入すれば税負担を軽減することになり，制裁的効果が低減するので，損金不算入となる。
　このような項目に係る金額の差異は，企業会計上および税務計算上，永久に解消されることはない。この差異を永久差異という。つまり，永久差異とは，貸借対照表および連結貸借対照表に計上されている資産・負債の金額と課税所

得計算上の資産・負債の金額との差額のうち，将来の期間において課税所得に算入されることのない差額のことである。永久差異は，将来のいかなる期間においても課税所得の計算に影響を及ぼさない差異であるので，税効果会計の対象とはならない。

（2）　一時差異

　一時差異とは，貸借対照表および連結貸借対照表に計上されている資産・負債の金額と課税所得計算上の資産・負債の金額との差額をいう（税効果基準第二・一）。

　「一時差異」は将来の期間において課税所得に算入される差額であり，将来の期間の課税所得に含められることによって，解消できる差異である。したがって，一時差異は，税効果会計の適用対象となる。法人税等については，一時差異に係る税金の額を適切な会計期間に配分し，計上しなければならない。

　「一時差異」は，次のような場合に生じる（税効果基準第二・一・2）。

（イ）　個別財務諸表上の一時差異

　　①　収益または費用の帰属年度が相違する場合

　　②　資産の評価替えにより生じた評価差額が直接的に資本の部に計上され，かつ，課税所得の計算に含まれていない場合

（ロ）　連結財務諸表固有の一時差異

　　①　資本連結に際し，子会社の資産・負債の時価評価により評価差額が生じた場合

　　②　連結会社相互間の取引から生じる未実現損益を消去した場合

　　③　連結会社相互間の債権・債務の相殺消去により貸倒引当金を減額修正した場合

　一時差異は，当該一時差異が解消するときにその期の課税所得を減額する効果を持つ将来減算一時差異と当該一時差異が解消するときにその期の課税所得を増額する効果を持つ将来加算一時差異に分けることができる。

　「将来減算一時差異」は，法人税等の支払いが前払いとなることにより，これに法定実効税率を乗じた金額が繰延税金資産という勘定で処理される。これ

には，貸倒引当金・減価償却費等の損金算入限度超過額，棚卸資産と有価証券の評価損否認額，未払事業税，連結会社相互間の未実現利益がある。

　「将来加算一時差異」は，法人税等の支払いが未払いとなることにより，これに法定実効税率を乗じた金額が**繰延税金負債**という勘定で処理される。これは，利益処分による準備金の計上，利益処分による圧縮記帳，連結会社相互間の債権・債務の消去により貸倒引当金を減額した場合に生ずる。

　なお，将来の課税所得と相殺可能である**繰越欠損金等**は，一時差異ではないが，翌期以降の繰越可能期間に生じる課税所得と相殺することができ，将来の課税所得を減額する効果があるので，「一時差異」と同様に取り扱う。

　「一時差異」および「繰越欠損金等」（繰越外国税額控除を含む）を総称して，**一時差異等**という（税効果基準第二・一・4）。

　図表16-1では，税効果会計の適用対象となる「一時差異等」の会計手順を示している。

[図表16-1]　税効果会計の対象となる一時差異等

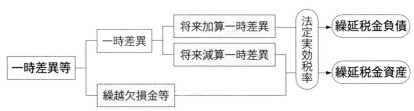

2　税効果会計の方法

　税効果会計の方法には，「繰延法」と「資産負債法」がある。繰延法は，損益法の観点（収益費用アプローチ）に立って企業会計上の費用・収益による利益の金額と法人税法上の益金・損金による課税所得との金額に相違がある場合，その相違項目のうち，損益期間帰属の相違に基づく差異（**期間差異**という）に対する当期の税金負担額または税金軽減額を問題にする。これに対して，**資産負債法**は，財産法の観点（**資産負債アプローチ**）に立って企業会計上の資産・負債と税法上の資産・負債との差額を問題にし，その差異を**一時差異**とする。

　すなわち，「繰延法」は，税効果を解消する年度まで貸借対照表上，繰延税金資産・負債として計上し，これを将来の期間に対応する企業会計上の費用として償却していく方法であり，一時差異が発生した期の法人税の期間対応を主目的とするのに対し，「資産負債法」は，税効果を将来支払うべき税金（つまり負債）あるいは将来の税金の前払い（つまり資産）として会計処理する方法であり，翌期以降に支払うか軽減される税額を未払税金または前払税金の形で貸借対照表に計上することを主目的としている。

　「繰延法」では，当期の利益に対応しない部分を繰り延べるので，税効果会計に適用される税率としては，差異発生年度の税率が適用され，その後に税率の変更があっても新税率による再計算，新税に対する修正を行わない。

　他方，「資産負債法」では，税効果額は，前払税金の場合には前払いした期の税率により，未払税金の場合には実際に支払いが行われる期の予測税率により計算され，差異解消期間の税率が適用されるので，税効果会計に適用される税率しては，一時差異の解消年度の税率が適用され，その後に税率の変更があったり，新税が賦課されれば修正計算を行う。

　わが国の「税効果基準」は，資産負債法を採用している。

Ⅲ　繰延税金資産・負債の計上方法

　一時差異等に係る税金の額は，将来の会計期間において回収または支払いが見込まれない税金の額を除き，「繰延税金資産」または「繰延税金負債」として計上しなければならない。繰延税金資産については，将来の回収の見込みについて毎期見直しを行わなければならない（税効果基準第二・二・1）。

　繰延税金資産の計上は，法人税等を減少させ，当期純利益を増加させるので，その資産計上に十分な回収可能性の保証がなければ，資金の社外流出を招き，将来の企業の継続性に影響を及ぼす。そのため，繰延税金資産については，将来の支払税金を減額する効果（将来の回収の見込み）について毎期見直しを行うこととしている（税効果基準第二・二・2，注解6）。

　計上する「繰延税金資産」または「繰延税金負債」の金額は，回収または支払いが行われると見込まれる期の税率に基づいて計算する。法人税等について

税率の変更があった場合には，過年度に計上された繰延税金資産・負債を新税率に基づいて再計算する（税効果基準第二・二・2，注解6）。すなわち，「資産負債法」を要求している。

　一時差異等の金額が把握されたら，これに**法定実効税率**（利益を課税標準とする法人税・住民税・事業税を総括した税率）を乗じることで税効果額（繰延税金資産・繰延税金負債）が算定されるが，当期の損益計算書上，税効果額は**法人税等調整額**として計上される。

　なお，前期以前に税効果会計を適用し，当期に一時差異等が解消した場合，税効果額について税効果会計適用時（差異発生時）における逆仕訳を行う。

設例16-1

(1)　×1年度決算で破産更生債権1,000,000円に対して，900,000円の貸倒引当金を設定したが，法人税法で認められる貸倒引当金繰入額は500,000円であるので，400,000円は有税引当であった。なお，法定実効税率は30%とする。

| （借） | 貸倒引当金繰入 | 900,000 | （貸） | 貸倒引当金 | 900,000 |
| | 繰延税金資産 | 120,000* | | 法人税等調整額 | 120,000 |

　　　　　　　*400,000×30％＝120,000

(2)　上記破産更生債権に対して設定した貸倒引当金の全額が，×2年度に損金として認定された。

| （借） | 貸倒引当金 | 900,000 | （貸） | 破産更生債権 | 900,000 |
| | 法人税等調整額 | 120,000 | | 繰延税金資産 | 120,000 |

　資産の評価替えにより生じた評価差額が直接的に純資産の部に計上される場合には，当該評価差額に係る「繰延税金資産」または「繰延税金負債」を当該評価差額から控除して計上する（税効果基準第二・二・3）。時価が取得原価を上回る場合の評価差額は**繰延税金負債**，下回る場合の評価差額は**繰延税金資産**として計上される。

設例16-2

(1)　その他有価証券（簿価：1,000,000円）を決算日に900,000円と時価評価した場合，(イ)全部純資産直入法と(ロ)部分純資産直入法により仕訳処理しなさい。なお，法定実効税率は30%とする。

　　(イ)　全部純資産直入法：

| (借) | 繰延税金資産 | 30,000 | (貸) | 投資有価証券 | 100,000 |
| | その他有価証券評価差額金 | 70,000 | | | |

　　(ロ)　部分純資産直入法：

| (借) | 投資有価証券評価損 | 100,000 | (貸) | 投資有価証券 | 100,000 |
| | 繰延税金資産 | 30,000 | | 法人税等調整額 | 30,000 |

(2)　「土地再評価法」に基づき，事業用土地（簿価50,000,000円）を90,000,000円に再評価した。法定実効税率は30%とする。

| (借) | 土地 | 40,000,000 | (貸) | 繰延税金負債 | 12,000,000 |
| | | | | 土地再評価差額金 | 28,000,000 |

　資本連結に際しては，子会社の資産・負債を全面時価評価法により時価評価したことにより生じた評価差額がある場合，当該評価差額に係る時価評価時点の繰延税金資産または繰延税金負債を当該評価差額から控除した額をもって，親会社の投資額と相殺対象となる子会社の資本とする。法人税等について税率の変更があったこと等により繰延税金資産・負債の金額を修正した場合，修正差額は法人税等調整額に加減する。ただし，純資産の部に計上される評価差額に係る繰延税金資産・負債の金額を修正したときは，修正差額を評価差額に加減して処理する（税効果基準第二・二・3，注解7）。

Ⅳ　繰延税金資産・負債の分類・表示方法と注記事項

　繰延税金資産は「投資その他の資産」の区分に，繰延税金負債は「固定負債」の区分に表示する（基準28号2項）。

　なお，同一納税主体の繰延税金資産と繰延税金負債は，双方を相殺して表示する。ただし，異なる納税主体の繰延税金資産と繰延税金負債は，双方を相殺

せずに表示する（基準28号2項）。

　当期の法人税等として納付すべき額および法人税等調整額は，法人税等を控除する前の当期純利益から控除する形式により，それぞれ区分して表示する（税効果基準第三・3）。図表16-2は，「法人税等調整額」の表示例である。

［図表16-2］　法人税等調整額の表示例

損　益　計　算　書			連　結　損　益　計　算　書		
⋮			⋮		
税引前当期純利益		×××	税金等調整前当期純利益		×××
法人税，住民税及び事業税	×××		法人税，住民税及び事業税	×××	
**　法人税等調整額**	×××	×××	**　法人税等調整額**	×××	×××
当期純利益		×××	当期純利益		×××
			非支配株主に帰属する当期純利益		×××
			親会社株主に帰属する当期純利益		×××

　財務諸表および連結財務諸表には，下記の事項を注記しなければならない（税効果基準第四，基準28号4項・5項）。

① 　繰延税金資産および繰延税金負債の発生原因別の主な内訳（繰延税金資産の発生原因別の主な内訳を記載するに当たっては，繰延税金資産から控除された額（評価性引当額）を併せて記載する）

② 　税引前当期純利益または税金等調整前当期純利益に対する法人税等（法人税等調整額を含む）の比率と法定実効税率との間に重要な差異があるときは，当該差異の原因となった主要な項目別の内訳

③ 　税率の変更により繰延税金資産および繰延税金負債の金額が修正されたときは，その旨および修正額

④ 　決算日後に税率の変更があった場合には，その内容およびその影響

⑤ 　税務上の繰越欠損金の額が重要である場合，(イ)繰越期限別に(i)繰越欠損金の額に納税主体ごとの法定実効税率を乗じた額，(ii)繰越欠損金に係る繰延税金資産から控除された額（評価性引当額），(iii)繰越欠損金に係る繰延税金資産の額および(ロ)繰延税金資産を回収可能と判断した理由

第17章

外貨換算に関する会計基準

Ⅰ　外貨換算会計の意義および問題点

1　外貨換算の意義

　外貨換算（foreign currency translation）とは，外国通貨で表示されたり，測定されている金額を円貨に表示換えする手続である。

　変動相場制の下で，外貨換算の主要な計算要素である為替レート（為替相場ともいう）が，常に変動しているので，種々の問題が生じてきた。為替レートが異なれば，同一科目における同一外貨金額に対して異なる円貨額が計上されることになるからである。

　変動相場制下における外貨換算会計は，どの勘定科目に対して，いつの時点の為替レートを選択適用するのかという会計問題であり，この場合，次の2つの問題が外貨換算会計の主要な課題となる。

　(a)　外貨建取引の換算処理
　(b)　在外支店・子会社等の外貨表示財務諸表の換算方法

2　外貨建取引の換算処理

　ここにいう**外貨建取引**とは，売買価額その他取引価額が外国通貨で表示されている取引をいい，次のようなものがある（外貨基準注解1）。

　(イ)　取引価額が外国通貨で表示されている物品の売買または役務の授受
　(ロ)　決済金額が外国通貨で表示されている資金の借入または貸付
　(ハ)　券面額が外国通貨で表示されている社債の発行

(ニ)　外国通貨による前渡金・仮払金の支払いまたは前受金・仮受金の受入れ等

(ホ)　決済金額が外国通貨で表示されているデリバティブ取引等

この外貨建取引に関する会計処理は，①取引時における外貨建取引の記録・換算，②決済時における外貨建金銭債権・債務の決済・換算および③決算時における外貨建金銭債権・債務の換算の各段階において問題になる。

外貨建取引は，原則として，「取引発生時の為替相場」（取引日レートという）によって換算される（外貨基準一・１）。

ただし，「外貨建取引等会計処理基準」（以下「外貨基準」と略す）の注解２では，取引発生時直近の一定期間の**平均相場**（取引発生日の属する月または週の前月または前週の直物為替相場の平均レート）あるいは一定日の**直物**（じきもの）**相場**（取引発生日の属する月もしくは週の前月もしくは前週の末日または当月もしくは当週の初日の直物為替相場）も，「取引発生時の為替相場」として採用できる。

決済時には，為替予約等が付されている場合を除き，原則として，外貨建金銭債権・債務は「決済日の為替相場」（決済日レートという）で換算される。したがって，取引日レートと決済日レートが異なる場合，外貨建金銭債権・債務に関する「為替差額」（取引日から決済日までの為替決済損益）が，為替相場変動の影響を認識するために計上されなければならない。

外貨建金銭債権・債務が決算日までに決済されない場合，当該項目を決算日レートで換算するのか，取引日レートのままにしておくのか，さらに同じ金銭債権・債務であっても短期債権・債務と長期債権・債務にどの時点の相場を付すのかという問題が生じる。取引日レートを採用する限り，「為替換算差額」は発生しないが，決算日レートを適用する債権・債務には**為替換算差額**を計上する可能性がある。

一般に，短期金銭債権・債務は決算時レートで換算され，為替換算差額は当期の「為替差損益」として処理される。決算日現在の「回収可能価値」あるいは「返済可能価値」を表示・計上するためには，外貨建金銭債権・債務は，短期・長期を問わず，決算日レートで換算すべきであると考えられる。

3　外貨表示財務諸表の換算方法

　在外支店，在外子会社，在外関連会社等の在外企業体の「外貨表示財務諸表」の換算方法として，基本的には，「流動・非流動法」，「貨幣・非貨幣法」，「テンポラル法」および「決算日レート法」がある。

　①　流動・非流動法

　流動・非流動法とは，流動資産および流動負債には決算日レートで，固定資産および固定負債には取引日レートで換算する方法である。

　この流動・非流動法は，貸借対照表における流動・固定の分類基準を換算レートに適用する方法であるが，同じ貨幣項目であっても，短期貨幣項目には決算日レート，長期貨幣項目には取引日レートで換算することになる。また，同じ物的資産であっても，棚卸資産には決算日レート，有形固定資産には取引日レートで換算される。

　②　貨幣・非貨幣法

　貨幣・非貨幣法とは，貨幣資産および貨幣負債には決算日レートで，非貨幣資産および非貨幣負債には取引日レートで換算する方法である。この方法の理論的根拠は，法律または契約により金額が固定している貨幣項目は貨幣価値変動の影響を受けやすいので，その為替換算差損益を計上すべきであるということにある。

　しかし，この方法も貸借対照表の分類基準を換算レートに適用しており，非貨幣項目が決算日の時価で計上されている場合にも，過去の取引日レートで換算しなければならない不合理性が残る。

　③　テンポラル法

　テンポラル法とは，現金，債権・債務等のように決算日現在または将来の価額で計上されている資産および負債には決算日レートで，設備等のように過去の価額で表示されている資産および負債には過去の取引日レートで換算する方法である。

　たとえば，有価証券や棚卸資産が過去の取得原価で評価されているならば，当該資産は過去の取引日レートで換算されるが，低価主義または時価主義を適用して決算日の時価で評価されるならば，決算日レートで換算される。「測定時点」と「乗ずる換算レートの成立時点」の一致を図ることにより，測定の属性を変えない換算方法であり，「属性法」とも呼ばれている。

　ただし，前記二法と同様に，複数レートを用いるので，換算後の財務比率が異なり，外貨表示財務諸表上の利益（あるいは損失）が円貨表示財務諸表上では損失（あるいは利益）に転ずる**換算パラドックス**を伴う場合もある。

④　決算日レート法

　決算日レート法とは，すべての資産および負債を決算日レートで換算する方法である。この方法に従えば，換算前後の財務比率は等しく，外国で稼得される利益は円貨での決算日現在における相当額を示す。単一レート適用法である決算日レート法では，「換算パラドックス」は生じないし，しかも，実務上，換算手続が簡単である。

［図表17−1］　各換算法における為替レートの比較

換算法＼勘定項目	流動・非流動法	貨幣・非貨幣法	テンポラル法	決算日レート法
現金・預金	C	C	C	C
売掛金・受取手形	C	C	C	C
有価証券　原価	C	C	H	C
時価	C	C	C	C
棚卸資産　原価	C	H	H	C
時価	C	H	C	C
有形固定資産　原価	H	H	H	C
時価	H	H	C	C
投資有価証券　原価	H	H	H	C
時価	H	H	C	C
買掛金・支払手形	C	C	C	C
長期借入金	H	C	C	C

（注）　C：決算日レート　　H：取引日レート

Ⅱ　外貨建取引

1　取引時の会計処理

　前述したように,「外貨基準」(一・1および注解2)によれば,外貨建取引は,取引発生日の直物為替相場または合理的な基礎に基づいて算定された平均相場・取引発生日直近の一定の日の直物為替相場によって換算・記録される。

　ただし,外貨建取引に係る外貨建金銭債権・債務と為替予約との関係が「金融商品基準」における「ヘッジ会計の要件」を充たしている場合には,当該外貨建取引についてヘッジ会計を適用することができる(外貨基準一・1)。その場合,「金融商品基準」におけるキャッシュ・フローヘッジと共通する考え方に基づき,当分の間,為替予約等(通貨先物,通貨スワップおよび通貨オプションを含む)によって確定する決済時における円貨額により外貨建取引および金銭債権・債務等を換算し,直物為替相場との差額を期間配分する「振当処理」も認められている(外貨基準注解6)。したがって,振当処理による場合においても「ヘッジ会計の要件」の充足が求められる。

　振当処理については,短期金銭債権・債務と長期金銭債権・債務とに分けて異なる処理方法が要求されていたが,長短に関わりなく,原則として,当該金銭債権・債務等の取得日レート(決算日レートを付した場合には当該決算日レート)による円換算額と為替予約等による円貨額との差額のうち,予約等の締結時までに生じている為替相場の変動による額(直々差額という)は予約日の属する期の為替差損益として処理し,残額(直先差額という)は予約日の属する期から決済日の属する期までの期間にわたって合理的な方法により配分し,各期の損益として処理する。

　ただし,当該直先差額について重要性が乏しい場合には,当該差額を予約日の属する期の損益として処理することができる。

　なお,取得日レートによる円換算額と為替予約等による円貨額との差額のうち次期以降に配分される額は,貸借対照表上,資産の部または負債の部に記載する(外貨基準注解7)。

設例17−1

(1)　2月1日に6カ月満期の契約で＄10,000を借り入れ，円貨に転換して当座預金とした。借入時の直物為替相場は＄1＝￥100であった。

　　（借）当 座 預 金 1,000,000　　　（貸）短 期 借 入 金 1,000,000

(2)　2月中に円安となったので，3月1日に為替予約を付した。3月1日の直物レートは＄1＝￥110，予約レートは＄1＝￥115であった。

　　（借）為 替 差 損 100,000　　　（貸）短 期 借 入 金 150,000
　　　　　前 払 費 用 50,000

　　　　直々差額：（￥100−￥110）×＄10,000＝△￥100,000

　　　　直先差額：（￥110−￥115）×＄10,000＝△￥50,000

(3)　3月31日の決算に際して，直先差額を期間配分した。

　　（借）為 替 差 損 10,000　　　（貸）前 払 費 用 10,000

$$￥50,000 \times \frac{1カ月}{5カ月} = ￥10,000$$

2　決済時の会計処理

　外貨建金銭債権・債務の決済に伴って生じる**為替決済差額**をめぐっては，「外貨建取引」とその「代金決済取引」を一体と見るのか別個に見るのかによって，「一取引基準」と「二取引基準」の2つの考え方がある。

　一取引基準によれば，外貨建取引が行われたときには取引日レートで換算・記帳するが，これは決済日レートが確定していないための暫定的な換算にすぎず，決済日における決済金額をもって最終的な取引価額とみなす。「外貨建取引」と「為替決済取引」とを1つの連続した取引であるとする考え方であり，決済時には取引発生時における仮換算を修正しなければならない。その修正差額は営業損益として処理され，決済が行われたときに初めて取引金額が判明する。

　二取引基準によれば，外貨建取引が行われたときに取引日レートで換算・記帳し，決済日までの為替差額は金融損益の一種と解され，「外貨建取引」と「為替決済取引」を区別する。二取引基準における為替差額は，営業外損益として処理される。

設例17−2

8/1　米国から商品＄10,000を掛で仕入れた。この日の為替レートは＄1＝¥130
　　　である。

　　（借）　仕　　　　　入　1,300,000　　　（貸）　買　　掛　　金　1,300,000

9/1　米国の仕入先に商品の代金＄10,000を銀行から電信送金した。為替レート
　　　は＄1＝¥125である。

(a)　一取引基準

　　（借）　買　　掛　　金　1,300,000　　　（貸）　現　　　　　金　1,250,000

　　　　　　　　　　　　　　　　　　　　　　　　　　仕　　　　　入　　　50,000

(b)　二取引基準

　　（借）　買　　掛　　金　1,300,000　　　（貸）　現　　　　　金　1,250,000

　　　　　　　　　　　　　　　　　　　　　　　　　　為　替　差　益　　　50,000

　各国の外貨換算基準は，理論的判断というよりも，実務適用上の簡便性から
二取引基準を採用している。わが国の「外貨基準」（一・3）においても，外
貨建金銭債権・債務の為替決済差額は，「二取引基準」を適用して，当期の為
替差損益として損益計算書に計上される。

3　決算時の会計処理

　決算日における外国通貨，外貨建金銭債権・債務，外貨建有価証券および外
貨建デリバティブ取引等の金融商品の換算は，原則として，次のとおりである。

（1）　外国通貨

　外国通貨については，決算日レートによる円換算額を付し，換算差額は当期
の為替差損益として処理する（外貨基準一・2(1)・①および(2)）。

　決算時の直物為替相場としては，決算日の直物為替相場のほか，決算日の前
後一定期間の直物為替相場に基づいて算出された平均相場を用いることができ
る（外貨基準注解8）。

（2）　外貨建金銭債権・債務（外貨預金を含む）

　外貨建金銭債権・債務とは，契約上の債権額または債務額が外国通貨で表示されている金銭債権・債務をいう（外貨基準注解4）。

　決算時における外貨建金銭債権・債務については，決算日レートによって換算され，換算差額は当期の損益に算入される。

　ただし，外貨建自社発行社債のうち転換請求期間満了前の転換社債は，発行時の為替相場によって換算される（外貨基準一・2(1)②）。

　外貨建金銭債権・債務および外貨建債券について「償却原価法」を適用する場合における償却額は，外国通貨による償却額を期中平均相場により円換算した額による（外貨基準注解9）。

（3）　外貨建有価証券

　外貨建有価証券の換算については，「基準10号」における有価証券の分類に基づいて換算方法を定め，さらに，換算差額の処理も基本的に「基準10号」における評価差額の処理方法による（外貨基準一・2・(1)・③，(2)および注解9，10）。

(a)　売買目的有価証券

　外国通貨による時価を決算日レートで換算し，換算差額を当期の評価損益として処理する。

設例17-3

(1)　1月15日に売買目的で外貨建株式20,000ドルを購入した。この日の取引日レートは1ドル＝123円である。

　（借）有　価　証　券　2,460,000　　　（貸）現　金　預　金　2,460,000

(2)　本日，決算日である。決算日の時価は21,000ドルに上昇し，決算日レートは1ドル＝110円と円高になっている。

　（借）有価証券評価損　150,000※　　（貸）外貨建有価証券　150,000

　　※　21,000ドル×110円－20,000ドル×123円＝△150,000円

(b) 満期保有目的の外貨建債券

外貨建の取得原価（もしくは償却原価）を決算日レートで換算し，換算差額
は当期の為替差損益に算入し，償却原価法を適用する場合における償却額は，
外国通貨による償却額を期中平均レートで換算した金額とする（外貨基準注解
９）。

設例17-4

当期首に満期保有目的の外貨建社債券60,000ドル（償還期限：４年，＠96ドル，
取引日レート：１ドル＝114円）を購入したが，決算日に償却原価法（定額法）
を適用した上で，換算した。なお，期中平均レートは１ドル＝112円であり，決
算日レートは１ドル＝110円である。

$$
\begin{array}{lllll}
（借） & 外貨建投資有価証券 & 67,200^{※1} & （貸）\ 有価証券利息 & 67,200 \\
& 為\ 替\ 差\ 損 & 507,600^{※2} & 外貨建投資有価証券 & 507,600
\end{array}
$$

※1　$\{60{,}000\text{ドル} - (60{,}000\text{ドル} \times \dfrac{96\text{ドル}}{100\text{ドル}})\} \div 4\text{年} \times 112\text{円} = 67{,}200\text{円}$

※2　期末換算額：$[60{,}000\text{ドル} \times \dfrac{96\text{ドル}}{100\text{ドル}} + \{60{,}000\text{ドル} \times (1 - \dfrac{96\text{ドル}}{100\text{ドル}})\}$

$\div 4\text{年}] \times 110\text{円} = 6{,}402{,}000\text{円}$

期首・期末差額：$6{,}402{,}000\text{円} - (60{,}000\text{ドル} \times \dfrac{96\text{ドル}}{100\text{ドル}} \times 114\text{円})$

$= \triangle 164{,}400\text{円}$

為替差額：$\triangle 164{,}400\text{円} - 67{,}200\text{円}^{(※1)} = \triangle 507{,}600\text{円}$

(c) 子会社株式および関連会社株式

取引日レートにより円換算する。したがって，為替換算差額は生じない。

(d) その他有価証券

外国通貨による時価を決算日レートで換算するが，為替換算差額は，税効果
会計を適用した上で，「全部純資産直入法」または「部分純資産直入法」のい
ずれかの方法により処理される。なお，その他有価証券に属する債券について

は，外国通貨による時価の変動に係る為替差額を評価差額とし，それ以外の換算差額については為替差損益として処理することができる（外貨基準注解10）。

設例17−5

(1) その他有価証券に属する外貨建株式20,000ドル（取引日レート：1ドル＝114円）の決算日の時価が25,000ドルと上昇し，決算日レートは1ドル＝110円と円高となった。その他有価証券の評価差額は全部純資産直入法により処理し，法定実効税率は30％とする。

（借）外貨建投資有価証券　470,000　　（貸）その他有価証券評価差額金　329,000

繰延税金負債　141,000※

※　(25,000ドル×110円−20,000ドル×114円)×30％＝188,000円

(2) 上記の株式が，その他有価証券に属する債券であった場合の決算日における代替処理の仕訳を行いなさい。

（借）外貨建投資有価証券　550,000　　（貸）その他有価証券評価差額金　385,000

繰延税金負債　165,000※1

為　替　差　損　80,000※2　　外貨建投資有価証券　80,000

※1　{(25,000ドル−20,000ドル)×110円}×30％＝165,000円

※2　20,000ドル×(110円−114円)＝△80,000円

　なお，外貨建有価証券について時価の著しい下落または実質価額の著しい低下により評価額の引下げが求められる場合には，当該有価証券の時価または実質価額は，外国通貨による時価または実質価額を決算日レートで換算する。決算日レートで換算したことにより生じた換算差額は，当期における有価証券評価損として処理する。

（4）　デリバティブ取引等

　デリバティブ取引等（先物取引，先渡取引，オプション取引，スワップ取引およびこれらに類似する取引）の外貨建ての金融商品の時価評価は，外国通貨による時価を決算日レートで換算する。決算時における換算によって生じた差額は，原則として，当期の評価損益として処理する。

Ⅲ　在外支店の財務諸表項目の換算

　本支店合併財務諸表を作成する場合，在外支店の外貨表示財務諸表の換算方法について，在外支店における外貨建取引は，原則として，本店と同様に処理する（外貨基準二）。在外支店の外貨表示財務諸表項目は，在外支店が本店の一部にすぎないという考え方（本国主義という）に基づいて，基本的に本店と同じ方法で換算されることになる。

　ただし，在外支店が保有する棚卸資産について低価基準等を適用する場合または時価の著しい下落により評価額の引下げが求められる場合には，外貨による時価または実質価値を決算日レートにより円換算した額による（外貨基準注解11）。

　収益および費用（収益性負債の収益化額および費用性資産の費用化額を除く）については，計上時の為替相場による円換算額を付すが，期中平均レートによることもできる（外貨基準二・1）。期中平均レートには，当該収益・費用が帰属する月または半期等を算定期間とする平均レートを用いることができる（外貨基準注解12）。

　つまり，在外支店の外貨表示財務諸表に対しては，原則として，テンポラル法が適用されている。

　ただし，非貨幣項目の額に重要性がない場合には，すべての貸借対照表項目（支店における本店勘定等を除く）に対して決算日レート法を適用することができる。この場合において，損益項目についても決算日レートで換算することができる（外貨基準二・2）。

　本店と異なる方法により換算することによって生じた換算差額は，当期の為替差損益として処理する（外貨基準二・3）。

Ⅳ　在外子会社等の財務諸表項目の換算

　在外子会社または在外関連会社の外貨表示財務諸表に対しては，連結財務諸表の作成あるいは持分法の適用のための計算手続として，次のような決算日

レート法が適用される（外貨基準三）。在外子会社または在外関連会社は，親会社から独立した在外企業体であるとみなし，その外貨表示財務諸表が当該在外企業体の経済的実態を反映しているという考え方（現地主義という）に基づいて換算される。換算前後で財務諸表により提供される情報内容が変化しないように，単一レート適用法である「決算日レート法」が採用されている。

（1）　資産および負債

　資産および負債は，決算日レートで換算される。換算によって生じた換算差額は為替換算調整勘定に計上し，貸借対照表上，純資産の部の「評価・換算差額等」に記載する。

（2）　資　　本

①　親会社による株式取得時における株主資本に属する項目は，株式取得時の為替相場（取引日レート）で換算される。株主資本に取引日レートを適用する理由は，連結貸借対照表作成時に，親会社の投資金額と同一額で相殺するために，投資金額と同じ円貨額にする必要があるからである。

②　親会社による株式の取得後に生じた株主資本に属する項目は，当該項目の発生時の為替相場（取引日レート）で換算される。

（3）　収益および費用

①　収益および費用は，原則として，期中平均相場（当該収益・費用が帰属する月または半期等を算定期間とする平均相場を用いることができる）で換算される。ただし，決算日レートによる円換算額を付すこともできる。当期純利益は，一会計期間全体にわたって稼得したと考えるか，それとも決算時に確定すると考えるかによって，期中平均レートまたは決算日レートによる外貨換算が選択適用されることになる。

②　親会社との取引による収益および費用は，親会社が換算に用いる為替相場で換算される。この場合に生じる差額は，当期の為替損益として処理する。

第18章

企業結合に関する会計基準

Ⅰ　企業結合の意義と種類

1　企業結合の意義

　企業結合とは，ある企業またはある企業を構成する事業と他の企業または他の企業を構成する事業とが１つの報告単位に統合されることをいう。なお，複数の取引が１つの企業結合を構成している場合には，それらを一体として取り扱う。

　ここで，企業とは，会社および会社に準ずる事業体をいい，会社，組合その他これらに準ずる事業体（外国におけるこれらに相当するものを含む）を指す。事業とは，企業活動を行うために組織化され，有機的一体として機能する経営資源をいう。

　企業結合に関する「基準21号」では，企業結合に該当する取引を対象とするため，共同支配企業と呼ばれる企業体を形成する取引や，共通支配下の取引等も適用対象となる。また，企業結合は，連結会計基準にいう他の企業の支配の獲得も含むため，現金を対価とする子会社株式の取得の場合についても，連結会計基準に定めのない企業結合に関する事項については，「基準21号」の適用対象となる（基準21号66項）。

2　企業結合の種類

　「企業結合」には，(1)取得，(2)共通支配下の取引等および(3)共同支配企業の形成の３つがある。

（1） 取　　得

　取得とは，ある企業が他の企業または企業を構成する事業に対する「支配」を獲得することをいい（基準21号9項），共同支配企業の形成および共通支配下の取引等以外の企業結合が該当する。

（2） 共通支配下の取引等

　企業集団内における組織再編の会計処理には，共通支配下の取引と非支配株主との取引（以下，共通支配下の取引等という）がある。

　共通支配下の取引とは，結合当事企業（または事業）のすべてが，企業結合の前後で同一の株主により最終的に支配され，かつ，その支配が一時的ではない場合の企業結合をいう（基準21号16項）。親会社と子会社の合併および子会社同士の合併は，共通支配下の取引に含まれる。

　これに対して，非支配株主から子会社株式を追加取得する取引を「非支配株主との取引」という。

（3） 共同支配企業の形成

　共同支配企業とは，複数の独立した企業により共同で支配される企業をいい，共同支配企業の形成とは，複数の独立した企業が契約等に基づき，当該共同支配企業を形成する企業結合をいう（基準21号11項）。

　ある企業結合を「共同支配企業の形成」と判定するためには，共同支配投資企業となる企業が，複数の独立した企業から構成されていることおよび共同支配となる契約等を締結していることに加え，次の要件を満たしていなければならない（基準21号37項）。

　(a)　企業結合に際して支払われた対価のすべてが，原則として，議決権のある株式であること——企業結合に際して支払われた対価のすべてが，原則として，議決権のある株式であると認められるためには，同時に次の要件のすべてが満たされなければならない（基準21号注解（注7））。

　　(ア)　企業結合が単一の取引で行われるか，または，原則として，1事業年度内に取引が完了する。

　　(イ)　交付株式の議決権の行使が制限されない。

　㈦　企業結合日において対価が確定している。

　㈢　交付株式の償還または再取得の取り決めがない。

　㈣　株式の交換を事実上無効にするような結合当事企業の株主の利益となる財務契約がない。

　㈥　企業結合の合意成立日前1年以内に，当該企業結合を目的として自己株式を受け入れていない。

(b)　支配関係を示す一定の事実が存在しないこと——次のいずれにも該当しない場合には，支配関係を示す一定の事実が存在しないものとされる（基準21号注解（注8））。

　㈠　いずれかの結合当事企業の役員もしくは従業員である者またはこれらであった者が，結合後企業の取締役会その他これに準ずる機関（重要な経営事項の意思決定機関）を事実上支配している。

　㈡　重要な財務および営業の方針決定を支配する契約等により，結合当事企業のうちいずれかの企業が他の企業より有利な立場にある。

　㈢　企業結合日後2年以内にいずれかの結合当事企業が投資した大部分の事業を処分する予定がある。

Ⅱ　取得の会計処理——パーチェス法

　企業結合が取得とされた場合，取得企業においては，「パーチェス法」により会計処理が行われる（基準21号17項）。パーチェス法は，①取得企業の決定，②取得原価の算定，③取得原価の配分，④のれんの計上と償却，⑤増加資本の会計処理のプロセスをとる。

1　取得企業の決定

　取得とされた企業結合においては，いずれかの結合当事企業を取得企業として決定する。被取得企業の支配を獲得することとなる取得企業を決定するためには，連結会計基準の考え方を用いる（基準21号18項）。連結会計に関する「基準22号」では，支配力基準の考え方により「他の企業の意思決定機関を支配している企業」が定義されており（基準22号7項），企業結合の結果，「他の企業

の意思決定機関を支配している企業」となる会社が取得企業と考えられる。

　また，どの結合当事企業が取得企業となるかが明確ではない場合には，主な対価の種類として，現金もしくは他の資産を引き渡すまたは負債を引き受けることとなる企業結合の場合に，通常，当該現金もしくは他の資産を引き渡すまたは負債を引き受ける企業（結合企業）が「取得企業」となる（基準21号19項）。

　主な対価の種類が株式（出資を含む。以下，同じ。）である企業結合の場合に，通常，当該株式を交付する企業（結合企業）が「取得企業」となる。ただし，必ずしも株式を交付した企業が取得企業にならないとき（逆取得）もあるため，対価の種類が株式である場合の取得企業の決定にあたっては，次のような要素を総合的に勘案しなければならない（基準21号20項）。

① 　総体としての株主が占める相対的な議決権比率の大きさ——ある結合当事企業の総体としての株主が，結合後企業の議決権比率のうち最も大きい割合を占める場合には，通常，当該結合当事企業が取得企業となる。なお，結合後企業の議決権比率を判断するにあたっては，議決権の内容や潜在株式の存在についても考慮しなければならない。

② 　最も大きな議決権比率を有する株主の存在——結合当事企業の株主または株主グループのうち，ある株主または株主グループが，結合後企業の議決権を過半には至らないものの最も大きな割合を有する場合であって，当該株主または株主グループ以外には重要な議決権比率を有していないときには，通常，当該株主または株主グループのいる結合当事企業が「取得企業」となる。

③ 　取締役等を選解任できる株主の存在——結合当事企業の株主または株主グループのうち，ある株主または株主グループが，結合後企業の取締役会その他これに準ずる機関（重要な経営事項の意思決定機関）の構成員の過半数を選任または解任できる場合には，通常，当該株主または株主グループのいる結合当事企業が「取得企業」となる。

④ 　取締役会等の構成——結合当事企業の役員もしくは従業員である者またはこれらであった者が，結合後企業の取締役会その他これに準ずる機関（重要な経営事項の意思決定機関）を事実上支配する場合には，通常，当該役員または従業員のいた結合当事企業が「取得企業」となる。

⑤　株式の交換条件——ある結合当事企業が他の結合当事企業の企業結合前における株式の時価を超えるプレミアムを支払う場合には，通常，当該プレミアムを支払った結合当事企業が「取得企業」となる。

　なお，結合当事企業のうち，いずれかの企業の相対的な規模（例えば，総資産額，売上高あるいは純利益）が著しく大きい場合には，通常，当該相対的な規模が著しく大きい結合当事企業が「取得企業」となる（基準21号21項，22項）。

2　取得原価の算定

　取得企業の決定の後，被取得企業の取得原価の算定を行う。被取得企業または取得した事業の取得原価は，原則として，取引の対価となる財の企業結合日における時価で算定する。対価となる財が現金である場合には，支出額が取得原価となるが，支払対価が現金以外の資産の引渡し，負債の引受けまたは株式の交付の場合には，支払対価となる財の時価と被取得企業または取得した事業の時価のうち，より高い信頼性をもって測定可能な時価で算定する（基準21号23項）。

　取得関連費用（外部のアドバイザー等に支払った特定の報酬・手数料等）は，発生した事業年度の費用として処理する（基準21号26項）。平成15年10月31日に企業会計審議会から公表された「企業結合に係る会計基準」では，取得とされた企業結合に直接要した支出額のうち，取得の対価性が認められる外部のアドバイザー等に支払った特定の報酬・手数料等は取得原価に含めることとされていたが，平成25年9月13日に最終改正された「基準21号」においては，国際的な会計基準に基づく財務諸表との比較可能性を改善する必要性や取得関連費用のどこまでを取得原価の範囲とするかという実務上の問題点を解消する目的から，発生した事業年度の費用として処理することとされた。

3　取得原価の配分

　「取得原価」は，被取得企業から受け入れた資産および引き受けた負債のうち企業結合日時点において識別可能資産・負債の企業結合日時点の時価を基礎として，当該資産・負債に対して企業結合日以後1年以内に配分することとさ

れる（基準21号28項）。なお，企業結合日以後の決算において，配分が完了していなかった場合には，その時点で入手可能な合理的な情報等に基づき暫定的な会計処理を行い，その後，追加的に入手した情報等に基づき配分額を確定させる（基準21号注解（注6））。

　ここに時価とは，「公正な評価額」を意味し，公正な評価額とは，通常は，観察可能な市場価額とされるが，市場価格が観察できない場合には，合理的に算定された価額をいう（基準21号14項）。

　識別可能資産・負債とは，被取得企業から取得した資産・負債のうち企業結合日時点において識別可能なものをいう。識別可能資産・負債の範囲は，被取得会社の企業結合日前の貸借対照表において計上されていたか否かは問わず，企業がそれらに対して対価を支払って取得した場合，原則として，「一般に公正妥当と認められる企業会計の基準」の下に認識される（基準21号99項）。

　時価を基準にして配分するというのは，個々の識別可能資産・負債に対し，それぞれの時価を付していくこととなるので，識別可能資産・負債の時価合計額と被取得企業の取得原価とは，一般的には，一致しない。識別可能資産および負債の配分額よりも被取得企業の取得原価が大きい場合には，その差額をのれんまたは負ののれん発生益とする。

4　のれんおよび負ののれんの計上と償却

　取得原価が，受け入れた資産および引き受けた負債に配分された純額を上回る場合には，その超過額はのれんとして会計処理し，下回る場合には，その不足額は負ののれんとして会計処理する（基準21号31項）。

（1）　のれん（正ののれん）の会計処理

　のれんは資産に計上し，20年以内のその効果の及ぶ期間にわたって，定額法その他の合理的な方法により規則的に償却する。ただし，のれんの金額に重要性が乏しい場合には，当該のれんが生じた事業年度の費用として処理することができる（基準21号32項）。

（2）　負ののれんの会計処理

「負ののれん」が生じることが見込まれる場合には，次の会計処理を行う（基準21号33項）。

㋐　取得企業は，すべての識別可能資産・負債が把握されているか，また，それらに対する取得原価の配分が適切に行われているかどうかを見直す。

㋑　㋐の見直しを行っても，なお取得原価が受け入れた資産および引き受けた負債に配分された純額を下回り，負ののれんが生じる場合には，当該負ののれんが生じた事業年度の利益（原則として特別利益）として処理する。

㋒　関連会社と企業結合したことにより発生した負ののれんは，持分法による投資評価額に含まれていたのれんの未償却部分と相殺し，のれんまたは負ののれんが新たに計算される。

5　増加資本の会計処理

企業結合の対価として，取得企業が新株を発行した場合には，払込資本（資本金または資本剰余金）の増加として処理する。増加すべき払込資本の内訳項目（資本金，資本準備金またはその他資本剰余金）は，会社法（会社計算規則）の規定に基づき決定することとされる。

Ⅲ　共通支配下の取引等の会計処理

1　親会社による連結子会社の吸収合併の会計処理

（1）　個別財務諸表上の会計処理

①　吸収合併消滅会社である子会社の合併期日の前日における決算

合併期日の前日に決算を行い，資産，負債および純資産の適正な帳簿価額を算定する。

②　親会社における個別財務諸表における資産および負債の受入の会計処理

共通支配下の取引により企業集団内を移転する資産および負債は，原則とし

て，移転直前（合併期日の前日）に付されていた適正な帳簿価額により計上することとされる（基準21号41項）。

　ただし，親会社と子会社が企業結合する場合において，資本連結にあたり子会社の資産および負債を時価評価している場合など，子会社の資産および負債の帳簿価額を連結上修正しているときは，親会社が作成する個別財務諸表においては，連結財務諸表上の金額である修正後の帳簿価額（のれんを含む）により計上することとされる（基準21号注解9）。

　また，連結財務諸表の作成にあたり，子会社の資産または負債に含まれる未実現損益（親会社の個別財務諸表上，損益に計上された額に限る）を消去している場合には，親会社の個別財務諸表上も，未実現損益消去後の金額で当該資産または負債を受け入れ，当該修正に伴う差額は，特別損益に計上する。

③　親会社の個別財務諸表における増加資本およびのれんの会計処理

　親会社は，子会社から受け入れた資産と負債との差額のうち，株主資本の額を合併期日直前の持分比率に基づき，親会社持分相当額と非支配株主持分相当額に按分し，それぞれ次のように処理する（適用指針10号206項(2)①）。

　(ア)　親会社持分相当額の会計処理——親会社が合併直前に保有していた子会社株式（抱合せ株式）の適正な帳簿価額と親会社持分相当額の差額を，特別損益（抱合せ株式消滅差額）に計上する（適用指針10号206項(2)①ア）。

　(イ)　非支配株主持分相当額の会計処理——非支配株主持分相当額と取得の対価（非支配株主に交付した親会社株式の時価）との差額を「その他資本剰余金」とする。合併により増加する親会社の株主資本の額は，払込資本として会計処理する（適用指針10号206項(2)①イ）。

　なお，非支配株主との取引の個別財務諸表上の会計処理は，企業集団の最上位に位置する会社が非支配株主から子会社株式を追加取得する取引等に適用される。

（2）　連結財務諸表上の会計処理

　吸収合併が行われた後も引き続き親会社が連結財務諸表を作成する場合には，

合併によりすでに消滅した連結子会社の開始仕訳を個別財務諸表の合算の後に
いったん計上したのち，当該開始仕訳について戻し処理を行う。また，個別財
務諸表において子会社株式（抱合せ株式）の適正な帳簿価額と親会社持分相当
額の差額を特別損益に計上した金額につき，連結財務諸表上は，過年度に認識
済みの損益となるため，「利益剰余金」と相殺消去する（適用指針10号208項）。

2　子会社同士の合併

　連結子会社による他の連結子会社の吸収合併の会計処理は，下記のとおりで
ある。

　① 吸収合併存続会社である子会社の個別財務諸表上の会計処理（合併対価
　　 が株式のみの場合）

　(ア) 吸収合併消滅会社である子会社の合併期日の前日における決算──吸収
　　　 合併消滅会社である子会社は，合併期日の前日に決算を行い，資産および
　　　 負債の適正な帳簿価額を算定する（基準21号41項）

　(イ) 資産・負債の受入の会計処理──吸収合併存続会社が吸収合併消滅会社
　　　 から受け入れる資産および負債は，合併期日の前日に付された適正な帳簿
　　　 価額により計上する（基準21号41項，適用指針10号247項(1)）。

　(ウ) 増加資本の会計処理

　② 株主資本項目の取扱い

　連結子会社（存続会社）は吸収合併消滅会社の合併期日の前日の適正な帳簿
価額による株主資本の額を払込資本（資本金または資本剰余金）として会計処理
する。なお，吸収合併消滅会社の合併期日の前日の適正な帳簿価額による株主
資本の額がマイナスの場合，後述の抱合せ株式等の会計処理により株主資本の
額がマイナスとなる場合には，払込資本をゼロとし，「その他利益剰余金」の
マイナスとして処理する（適用指針10号247項(2)，185項(1)①）。

　また，合併の対価が自社の株式のみである場合には，吸収合併存続会社は，
吸収合併消滅会社の合併期日の前日の資本金，資本準備金，その他資本剰余金，
利益準備金およびその他利益剰余金の内訳科目（ただし，積立目的の趣旨は同じ

であるが，吸収合併存続会社と吸収合併消滅会社の間でその名称が形式上異なる場合に行う積立金の名称変更を除く）を，後述の抱合せ株式等の会計処理を除き，そのまま引き継ぐことができる。当該取扱いは，吸収合併消滅会社の適正な帳簿価額による株主資本の額がマイナスとなる場合も同様である（適用指針10号247項(2)，185項(1)②）。

③　株主資本以外の項目の引継ぎ

吸収合併存続会社は，吸収合併消滅会社の合併期日の前日の評価・換算差額等および新株予約権の適正な帳簿価額を引き継ぐ（適用指針10号247項(2)，185項(2)）。

④　抱合せ株式の会計処理

吸収合併存続会社である子会社が吸収合併消滅会社である子会社の株式（関連会社株式またはその他有価証券）を保有している場合で，新株を発行したときの吸収合併存続会社の増加すべき株主資本の会計処理は，次のいずれかの方法により処理する（適用指針10号247項(3)）。

(a)　吸収合併消滅会社の株主資本の額から当該抱合せ株式の適正な帳簿価額を控除した額を払込資本の増加（当該差額がマイナスの場合には，「その他利益剰余金」の減少）として処理する。

(b)　吸収合併消滅会社の株主資本を引き継いだ上で，当該抱合せ株式の適正な帳簿価額を「その他資本剰余金」から控除する。

⑤　企業結合に要した支出額の会計処理

企業結合に要した支出額は，発生時の事業年度の費用として処理する（適用指針10号247項(4)）

⑥　結合当事企業の株主（親会社）に係る会計処理

結合当事企業の株主（親会社）においては，交換損益は認識されず，吸収合併消滅会社の株主（親会社）が受け取った吸収合併存続会社の株式（子会社株式）の取得原価は，引き換えられた吸収合併消滅会社の株式（子会社株式）に

係る企業結合日直前の適正な帳簿価額に基づいて計上する（適用指針10号248項）。

⑦　連結財務諸表上の会計処理

吸収合併消滅会社の株主（親会社）は，連結財務諸表上，吸収合併存続会社に係る当該株主（親会社）の持分の増加額（吸収合併消滅会社の株主としての持分比率が増加する場合は，吸収合併消滅会社に係る当該株主（親会社）の持分の増加額）と吸収合併消滅会社に係る株主（親会社）の持分の減少額（吸収合併存続会社の株主としての持分比率が減少する場合は，吸収合併存続会社に係る当該株主（親会社）の持分の減少額）との間に生じる差額を，資本剰余金に計上する（適用指針10号249項）。

Ⅳ　共同支配企業の会計処理

共同支配企業の形成において，共同支配企業は，共同支配投資企業から移転する資産・負債を，移転直前に共同支配投資企業において付されていた適正な帳簿価額により計上する（基準21号38項，適用指針10号182項）。

増加資本は，連結子会社同士の合併の会計処理に準じて，以下のように処理される。

(a)　株主資本項目の取扱い

連結子会社（存続会社）は，「吸収合併消滅会社」の合併期日の前日の適正な帳簿価額による株主資本の額を「払込資本」（資本金または資本剰余金）として会計処理する。なお，吸収合併消滅会社の合併期日の前日の適正な帳簿価額による株主資本の額がマイナスの場合，「抱合せ株式等」の会計処理により株主資本の額がマイナスとなる場合には，払込資本をゼロとし，「その他利益剰余金」のマイナスとして処理する（適用指針10号247項(2)，185項(1)①）。

また，合併の対価が自社の株式のみである場合には，「吸収合併存続会社」は，吸収合併消滅会社の合併期日の前日の資本金，資本準備金，その他資本剰余金，利益準備金およびその他利益剰余金の内訳科目（ただし，積立目的の趣旨は同じであるが，吸収合併存続会社と吸収合併消滅会社の間でその名称が形式上

異なる場合に行う積立金の名称変更を除く）を，「抱合せ株式等」の会計処理を除き，そのまま引き継ぐことができる。当該取扱いは，吸収合併消滅会社の適正な帳簿価額による株主資本の額がマイナスとなる場合にも，同様である（適用指針10号247項(2)，185項(1)②)。

(b) 株主資本以外の項目の引継ぎ

「吸収合併存続会社」は，吸収合併消滅会社の合併期日の前日の評価・換算差額等および新株予約権の適正な帳簿価額を引き継ぐ（適用指針10号247項(2)，185項(2))。

　共同支配企業の形成において，共同支配企業に事業を移転した「共同支配投資企業」は，次の会計処理を行う（基準21号39項)。

(1) 個別財務諸表上，当該共同支配投資企業が受け取った共同支配企業に対する投資の取得原価は，移転した事業に係る株主資本相当額に基づいて算定する。

(2) 連結財務諸表上，共同支配投資企業は，共同支配企業に対する投資について持分法を適用する。

Ⅴ　企業結合および事業分離等に係る注記

　現金を対価とする子会社株式の取得について，取引の実態が企業結合の定義に当てはまるものであれば，連結財務諸表上，企業結合に関する「基準21号」および事業分離等に関する「基準7号」に準拠して注記を行う。

　企業結合に係る注記には，以下のようなものがある。

(a) 取得とされた企業結合が行われた場合の注記（基準21号49項)

(b) 共通支配下の取引等の注記（基準21号52項)

(c) 共同支配企業の形成の注記（基準21号54項)

　事業分離に係る注記には，次のようなものがある。

(d) 事業分離における分離元企業の注記（基準7号28項)

(e) 事業分離が企業結合に該当しない場合の事業分離における分離先企業の注記（連規15～17項，財規8～24項)

(f)　子会社を結合当事企業とする株主（親会社）の注記（基準7号54項）

さらに，**後発事象の注記**として，次のようなものがある。

(g)　企業結合に関する重要な後発事象等の注記（基準21号55項）

(h)　事業分離に関する重要な後発事象等の注記（基準7号30項）

(i)　子会社の企業結合に関する後発事象等の注記（基準7号56項）

連結財務諸表を作成しない場合には，下記の注記が必要である。

(j)　逆取得となる企業結合が行われた場合の注記（基準21号50項）

(k)　段階取得となる企業結合が行われた場合の注記（基準21号51項）

(l)　子会社が親会社を吸収合併した場合で子会社が連結財務諸表を作成しない場合の注記（基準21号53項）

第19章

連結財務諸表に関する会計基準

I 連結財務諸表の意義・作成原則

1 連結財務諸表の意義・役割

　企業間において，株式所有，資金・技術供与，役員派遣，継続的・安定的取引等を行うことによって，大規模な企業集団（企業グループ）が形成されている。その企業集団化は，主として，企業経営の多角化および国際化を通じて実現されてきた。

　多角化による企業経営は，既存の事業における未使用の資源を新規の事業に有効的に投入することにより，新規市場に参入できるという経済的メリットを得ることができる。さらに，複数の事業に資源を配分することによって，特定の事業が経営悪化しても，リスクを分散することができる。国際化による企業集団化は，海外における販売網・市場占有率の維持・拡大，原材料・部品の確保，原価引下げ等を目的として，在外子会社の設立や外国企業の買収・合併等を通じて行われている。企業活動の多角化・国際化により形成された企業集団は，あたかも単一の経済的組織体を構成しているとみなしてもよいであろう。

　連結財務諸表は，支配・従属関係にある複数の企業から成る「企業集団」を単一の経済組織体とみなし，親会社（支配企業）が当該企業集団の財政状態，経営成績およびキャッシュ・フローの状況を総合的に報告するために作成される（基準22号1項）。「連結財務諸表」は，法律的には独立した企業単位であるが，経済的に支配・従属関係にある親会社・子会社の個別財務諸表を統合し，個別財務諸表では反映されない企業集団の財政状況を総合的に報告するために，

親会社によって作成・公表される。親会社で調達した資本は企業グループ全体で運用されるので，その具体的な運用形態と成果は，投資先企業（子会社等）の個別財務諸表を組み込んだ連結財務諸表によって明らかになる。

　企業の多角化・国際化の急速な展開によって，子会社等を通じた経済活動の拡大や海外における資金調達活動の活発化，わが国証券市場への海外投資家の参入が増加したこともあり，企業に対する投資判断を的確に行うために，企業集団に係る情報として「連結財務諸表」が重要視されている。

2　連結財務諸表の一般原則

　「基準22号」（9項〜12項）では，連結財務諸表の作成のために次のような一般原則が列挙されている。

- (1)　企業集団の財政状態，経営成績およびキャッシュ・フローの状況に関して真実な報告を提供するものでなければならない**連結財務諸表真実性の原則**
- (2)　企業集団に属する親会社・子会社が一般に公正妥当と認められる企業会計の基準に準拠して作成した個別財務諸表に基づいて作成しなければならない**連結財務諸表準拠性の原則または連結財務諸表基準性の原則**
- (3)　企業集団の状況に関する判断を誤らせないように，利害関係者に対し必要な財務情報を明確に表示するものでなければならない**連結財務諸表明瞭性の原則**
- (4)　連結財務諸表作成のために採用した基準・手続を毎期継続して適用し，みだりに変更してはならない**連結財務諸表継続性の原則**

　これらの4原則は，「企業会計原則」における一般原則に該当するものであり，連結財務諸表を作成するにあたって，その処理・表示を適用するときに判断指針となる包括原則である。「企業会計原則」には，「正規の簿記の原則」，「資本取引・損益取引の区分の原則」，「保守主義の原則」，「単一性の原則」が存在するが，「準拠性の原則」がない点，さらには連結財務諸表真実性の原則に対して「重要性の原則」が適用される点で，「企業会計原則」における一般原則とは異なる。「連結財務諸表明瞭性の原則」とともに，「連結財務諸表真実性の原則」にも「重要性の原則」が適用されるが，連結財務諸表を作成するに

あたっては企業集団の財務状況に関する利害関係者の判断を誤らせない限り，(a)連結範囲の決定，(b)子会社の決算日が連結決算日と異なる場合の仮決算の手続，(c)連結のための個別財務諸表の修正，(d)子会社の資産・負債の評価，(e)のれんの処理，(f)未実現損益の消去，(g)連結財務諸表の表示等に関して「重要性の原則」が適用される（基準22号注解１）。

　なお，「連結財務諸表真実性の原則」は，「企業会計原則」と同様に，相対的真実性を意味するものであり，ある条件のもとでの真実性である。連結財務諸表において真実性の意味が相対的にならざるを得ない理由は，次のような事由が考えられる。

①　連結財務諸表は親会社と子会社の個別財務諸表を総合して作成されるが，その基礎となる個別財務諸表自体が「相対的真実性」を有するに過ぎない。個別財務諸表を作成するに際して，経営者の個人的判断・見積りの介入，複数の会計方針の選択適用により唯一絶対的な会計数値を得ることができない。

②　個別財務諸表は，「正規の簿記の原則」に従って正確な会計帳簿で作成されなければならないが，連結財務諸表の作成に際してはその基礎となる会計帳簿が存在しない。親会社と子会社の個別財務諸表を集計・調整する連結精算表（帳簿外）で連結財務諸表は作成されるので，その点でも絶対的真実性を求めることができない。

③　資本連結の際の子会社の資産・負債は，簿価ではなく時価で評価されるが，時価の算定に際して主観的になることがある。

3　連結財務諸表の一般基準

　「基準22号」は，連結特有の一般基準として「連結の範囲」，「連結決算日」および「連結会社間における会計処理の統一」に関する基準を示している。

（1）　連結の範囲

　連結の範囲とは，連結財務諸表を作成するにあたって当該財務諸表に含むべき会社の範囲をいう。「基準22号」（13項）によれば，親会社は，原則として，国内外におけるすべての子会社を連結の範囲に含めなければならない。したがって，親会社・子会社の概念を明確にする必要がある。

　ここで親会社とは，他の企業の財務・営業または事業の方針を決定している機関（株主総会その他これに準ずる機関）を支配している企業をいい，子会社とは，当該他の企業をいう。この場合，「他の意思決定機関を支配している企業」とは，次のような企業をいう（基準22号7項）。

(a)　他の企業の議決権の過半数を所有している企業

(b)　他の企業に対する議決権の40%以上50%以下を所有し，かつ，次のいずれかの要件に該当する企業

　　(ア)　所有している議決権および緊密な者と同意している者が所有している議決権とを合わせると，他の企業の議決権の過半数を占めている。

　　(イ)　役員または使用人またはこれらであった者であり，他の企業の財務・営業または事業の方針の決定に関して影響を与えることができる者が，当該他の企業の取締役会その他これに準ずる機関の構成員の過半数を占めている。

　　(ウ)　他の企業の重要な財務・営業または事業の方針の決定を支配する契約等が存在する。

　　(エ)　他の企業の資金調達額の総額（緊密な者による資金調達額を含む）の過半について融資を行っている。

　　(オ)　その他他の企業の意思決定機関を支配していることが推測される事実が存在する。

　上記(a)は，持株基準と呼ばれ，議決権による数量的（形式的）判定基準である。持株基準は，連結の範囲を数量的な議決権で決めるので，客観的に子会社を判定できる長所を持つが，子会社株式の恣意的売却によって実質的に支配されている会社を連結から除外できるという欠陥がある。

　他方，(b)のように，人事，資金，技術，取引関係等の経営方針・財務方針を実質的に支配しているという事実に基づいて連結の範囲を決定する基準を支配力基準という。「基準22号」は，連結範囲の判定基準に持株基準だけではなく，他の企業の意思決定機関に対する実質的な支配関係の有無に基づいて連結範囲を決定する「支配力基準」も容認している。

　子会社でありながら，なんらかの理由により連結の範囲から外される企業を

非連結子会社というが，「基準22号」（13項～14項）は下記に該当する企業を連結の範囲に含めない。

① 　支配が一時的であると認められる企業

② 　連結することにより利害関係者の判断を著しく誤らせるおそれのある企業

　上記②に該当する企業は，たとえば，海外送金等に為替管理上の制限がある場合，在外子会社の所在地国の為替相場の変動が激しい場合等，連結の範囲に含めると利害関係者の判断を誤らせるおそれのある子会社である。

　なお，「基準22号」（注解3）によれば，子会社であっても，その資産，売上高，利益および利益剰余金を考慮して，連結の範囲から除いても企業集団の財政状態，経営成績およびキャッシュ・フローの状況に関する合理的な判断を妨げない程度に重要性の乏しい小規模子会社は，連結の範囲に含めないことができる。

（2）　連結決算日

　子会社は，国内ばかりでなく世界各地に散在しているので，会計処理基準の相違とともに，決算日も異なる場合がある。わが国では，多くの公開会社は3月決算を行っているが，米国の会社では12月決算が一般的である。連結財務諸表を作成する場合には，連結を行う決算日（連結決算日）を定めなければならない。

　「基準22号」（15項）によれば，連結財務諸表の作成に関する会計期間は1年であり，「親会社の会計期間」に基づいて年1回一定の日をもって「連結決算日」とする。子会社の決算日が連結決算日と異なる場合には，子会社は，連結決算日に正規の決算に準ずる合理的な手続により決算を行わなければならない（基準22号16項）。

　ただし，決算日の差異が3カ月を超えない場合には，子会社の正規の決算に基づいて連結決算を行うことができる。この場合には，決算日が異なることから生ずる連結会社間の取引に係る会計記録の重要な不一致について，必要な整理を行わなければならない（基準22号注解4）。

（3）　連結会社間における会計処理の統一

　国内外に配置されている子会社は，業種・所在地国等の相違により，必ずしも同一の会計処理の原則および手続を採用しているとは限らない。連結会社間における異なる会計処理から得られる金額を連結することは，無意味な総額を算出するだけである。

　「基準22号」（57項）の規定では，同一環境下で行われた同一の性質の取引等について，親会社と子会社が採用する会計処理の原則および手続は，「原則として」統一しなければならない。連結会社間における会計処理の原則および手続の統一が，原則として，要求されている。

　その場合，必ずしも子会社の会計処理を親会社の会計処理に合わせるだけではなく，合理的な会計処理の原則・手続の選択という観点から，親会社の会計処理を子会社の会計処理に合わせることも考えられる。なお，実務上の事情を考慮して，財政状態，経営成績およびキャッシュ・フローの表示に重要な影響がないと考えられるもの（たとえば，棚卸資産の評価方法である先入先出法，平均法等）はあえて統一することを求めるものではない（基準22号58項）。

Ⅱ　連結貸借対照表の作成

1　支配獲得時の資本連結に伴う連結貸借対照表の作成

　親会社は，子会社の支配獲得時に連結貸借対照表を作成しなければならない。親会社と子会社は法律的には別個の会社であるので，親会社の投資（子会社株式勘定）と子会社の資本勘定は，各会社により作成された個別貸借対照表に計上されているが，連結貸借対照表を作成する場合には，親子関係にある企業グループは単一の会計単位とみなされ，親会社から子会社への投資は企業グループ内部の取引として取り扱われるので，親会社の子会社に対する投資とこれに対応する子会社の資本（純資産ともいう）は，相殺消去しなければならない（基準22号23項）。これを資本連結という。これは，そのまま連結（単純合算）してしまうと，親会社の子会社への投資と子会社の資本が二重に計上されてしまうためである。

　資本連結して「連結貸借対照表」を作成する際には，子会社の資産・負債の
すべてを支配獲得日の時価により評価する**全面時価評価法**によって評価しなけ
ればならない（基準22号20項）。「全面時価評価法」は，親会社が子会社を支配
した結果，子会社が企業集団に含まれることになった事実を重視する**経済的単
一体説**に基づく方法である。

　子会社の資産・負債の時価による評価額と当該資産・負債の個別貸借対照表
上の金額（帳簿価額）との評価差額は，連結決算上，子会社の純資産に計上す
る（基準22号21項）。当該評価差額は，一時差異として税効果会計の対象となる。

　親会社の子会社に対する投資とこれに対応する子会社の純資産を相殺消去す
るにあたり差額が生じる場合には，当該差額を**のれん**（または**負ののれん発生
益**）として計上する（基準22号24項）。のれんは，原則として，その計上後20年
以内に定額法その他合理的な方法により償却しなければならない（基準21号32
項，47項）。

　親会社の持株比率100％に満たない場合に，子会社の純資産のうち親会社に
帰属しない残余部分は**非支配株主持分**として処理される（基準22号26項）。「非
支配株主持分」は，連結貸借対照表上，純資産の部に計上される（基準5号22
項(2)）。「経済的単一体説」の観点からは，非支配株主も支配株主（親会社）と
同様に，企業集団への資本提供者として同等に取り扱われるため，「非支配株
主持分」は親会社持分と同様に「純資産の部」の株主持分の一部として表示さ
れる。

　つまり，支配獲得時における「連結貸借対照表」の作成には，主として，次
のような連結固有の手続を必要とする。

　① 　支配獲得時における子会社の資産・負債の評価（全面時価評価法）
　② 　親会社の投資勘定と子会社の資本勘定の相殺消去およびのれんの算定
　③ 　非支配株主持分の算出
　④ 　税効果処理

設例19-1

　次の資料により，P社（親会社）の子会社（S社）支配獲得時における連結修正仕訳および連結貸借対照表を作成しなさい（単位：百万円）。なお，法定実効税率は30％とする。

① 　P社は，S社の発行済み株式数の60％を当期末に240百万円で取得し，S社を支配獲得した。

② 　S社の資産550百万円のうち，支配獲得時における土地の時価は200百万円であった。

③ 　S社とP社の支配獲得時における個別貸借対照表は，次のとおりである。

S社貸借対照表				P社貸借対照表			
諸 資 産	400	諸 負 債	300	諸 資 産	1,260	諸 負 債	1,000
土　　　地	150	資 本 金	200	土　　　地	300	資 本 金	500
		利益剰余金	50	S 社 株 式	240	利益剰余金	300
	550		550		1,800		1,800

① 　×1年3月31日（再評価替仕訳）：

（借）土　　　　　地	50	（貸）評 価 差 額	35
		繰延税金負債	15[*1]

　　　　　＊1　（200－150）×30％＝15

② 　×1年3月31日（連結修正仕訳）：

（借）資　本　金	200	（貸）S 社 株 式	240
利 益 剰 余 金	50	非支配株主持分	114[*2]
評 価 差 額	35		
の　れ　ん	69[*3]		

　　　　　＊2　（200＋50＋35）×40％＝114
　　　　　＊3　240－（200＋50＋35）×60％＝69

③ 　×1年3月31日（連結貸借対照表の作成）：

連結貸借対照表

諸資産	1,660	諸負債	1,300
土　地	500	繰延税金負債	15
のれん	69	資本金	500
		利益剰余金	300
		非支配株主持分	114
	2,229		2,229

2　支配獲得後の資本連結

　支配獲得後において子会社株式を追加取得した場合には，子会社の資本（純資産）に対する親会社の持分が増加し，「非支配株主持分」は減少する。したがって，追加取得した株式に対応する持分の「非支配株主持分」から減額し，追加取得により増加した親会社の持分（追加取得持分という）を追加投資額と相殺消去する必要がある。追加取得持分と追加投資額との間に生じた差額は，「資本剰余金」として処理される（基準22号28項，65項）。

　追加取得持分および減額する非支配株主持分は，追加取得日における非支配株主持分の額により計算される（基準22号66項）。その場合，当該子会社の資本（純資産）を追加取得時の時価で評価する必要がない。したがって，追加取得持分と追加投資額との差額（資本剰余金）は次のように算定される。

　　追加取得持分＝（追加取得の子会社の資本＋支配獲得時の評価差額）
　　　　　　　　　　　　×追加取得持分比率
　　資本剰余金＝親会社の追加投資額－追加取得持分

設例19-2

　設例19-1を前提にして，次の資料により，Ｐ社（親会社）の追加取得時における連結修正仕訳を行いなさい（単位：百万円）。

①　Ｐ社は，Ｓ社の発行済み株式数の20％を当期末に80百万円で追加取得した。

②　のれんの償却は，考慮しないものとする。

③　Ｓ社における土地の簿価は150百万円であり，土地の当期末の時価は250百万円であった。

④　Ｓ社の貸借対照表については，上記(イ)～(ハ)以外の変動は前期末と当期末にないものとする。

　　（借）非支配株主持分　　　57[*4]　　（貸）子 会 社 株 式　　　80
　　　　　資 本 剰 余 金　　　23[*5]

　　　　　*4　（200＋50＋35）×20％＝57
　　　　　*5　80－57＝23

　子会社株式を一部売却した場合には，売却した株式に対応する持分を親会社の持分から減額し，非支配株主持分を増額する。売却による親会社の持分の減少額（売却持分という）と投資の減少額との差額も，資本剰余金として処理される（基準22号66項）。

　子会社が時価発行により増資した場合には，親会社の払込額と親会社の持分の増減額との間に差額が生じるが，当該差額も資本剰余金として処理される（基準22号67項）。

3　連結決算日における連結貸借対照表の作成

　支配獲得時には連結貸借対照表のみを作成するが，その後における連結決算日ごとに，連結財務諸表（連結貸借対照表，連結損益計算書，連結包括利益計算書，連結キャッシュ・フロー計算書，連結株主資本等変動計算書）を作成しなければならない。

　連結決算日における企業集団の財政状態を表示する連結貸借対照表が適正に作成されるためには，連結会社相互間で生じた債権・債務は，連結決算上，相殺消去しなければならない（基準22号31項）。相殺消去の対象となる債権と債務は，確定金銭債権・債務のほかに，前払費用，未収収益，未払費用および前受収益で，連結会社相互間取引に係るものを含む（基準22号注解10(1)）。

　連結会社間で手形の裏書譲渡または銀行割引を行い，連結決算日現在に期日が到来していない場合には，当該裏書手形または割引手形は短期借入金として連結貸借対照表上の負債の部に掲記することが要求されている（基準22号注解10・(2)）。

　引当金のうち，連結会社を対象としていることが明らかなものは，連結決算上，調整しなければならない（基準22号注解10(3)）。

設例19-3

(1)　親会社が200,000円の約束手形を子会社に振り出していたが，子会社は当該手形を連結決算日に所有している。

　　（借）支　払　手　形　200,000　　　（貸）受　取　手　形　200,000

(2)　上記手形を子会社は銀行で割り引いていた。

　（借）　支 払 手 形　200,000　　　（貸）　受 取 手 形　200,000
　　　　　割 引 手 形　200,000　　　　　　短 期 借 入 金　200,000

⑶　親会社は連結決算日に売掛金の期末残高1,600,000円に対して２％の貸倒引
　　当金を設定していたが，子会社に対する売掛金500,000円が含まれていた。法
　　定実効税率を30％とする。

　（借）　貸 倒 引 当 金　10,000　　　（貸）　貸倒引当金繰入　10,000
　　　　　法人税等調整額　3,000　　　　　　繰 延 税 金 負 債　3,000

　　なお，「非連結子会社」および「関連会社」の業績を連結財務諸表に反映さ
せる方法として，「持分法」が適用される。持分法とは，投資会社が被投資会
社（非連結子会社・関連会社）の純資産および損益のうち，投資会社に帰属する
部分の変動に応じて，その投資の額を連結決算日ごとに修正する方法である
（基準16号４項）。
　　ここに関連会社とは，親会社・子会社が，出資・人事・資金・技術・取引等
の関係を通じて「子会社以外の他の企業」の財務・営業または事業の方針の決
定に対して，「重要な影響」を与えることができる場合における「子会社以外
の他の企業」をいう（基準16号５項）。
　　つまり，「持分法」は，非連結子会社と関連会社（関係会社という）に純損益
が計算され，純資産が変動した場合，その増減変動額のうち，投資会社の持分
割合に対応する額だけを，連結決算上，当該会社への投資有価証券（個別貸借
対照表では関係会社株式）を評価増減する方法である。「持分法」は，投資会社
の被投資会社に対する投資について，被投資会社の資産・負債・収益・費用を
連結するのではなく，被投資会社の損益と純資産のうち投資会社の持分相当額
を持分法による投資損益と「投資有価証券」として計上するだけである。した
がって，一行連結ともいう。
　　たとえば，投資会社により30％の議決権株式を所有されている関連会社が，
当期決算で1,000,000円の純利益を計上したとすれば，次のような仕訳が必要で
ある。
　　（借）　投 資 有 価 証 券　300,000　　　（貸）　持分法による投資損益　300,000*
　　　　　　　　　　＊1,000,000×30％＝300,000

4　連結貸借対照表の表示方法

　連結貸借対照表は,「資産の部」,「負債の部」および「純資産の部」に大区分されなければならない（基準22号32項）。

　資産の部は,「流動資産」,「固定資産」および「繰延資産」に区分し,さらに固定資産は「有形固定資産」,「無形固定資産」および「投資その他の資産」に区分して記載しなければならない。負債の部は,「流動負債」および「固定負債」に区分する。

　純資産の部は,「株主資本」と「株主資本以外の項目」に区分される（基準5号4項）。株主資本は,「資本金」,「資本剰余金」および「利益剰余金」に細区分され,株主資本以外の項目は,「その他の包括利益累計額」（個別貸借対照表では「評価・換算差額等」）,「新株予約権」および「非支配株主持分」に区分されている（基準5号5項,7項,基準22号32項(3)）。

　したがって,連結貸借対照表には,個別貸借対照表における資本剰余金の内訳項目（資本準備金および資本準備金以外の資本剰余金）,利益剰余金の内訳項目（利益準備金および利益準備金以外の利益剰余金）は表示されない。なぜならば,連結財務諸表は,会社法上の分配可能利益の算定を目的として作成されるものではないため,個別決算上の分配不能な利益準備金等を独立表示する必要が乏しく,表示項目の統合の観点からも,利益の留保額を利益剰余金として一括表示することが適当であるからである（基準22号71項）。

　なお,連結財務諸表では,子会社の個別貸借対照表上で「純資産の部」に直接計上されている「評価・換算差額等」は,その他の包括利益累計額と改称され,持株比率に基づいて親会社持分割合と非支配株主持分割合とに按分される。その親会社持分割合はそれぞれの区分において記載し,非支配株主持分割合は「非支配株主持分」に含めて記載する（基準5号7項）。

　「その他の包括利益累計額」には,「その他有価証券評価差額金」や「繰延ヘッジ損益」のように,関連する資産または負債は時価をもって貸借対照表価額としているが,当該資産・負債に係る評価差額を当期の損益としていない場合の当該評価差額,為替換算差調整勘定等が含まれる。「その他の包括利益累計額」については,これらに係る繰延税金資産または繰延税金負債の額を控除

した金額を記載する（基準5号8項）。

　親会社保有の自己株式と子会社保有の親会社株式は，「純資産の部」の株主資本の末尾に「自己株式」の表示項目をもって一括控除する形式で表示される（基準1号8項，15項）。

　図表19-1では，会社法上の連結貸借対照表（勘定式）が示されている。

[図表19-1]　会社法上の連結貸借対照表

連結貸借対照表
（令和○年○月○日）
（単位：百万円）

科　目	金　額	科　目	金　額
（資産の部）		（負債の部）	
流動資産	×××	流動負債	×××
現金及び預金	×××	支払手形及び買掛金	×××
受取手形及び売掛金	×××	短期借入金	×××
有価証券	×××	リース債務	×××
商品及び製品	×××	未払金	×××
仕掛品	×××	未払法人税等	×××
原材料及び貯蔵品	×××	○○引当金	×××
その他	×××	その他	×××
貸倒引当金	△　×××	固定負債	
固定資産		社債	×××
有形固定資産	×××	長期借入金	×××
建物及び構築物	×××	リース債務	×××
機械装置及び運搬具	×××	○○引当金	×××
土地	×××	退職給付に係る負債	×××
リース資産	×××	その他	×××
建設仮勘定	×××	負債合計	×××
その他	×××	（純資産の部）	
無形固定資産	×××	株主資本	×××
ソフトウェア	×××	資本金	×××
リース資産	×××	資本剰余金	×××
のれん	×××	利益剰余金	×××
その他	×××	自己株式	△　×××
投資その他の資産	×××	その他の包括利益累計額	×××
投資有価証券	×××	その他有価証券評価差額金	×××
繰延税金資産	×××	繰延ヘッジ損益	×××
その他	×××	土地再評価差額金	×××
貸倒引当金	△　×××	為替換算調整勘定	×××
繰延資産	×××	退職給付に係る調整累計額	×××
社債発行費	×××	新株予約権	×××
		非支配株主持分	×××
		純資産合計	×××
資産合計	×××	負債・純資産合計	×××

Ⅲ 連結損益計算書および連結包括利益計算書の作成

1 連結損益計算書の作成方法

「連結損益計算書」は，当該会計期間における企業集団の経営成績を表示する財務諸表である。連結損益計算書は，親会社および子会社の個別損益計算書における収益・費用等の金額を基礎にして，連結会社相互間の取引高を相殺消去し，さらに，未実現損益の消去等の処理を行って，作成される（基準22号34項）。

連結会社相互間における商品の売買その他の取引に係る項目は，相殺消去しなければならない（基準22号35項）。親会社・子会社間で取引を行い，それぞれ両者を相手先とした売上と仕入（売上原価），受取手数料と支払手数料，受取賃貸料と支払賃貸料等があるときには，これらの連結会社間の取引は連結会計上では内部取引項目とみなされ，連結損益計算書を作成する場合には相殺消去される。

設例19－4

親会社から子会社に商品を500,000円で販売していた。

（借）売　上　高＊　　500,000　　（貸）売　上　原　価＊　　500,000

　　＊連結精算表上，個別決算上の売上は売上高，仕入は売上原価に組み替えられる。

また，連結会社相互間の取引によって取得した資産（棚卸資産，固定資産等）に含まれる未実現損益は，その全額を消去しなければならない。未実現損益の消去処理は，(a)親会社が子会社に資産等を売却したダウンストリームの場合と(b)子会社が親会社に資産等を売却したアップストリームの場合によって異なる（基準22号36項，38項）。

(a) ダウンストリームの場合

親会社が未実現損益の消去額の全額を負担する全額消去・親会社負担方式

を採用する。

(b)　アップストリームの場合

　親会社と少数株主が持分比率に応じて未実現損益の消去額を負担する**全額消去・持分比率負担方式**を採用する。

設例19-5

(1)　仕入原価7,000千円の商品を親子会社間で売買していたが，決算日には外部に販売されていない。なお，親会社は，子会社株式の70%を所有している。(a)ダウンストリームと(b)アップストリームの場合における連結修正仕訳を示しなさい（単位：千円）。

　(a)：(借)　売　上　原　価　　3,000　　(貸)　商　　　　　品　　3,000

　(b)：(借)　売　上　原　価　　3,000　　(貸)　商　　　　　品　　3,000

　　　　　　非支配株主持分　　　900*1　　　　非支配株主に帰属する
当 期 純 利 益　　900

　　　　＊1　3,000×30%＝900

(2)　親子会社間で当期首に備品（帳簿価額：5,000千円）を7,000円で売買したが，決算日現在，この備品は外部に販売されていない。備品の減価償却は定額法（残存価額0円）により5年間で行う。なお，親会社は，子会社株式を70%所有し支配している。(a)ダウンストリームと(b)アップストリームの場合における連結修正仕訳を示しなさい（単位：千円）。

　(a)：(借)　固定資産売却益　　2,000　　(貸)　備　　　　　品　　2,000

　　　　　　減価償却累計額　　　400*2　　　　減 価 償 却 費　　400

　　　　　　＊2　(7,000－5,000)÷5年＝400

　(b)：(借)　固定資産売却益　　2,000　　(貸)　備　　　　　品　　2,000

　　　　　　非支配株主持分　　　600　　　　　非支配株主に帰属する
当 期 純 利 益　　600*3

　　　　　　減価償却累計額　　　400　　　　　減 価 償 却 費　　400

　　　　　　非支配株主に帰属する
当 期 純 利 益　　120*4　　　　非支配株主持分　　120

　　　　　　＊3　2,000×30%＝600
　　　　　　＊4　400×30%＝120

2　連結損益計算書および連結包括利益計算書の表示

（1）　連結損益計算書と連結包括利益計算書の表示

　連結損益計算書は，個別損益計算書における計算区分と同様に，営業損益計算，経常損益計算および純損益計算に区分しなければならない（基準22号39項）。純損益計算の区分では，税金等調整前当期純利益を表示し，これに法人税額等および法人税等調整額を加減して当期純利益を表示し，「非支配株主に帰属する当期純利益」を加減して親会社株主に帰属する当期純利益が算定される。

　なお，無形固定資産に区分計上されていた「のれん」の当期償却額は，「販売費及び一般管理費」として処理される。また，「持分法による投資損益」は投資に係る損益であるので，営業外収益または営業外費用の区分に一括して表示する（基準16号16項）。

　図表19-2は，「連結財務諸表規則」（様式第五号）が示している連結損益計算書である。

　連結決算日に連結財務諸表を作成する際に2計算書方式を採用する場合，連結損益計算書のほかに「連結包括利益計算書」の作成が義務付けられている。連結包括利益計算書は，連結損益計算書で算出された当期純利益に「その他の包括利益」の内訳項目（その他有価証券評価差額金，繰延ヘッジ損益，為替換算調整勘定，退職給付に係る調整額，持分法適用会社に対する持分相当額）を加減して，包括利益を計上する連結財務諸表である。

　図表19-3は，「連結財務諸表規則」（様式第五号の二）が示している連結包括利益計算書である。

　なお，連結財務諸表においては，包括利益のうち親会社に係る金額および非支配株主に係る金額を付記しなければならない（基準25号11項）。

［図表19‐2］連結損益計算書（一部省略）

連結損益計算書

連結会計年度（自　　　年　月　日　至　　　年　月　日）

売上高	×××
売上原価	×××
売上総利益	×××
販売費及び一般管理費	
……………	×××
販売費及び一般管理費合計	×××
営業利益	×××
営業外収益	
受取利息	×××
持分法による投資利益	×××
……………	×××
営業外収益合計	×××
営業外費用	
支払利息	×××
持分法による投資損失	×××
……………	×××
営業外費用合計	×××
経常利益	×××
特別利益	
固定資産売却益	×××
負ののれん発生益	×××
……………	×××
特別利益合計	×××
特別損失	
固定資産売却損	×××
……………	×××
特別損失合計	×××
税金等調整前当期純利益	×××
法人税，住民税及び事業税	×××
法人税等調整額	×××
法人税等合計	×××
当期純利益	×××
非支配株主に帰属する当期純利益	×××
親会社株主に帰属する当期純利益	×××

［図表19-3］　連結包括利益計算書

連結包括利益計算書

連結会計年度（自　　　年　月　日　至　　　年　月　日）

当期純利益	×××
その他の包括利益	
その他有価証券評価差額金	×××
繰延ヘッジ損益	×××
為替換算調整勘定	×××
退職給付に係る調整額	×××
持分法適用会社に対する持分相当額	×××
…………	×××
その他の包括利益合計	×××
包括利益	×××
（内訳）	
親会社株主に係る包括利益	×××
非支配株主に係る包括利益	×××

（2）　連結損益及び包括利益計算書の表示

　包括利益を表示する方式には，「2計算書方式」と「1計算書方式」の選択適用が認められている（基準25号11項）。

　1計算書方式を採用する場合には，当期純利益を構成する項目と「その他の包括利益」の内訳項目を単一の計算書に表示する連結損益及び包括利益計算書が作成される（基準25号33項）。

　図表19-4は，1計算方式に基づく「連結損益及び包括利益計算書」である。

［図表19－4］　連結損益及び包括利益計算書（一部省略）

連結損益及び包括利益計算書

連結会計年度（自　　　年　月　日　至　　　年　月　日）

売上高	×××
売上原価	×××
売上総利益	×××
販売費及び一般管理費	
…………	×××
販売費及び一般管理費合計	×××
営業利益	×××
営業外収益	
受取利息	×××
持分法による投資利益	×××
…………	×××
営業外収益合計	×××
営業外費用	
支払利息	×××
持分法による投資損失	×××
…………	×××
営業外費用合計	×××
経常利益	×××
特別利益	
固定資産売却損	×××
…………	×××
特別利益合計	×××
特別損失	
固定資産売却益	×××
負ののれん発生益	×××
…………	×××
特別損失合計	×××
税金等調整前当期純利益	×××
法人税，住民税及び事業税	×××
法人税等調整額	×××
法人税等合計	×××
当期純利益	×××
（内訳）	×××
親会社株主に帰属する当期純利益	×××
非支配株主に帰属する当期純利益	×××
その他の包括利益	
その他有価証券評価差額金	×××
繰延ヘッジ損益	×××
為替換算調整勘定	×××
退職給付に係る調整額	×××
持分法適用会社に対する持分相当額	×××
…………	×××
その他の包括利益合計	×××
包括利益	×××
（内訳）	
親会社株主に係る包括利益	×××
非支配株主に係る包括利益	×××

Ⅳ　連結財務諸表の注記

「連結財務諸表」には，一般基準に関する注記として下記の事項を開示しなければならない（基準22号43項）。

(1)　連結子会社・連結非子会社等（連結の範囲等）の連結の方針に関する事項およびこれらに重要な変更があったとき，その旨および理由

(2)　子会社の決算日が連結決算日と異なる場合，子会社の決算日および当該子会社が行った決算の概要

(3)　重要な資産の評価基準・減価償却方法等に変更があった場合，子会社の会計方針が親会社・その他の子会社の会計方針と特に異なる場合，その概要

(4)　企業集団の財務状況を判断するために重要であるその他の事項

　また，「連結財務諸表」には，①火災・出水等による重大な災害の発生，②多額の増資または減資および多額の社債の発行または繰上償還，③会社の合併，重要な譲渡または譲受け，④重要な係争事件の発生または解決，⑤主要な取引先の倒産，⑥株式合併または株式分割のような後発事象（連結決算日と異なる子会社には当該子会社の決算日後に発生した事象）を注記しなければならない（連規ガイド14の9）。

　親会社の利害関係者が企業集団の財務状況に関する適正な判断を行うために必要と認められる事項があるときは，追加情報の注記として，たとえば①セグメント情報等の注記，②リース取引に関する注記，③関連会社の範囲・取引に関する注記，④親会社または重要な関連会社に関する注記，⑤税効果会計に関する注記，⑥金融商品・有価証券・デリバティブ取引・ストックオプション等に関する注記，⑦取得による企業結合が行われた場合の注記，⑧共通支配下の取引等・共同支配企業の形成の注記，⑨事業分離における分離元企業・分離先企業の注記，⑩継続企業の前提に関する注記，⑪資産除去債務・賃貸等不動産に関する注記等が求められている（連規15条の2〜15条の25）。

　上記のほかに，「連結貸借対照表」には，たとえば，次のような事項を注記

しなければならない。

(a)　「棚卸資産」の項目をもって一括掲記した場合，当該項目に属する資産の科目およびその金額（連規23条4項）

(b)　流動資産に係る引当金に関する注記（連規24条）

(c)　固定資産に関する減損損失累計額に関する注記（連規27条の2）

(d)　投資資産における被投資会社の有価証券・出資金に関する注記（連規30条）

(e)　事業用土地の再評価に関する注記（連規34条の2）

(f)　担保資産の注記（連規34条の3）

(g)　同一企業の工事契約に係る棚卸資産と工事損失引当金に関する注記（連規40条）

(h)　1株当たり純資産額の注記（連規44条の2）

なお，「連結損益計算書」には，たとえば，次のような事項を注記する必要がある。

(ア)　工事損失引当金繰入額の注記（連規52条の2）

(イ)　棚卸資産の帳簿価額の引下げに関する注記（連規53条）

(ウ)　研究開発費に関する注記（連規55条の2）

(エ)　減損損失に関する注記（連規63条の2）

(オ)　1株当たり当期純損益金額およびその算定上の基礎の注記（連規65条の2）

「連結株主資本等変動計算書」および「連結キャッシュ・フロー計算書」に対しても，それぞれに開示すべき注記事項が要求されている。

索　引

【著者紹介】

菊 谷　正 人（きくや　まさと）

法政大学名誉教授　　会計学博士

　グローバル会計学会会長，租税実務研究学会会長，財務会計研究学会理事（元会長），
　公認会計士第二次試験試験委員（平成10年度～平成12年度）

　≪主要著書≫

　『英国会計基準の研究』（同文舘出版，昭和63年）

　『企業実体維持会計論―ドイツ実体維持会計学説およびその影響―』（同文舘出版，平成 3 年）

　Financial Reporting in Japan：Regulation, Practice and Environment（T.Cooke 共著，
　　　Blackwell in association with the ICAEW, 1992）

　『国際会計の研究』（創成社，平成 6 年）

　『多国籍企業会計論』（創成社，平成 9 年）

　『国際的会計概念フレームワークの構築―英国会計の概念フレームワークを中心として―』
　　　（同文舘出版，平成14年）

　『税制革命』（税務経理協会，平成20年）

　『国際会計の展開と展望―多国籍企業会計とIFRS―』（創成社，平成28年）

依 田　俊 伸（よだ　としのぶ）

東洋大学大学院経営学研究科客員教授　　博士（経営学）

　グローバル会計学会理事，租税実務研究学会理事，財務会計研究学会監事

　≪主要著書≫

　『公共性志向の会計学』（石崎忠司他共著，中央経済社，平成21年）

　『IFRS・IAS徹底解説』（菊谷正人他共著，税務経理協会，平成21年）

　『租税法要説』（菊谷正人＝前川邦生共著，同文舘出版，平成24年）

　『IFRSにおける資産会計の総合的検討』（菊谷正人他共著，税務経理協会，平成26年）

　『租税法入門』（菊谷正人他共著，同文舘出版，平成28年）

　『公共経営の変容と会計学の機能』（柴健次他共著，同文舘出版，平成28年）

　『会計学と租税法の現状と課題』（菊谷正人他共著，税務経理協会，平成31年）

財務会計論の基礎と応用（第2版）

2018年 5 月10日	第 1 版第 1 刷発行
2019年10月25日	第 1 版第 2 刷発行
2020年 5 月 1 日	第 2 版第 1 刷発行
2024年 5 月20日	第 2 版第 3 刷発行

著　者　　菊　谷　正　人
　　　　　依　田　俊　伸

発行者　　山　本　　　継

発行所　　㈱中　央　経　済　社

発売元　　㈱中央経済グループ
　　　　　パ ブ リ ッ シ ン グ

〒101-0051　東京都千代田区神田神保町1-35
電話　03(3293)3371(編集代表)
　　　03(3293)3381(営業代表)
https://www.chuokeizai.co.jp

印刷／㈱堀内印刷所
製本／㈲井上製本所

© 2020
Printed in Japan